高等职业教育财务会计类专业新形态一体化教材

出纳岗位实务

常 红 ◎ 主 编
任翔燕 于 逢 李 琳 ◎ 副主编

清华大学出版社
北京

内 容 简 介

本书针对会计初学者编写，按初学者的认知规律，采用工作指导手册的模式，引入背景企业虚拟业务情境，在任务中指导学生首先认识出纳岗位，其次掌握从事出纳工作的基本技能，最后进行出纳岗位工作的实践训练。本书贯彻"做中学"的思想，将出纳的基础知识融入实务中，通过完成项目任务学习出纳工作的工作内容及操作流程，在实践训练中提高学生的出纳工作能力。

本书内容共分为四个模块：模块1　岗位描述，引导学生认知出纳工作；模块2　任职要求，介绍从事出纳岗位工作必备的基本技能；模块3　作业场景及工作指导，参考工作手册的模式，按工作流程以实际工作任务引导学生系统学习出纳岗位实务的工作内容和要求；模块4　综合技能训练，通过模拟企业一套完整的业务检验学习成果，提升实践操作能力。

本书体例新颖，内容充实，配备了丰富的实务操作实例及课程资源，包括同步练习题、课程案例、规范性文件、各种凭证表单模板等。本书既可以作为高职高专院校财经类专业的教材，也可以作为对会计工作感兴趣或有志于从事会计工作相关人员的自学参考用书。

本书封面贴有清华大学出版社防伪标签，无标签者不得销售。
版权所有，侵权必究。举报：010-62782989，beiqinquan@tup.tsinghua.edu.cn。

图书在版编目(CIP)数据

出纳岗位实务/常红主编．—北京：清华大学出版社，2023.10
高等职业教育财务会计类专业新形态一体化教材
ISBN 978-7-302-64736-2

Ⅰ．①出…　Ⅱ．①常…　Ⅲ．①出纳－会计实务－高等职业教育－教材　Ⅳ．①F233

中国国家版本馆 CIP 数据核字(2023)第 191852 号

责任编辑：	刘士平
封面设计：	张鑫洋
责任校对：	袁　芳
责任印制：	杨　艳

出版发行：清华大学出版社
　　网　　址：https://www.tup.com.cn，https://www.wqxuetang.com
　　地　　址：北京清华大学学研大厦A座　　　　邮　　编：100084
　　社 总 机：010-83470000　　　　　　　　　邮　　购：010-62786544
　　投稿与读者服务：010-62776969，c-service@tup.tsinghua.edu.cn
　　质量反馈：010-62772015，zhiliang@tup.tsinghua.edu.cn
　　课件下载：https://www.tup.com.cn，010-83470410

印 装 者：小森印刷霸州有限公司
经　　销：全国新华书店
开　　本：185mm×260mm　　印　张：15.75　　字　数：378千字
版　　次：2023年12月第1版　　　　　　　　印　次：2023年12月第1次印刷
定　　价：49.00元

产品编号：095830-01

前　言

出纳是会计工作最基本的内容,往往也是会计专业学生进入会计行业的工作起点。出纳岗位主要负责单位的现金收支、银行结算、货币资金及有价证券保管等工作,虽然工作内容相对单一,但工作责任重大,并且对从业人员的职业素质及专业技能有着较高的要求。作为财会类专业的重要专业课程,出纳课程主要向学生传授从事出纳岗位工作所需的专业知识及法律法规要求,培养学生处理出纳业务的基本技能和专业技能,使学生能够熟练办理现金、银行等业务,具备出纳人员应有的职业素质。

我们结合近几年会计工作的发展及高等职业教育的教学要求,编写了本书。在编写过程中,我们突出了以下特点。

（一）密切联系会计行业发展。本书以习近平新时代中国特色社会主义思想为根本遵循,突出了党和国家对会计工作的新要求及会计行业的新发展,反映了党和国家对加强会计工作、完善会计制度等做出的重大决策和部署,以及《中华人民共和国会计法》《中华人民共和国票据法》《支付结算办法》等法律法规修订的情况,体现了鲜明的时代特征和中国特色。

（二）面向任务编写工作指导手册式教材。本书通过创建虚拟企业,让学生在仿真的业务情境中,以完成出纳岗位工作任务的方式进行学习。本书参考了企业任务操作手册的模式,面向具体工作任务,按工作步骤进行操作指导,详细介绍业务流程、工作内容、操作要领、单据填制等内容,在方便学生课程学习的同时,为完成具体工作实操提供指导。

（三）以能力为本,注重实践性和应用性。本书以构建"能力为本"的课程为出发点,突出实践工作的流程,按工作过程讲解出纳各环节工作内容及要求,与实践工作密切结合,可操作性强,更符合高等职业教育能力培养的教学要求及学生的认知规律和学习特点。本书在介绍业务操作时,引用了大量仿真单据,使学生在学习过程中获得真实的业务操作体验,在方便理解的同时也有利于实践能力的培养。

（四）融合课程思政强化教材铸魂育人功能。教材编写中,从岗位实际出发,把习近平新时代中国特色社会主义思想的基本立场、观点方法转化为育人立意和价值导向,注重知识传授、能力培养与价值引领的同步实施。通过创新教材结构、丰富教材内容,引导学生运用习近平新时代中国特色社会主义思想所蕴含的马克思主义思想方法,总结岗位工作的经验、认知岗位工作的意义、创新工作方法和手段;培养学生的战略思维、辩证思维、法治思维、创新思维、底线思维,从而促使学生自觉践行职业道德、提升专业素质,投身民族复兴的伟大事业。

在内容组织上,本书内容共分为四个模块:模块1　岗位描述,引导学生认知出纳工作;

模块2 任职要求，介绍从事出纳岗位工作必备的基本技能；模块3 作业场景及工作指导，该模块参考工作手册的模式，按工作流程以实际工作任务引导学生系统学习出纳岗位实务的工作内容和要求；模块4 综合技能训练，通过模拟企业一套完整的业务检验学习成果，提升实践操作能力。本书体例新颖，内容充实，配备了丰富的实务操作实例及课程资源，包括同步练习题、课程案例、规范性文件、各种凭证表单模板等，学习者可通过扫描二维码获取更多资源。

本书由济南职业学院常红任主编，济南职业学院任翔燕、于逢、李琳任副主编。常红负责全书总体框架、总纂统稿及"岗位描述""综合技能训练"和"作业场景及工作指导"中库存现金业务、票据结算业务中支票结算业务、货币资金期末处理等内容的编写。任翔燕负责"任职要求"的编写。于逢负责"作业场景及工作指导"中非票据结算业务内容的编写。李琳负责"作业场景及工作指导"中银行本票、银行汇票业务内容的编写。

本书的内容参考了厦门网中网软件有限公司研发的《网中网会计虚拟实习平台软件V2.2》《出纳实务实训教学平台（版本6.3）》及《EPC理实互动实训教学平台V3》中的内容，引用了实训教学平台中的部分资源及素材，教学中配合网中网实训平台使用可以达到更好的教学效果。同时，本书编写过程中参考了同类书籍和文献资料，也得到了许多企业会计专业人员的大力支持，在此向各位作者及企业实践专家致以诚挚的谢意。由于编写人员水平有限，书中难免有疏漏及不妥之处，恳请同行专家及广大读者批评、指正。

本书可作为高职高专院校财经类专业的教材使用，也可作为有志于从事会计工作或自主创业的相关人员的自学参考用书。

编　者
2023年11月

目 录

模块 1　岗位描述 ································· 1

1.1　出纳岗位的设置 ··································· 1

1.2　出纳岗位工作内容 ································· 1

1.3　出纳岗位工作要求 ································· 2

1.4　出纳人员配备 ····································· 3

模块 2　任职要求 ································· 4

2.1　任职基本条件 ····································· 4

2.2　岗位技能要求 ····································· 5

模块 3　作业场景及工作指导 ························ 17

3.1　银行账户使用 ···································· 17

　　同步练习 ·· 31

3.2　库存现金业务操作 ································ 33

　　同步练习 ·· 55

3.3　支票业务操作 ···································· 58

　　同步练习 ·· 79

3.4　银行汇票业务操作 ································ 82

　　同步练习 ·· 97

3.5　银行本票业务操作 ································ 99

　　同步练习 ······································· 111

3.6　商业汇票业务操作 ······························· 112

　　同步练习 ······································· 145

3.7　非票据结算方式业务操作 ························· 148

　　同步练习 ······································· 177

3.8　网上银行业务操作 ······························· 179

　　同步练习 ······································· 194

3.9　期末处理业务操作 …………………………………………………… 194
　　　　同步练习 ………………………………………………………………… 209
　　3.10　出纳工作交接业务操作 …………………………………………… 211
　　　　同步练习 ………………………………………………………………… 216

模块 4　综合技能训练 ……………………………………………………… 218
　　4.1　训练任务 ……………………………………………………………… 218
　　4.2　训练目的 ……………………………………………………………… 219
　　4.3　训练要求 ……………………………………………………………… 219
　　4.4　背景资料 ……………………………………………………………… 220

参考文献 …………………………………………………………………………… 243

模块 1　岗 位 描 述

1.1　出纳岗位的设置

　　出纳是机关、团体、企事业单位中货币资金、票据的付出和收入的简称。出纳通常包含两层意思：一是指出纳工作，即按照有关规定和制度，办理本单位关于货币资金及票据的收入、付出、结存等业务；二是指人员，即管理和经办货币资金及票据收入、付出、结存的财会人员。

　　在日常经济生活中，为什么要设置出纳岗位呢？首先，货币资金作为一种特殊的商品，是人们最为关注的一种财富，也是流动性最强、性能最活跃的一种流动资产。所以货币资金不同于其他资产，要进行更严格的管理和核算，要有严格的流程和程序、相互监督和制约的手段、更加准确的记录和计量，从而保证其安全完整和不受损失。通过设置出纳岗位，由专门的人员负责货币资金的核算和管理，可以保证货币资金的安全完整，更全面、真实、准确地反映单位某一时期货币资金的增减变动，同时也有利于保证企业对货币资金的合理运用。其次，货币资金核算和管理制度中要求钱账分管的规定也需要通过设置出纳岗位来实现。为保证货币资金的安全完整，要求货币资金的日常核算和管理要做到钱账分管，也就是：一部分财会人员（会计员）分管账目（指现金总账，或称总账中的现金科目）；另一部分财会人员（出纳员）具体分管现金的收、付、存，以互相配合、互相制约，共同管理好货币资金的核算和管理工作。

　　会计制度对各单位会计、出纳机构与人员的设置并没有硬性规定，而是让企业根据自身情况和实际需要来设定。《中华人民共和国会计法》第三十六条规定："各单位应当根据会计业务的需要，设置会计机构，或者在有关机构中设置会计人员并指定会计主管人员；不具备设置条件的，应当委托经批准设立从事会计代理记账业务的中介机构代理记账。"因此，各单位可根据单位规模大小和货币资金管理的要求，结合出纳工作的繁简程度来设置出纳机构。出纳机构一般设置在会计机构内部，以工业企业为例，大型企业可在财务处下设出纳科；中型企业可在财务科下设出纳室；小型企业可配备专职出纳员。有些主管公司为了资金的有效管理和总体利用效益，把若干分公司的出纳业务（或部分出纳业务）集中起来办理，成立专门的内部"结算中心"。这种"结算中心"，实际上也是出纳机构。

1.2　出纳岗位工作内容

　　出纳的日常工作主要是进行货币资金的核算，具体包括以下内容。
（1）办理现金收付业务。严格按照国家有关现金管理制度的规定，根据稽核人员审核签章的收付款凭证,进行复核,办理款项收付。

(2) 办理银行结算业务。严格按照《中华人民共和国会计法》《中华人民共和国票据法》《会计基础工作规范》《银行支付结算办法》等法律法规的有关规定,合法办理银行结算业务。

(3) 登记现金、银行存款日记账。根据已经办理完毕的收付款凭证,逐笔顺序登记现金和银行存款日记账,结出余额,并及时进行账实核对。

(4) 保管库存现金及有价证券。对于现金和各种有价证券,要确保其安全和完整无缺。各单位要建立适合本单位情况的现金及有价证券保管制度,并严格执行。如果发现库存现金有短缺或盈余,应查明原因,属于出纳人员责任范围的,出纳人员要进行赔偿。

(5) 保管空白票据及有关印鉴。出纳人员所管的印鉴必须妥善保管,严格按照规定用途使用。但签发支票的各种印章,不得全部交由出纳一人保管。对于空白收据和空白支票必须严格管理,专设登记簿登记,认真办理领用注销手续。

(6) 办理外汇出纳业务。对于有对外贸易业务的单位,出纳人员应熟悉国家外汇管理制度,及时办理结汇、购汇和付汇业务。

(7) 单位安排的其他工作。出纳除办理货币资金核算业务外,还可以按照企业的清算制度,办理往来款项的结算业务及工资核算业务。往来款项核算业务,如企业与内部核算单位和职工之间的款项结算,企业与外部单位不能办理转账手续和个人之间的款项结算等;工资核算业务主要是审核工资单据,发放工资奖金。

1.3　出纳岗位工作要求

按照《中华人民共和国会计法》、财政部《会计基础工作规范》等财会法规的规定,出纳办理货币资金的核算工作有以下要求。

(1) 单位应当建立货币资金业务的岗位责任制,明确相关部门和岗位的职责权限,确保办理货币资金业务的不相容岗位相互分离、制约和监督。

出纳人员不得兼任稽核、会计档案保管和收入、支出、费用、债权债务账目的登记工作。

单位不得由一人办理货币资金业务的全过程。

(2) 单位办理货币资金业务,应当配备合格的人员,并根据单位具体情况进行岗位轮换。

办理货币资金业务的人员应当具备良好的职业道德,忠于职守,廉洁奉公,遵纪守法,客观公正,不断提高会计业务素质和职业道德水平。

(3) 单位应当对货币资金业务建立严格的授权批准制度,明确审批人对货币资金业务的授权批准方式、权限、程序、责任和相关控制措施,规定经办人办理货币资金业务的职责范围和工作要求。

(4) 审批人应当根据货币资金授权批准制度的规定,在授权范围内进行审批,不得超越审批权限。

经办人应当在职责范围内,按照审批人的批准意见办理货币资金业务。对于审批人超越授权范围审批的货币资金业务,经办人员有权拒绝办理,并及时向审批人的上级授权部门报告。

(5) 单位应当按照规定的程序办理货币资金支付业务。

① 支付申请。单位有关部门或个人用款时,应当提前向审批人提交货币资金支付申请,注明款项的用途、金额、预算、支付方式等内容,并附有效经济合同或相关证明。

② 支付审批。审批人根据其职责、权限和相应程序对支付申请进行审批。对不符合规定的货币资金支付申请,审批人应当拒绝批准。

③ 支付复核。复核人应当对批准后的货币资金支付申请进行复核,复核货币资金支付申请的批准范围、权限、程序是否正确,手续及相关单证是否齐备,金额计算是否准确,支付方式、支付单位是否妥当等。复核无误后,交由出纳人员办理支付手续。

④ 办理支付。出纳人员应当根据复核无误的支付申请,按规定办理货币资金支付手续,及时登记现金和银行存款日记账。

(6) 单位对于重要货币资金支付业务,应当实行集体决策和审批,并建立责任追究制度,防范贪污、侵占、挪用货币资金等行为。

(7) 严禁未经授权的机构或人员办理货币资金业务或直接接触货币资金。

(8) 单位应当加强与货币资金相关的票据的管理,明确各种票据的购买、保管、领用、背书转让、注销等环节的职责权限和程序,并专设登记簿进行记录,防止空白票据的遗失和被盗用。

(9) 单位应当加强银行预留印鉴的管理。财务专用章应由专人保管,个人名章必须由本人或其授权人员保管。严禁一人保管支付款项所需的全部印章。

按规定需要有关负责人签字或盖章的经济业务,必须严格履行签字或盖章手续。

(10) 国家机关、国有企业、事业单位任用会计人员应当实行回避制度。

单位领导人的直系亲属不得担任本单位的会计机构负责人、会计主管人员。会计机构负责人、会计主管人员的直系亲属不得在本单位会计机构中担任出纳工作。

需要回避的直系亲属为:夫妻关系、直系血亲关系、三代以内旁系血亲及配偶亲关系。

1.4　出纳人员配备

一般来讲,实行独立核算的企业单位,在银行开户的行政、事业单位,有经常性现金收入和支出业务的企业、行政事业单位,都应配备专职或兼职出纳人员,担任本单位的出纳工作。出纳人员配备的多少,主要决定于本单位出纳业务量的大小和繁简程度,以业务需要为原则,既要满足出纳工作量的需要,又要避免徒具形式、人浮于事的现象。一般可采用一人一岗、一人多岗、一岗多人等几种形式。

(1) 一人一岗:规模不大的单位,出纳工作量不大,可设专职出纳员一名。

(2) 一人多岗:规模较小的单位,出纳工作量较小,可设兼职出纳员一名。无条件单独设置会计机构的单位,至少要在有关机构中(如单位的办公室、后勤部门等)配备兼职出纳员一名。但兼职出纳不得兼管收入、费用、债权、债务账目的登记工作及稽核工作和会计档案保管工作。

(3) 一岗多人:规模较大的单位,出纳工作量较大,可设多名出纳员,如分设管理收付的出纳员和管账的出纳员,或分设现金出纳员和银行结算出纳员等。

模块 2　任 职 要 求

2.1　任职基本条件

从事出纳岗位工作的人员,要有较高的政策水平,随时学习、了解、掌握财经法规和制度,提高政策水平;作为专职出纳人员,不但要具备处理一般会计事项的财会专业基本知识,还要具备较高的处理出纳事项的出纳专业知识水平和较强的数字运算能力,不断提高业务技能;出纳人员要有严谨细致的工作作风;要增强自身的职业意识,把保护自身分管的公共财产物资的安全作为自己的首要任务来完成;出纳人员应具备良好的职业道德修养,要做到:爱岗敬业、诚实守信、廉洁自律、客观公正、坚持准则、提高技能、参与管理、强化服务等几个方面。

(1) 爱岗敬业。要求从业人员要正确认识会计职业,树立职业荣誉感;热爱会计工作,敬重会计职业;安心工作,任劳任怨;严肃认真,一丝不苟;忠于职守,尽职尽责。

(2) 诚实守信。要求从业人员做老实人,说老实话,办老实事,不搞虚假;保密守信,不为利益所诱惑;执业谨慎,信誉至上。

(3) 廉洁自律。要求从业人员树立正确的人生观和价值观;公私分明、不贪不占;遵纪守法,一身正气。廉洁就是不贪污钱财,不收受贿赂,保持清白。自律是指按照一定的标准,自己约束自己、自己控制自己的言行和思想的过程。自律的核心是用道德观念自觉抵制自己的不良欲望。

(4) 客观公正。要求从业人员端正态度,依法办事;实事求是,不偏不倚;如实反映,保持应有的独立性。

(5) 坚持准则。要求从业人员熟悉国家法律、法规和国家统一的会计制度,始终坚持按法律、法规和国家统一的会计制度的要求进行会计核算,实施会计监督。在实际工作中,应当以会计准则作为自己的行动指南,在发生道德冲突时,应坚持会计准则,维护国家利益、社会公众利益和正常的经济秩序。

(6) 提高技能。要求从业人员具有不断提高会计专业技能的意识和愿望;具有勤学苦练的精神和科学的学习方法,刻苦钻研,不断进取,提高业务水平。

(7) 参与管理。要求从业人员在做好本职工作的同时,努力钻研业务,全面熟悉本单位经营活动和业务流程,主动提出合理化建议,积极参与管理,使管理活动更有针对性和实效性。

(8) 强化服务。要求从业人员树立服务意识,提高服务质量,努力维护和提升会计职业的良好社会形象。

2.2 岗位技能要求

(一) 数字书写

出纳要填写票据、凭证,登记现金日记账和银行存款日记账,规范书写数字就是必备的一项基本素质。《会计基础工作规范》对数字的书写提出了基本要求。

1. 阿拉伯数字书写

(1) 书写会计数码时,应从左至右,笔画顺序是自上而下,先左后右,防止写倒笔字;每个数字要大小匀称,笔画流畅,除"4""5"以外的数字,必须一笔写成,不能人为地增加数字的笔画;每个数码独立有形,使人一目了然,不能连笔书写。

(2) 要连着写几个零时,一定要单个写,不能将几个零连在一起一笔写完。

(3) 书写排列有序且字体要自右上方向左下方倾斜地写,数字与底线通常呈60°左右倾斜。

(4) 书写的每个数字要贴紧底线,但上不可顶格。一般每个格内数字占1/2或2/3的位置,要为更正数字留有余地。

(5) 数字的排列要整齐,数字之间的空隙应均匀,不宜过大。同行的相邻数字之间要空出半个阿拉伯数字的位置,但也不可预留间隔(以不能增加数字为好)。

(6) "6"字要比一般数字向右上方长出1/4,"7"和"9"字要向左下方(过底线)长出1/4。

(7) 对于易混淆且笔顺相近的数字,在书写时,尽可能地按标准字体书写,区分笔画,避免混淆,以防涂改。例如:"1"不可写得过短,要保持倾斜度,将格子占满,这样可防止改写为"4""6""7""9";书写"6"时要比一般数字向右上方长出1/4,下圆要明显,以防止改写为"8";"7""9"两字的落笔可向左下方(过底线)长出1/4;"6""8""9""0"的圆必须封口。

(8) 在填写凭证、登记账簿时,阿拉伯金额数字前面应当书写货币币种符号或者货币名称简写和币种符号。币种符号与阿拉伯金额数字之间不得留有空白。凡阿拉伯数字前写有币种符号的,数字后面不再写货币单位。

所有以元为单位(其他货币种类为货币基本单位,下同)的阿拉伯数字,除表示单价等情况外,一律填写到角分;无角分的,角位和分位可写"00",或者符号"——";有角无分的,分位应当写"0",不得用符号"——"代替。

书写示例:

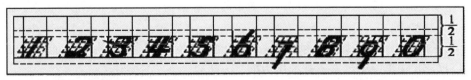

2. 中文大写数字的书写

(1) 汉字大写数字金额如零、壹、贰、叁、肆、伍、陆、柒、捌、玖、拾、佰、仟、万、亿等,一律用正楷或者行书体书写,不得用〇、一、二、三、四、五、六、七、八、九、十等简化字代替,不得任意自造简化字。

(2) 大写金额要紧靠"人民币"三个字书写,不得留有空白,如果大写数字前没有印"人民币"字样的,应加填"人民币"三个字。

(3) 中文大写金额数字到"元"为止的,在"元"之后,应写"整"(或"正")字,在"角"之后,可以不写"整"(或"正")字。大写金额数字有"分"的,"分"后面不写"整"(或"正")字。例如,￥12 000.00 应写为:人民币壹万贰仟元整。再如:￥48 651.80 可写为:人民币肆万捌仟陆佰伍拾壹元捌角整,而￥486.56 应写为:人民币肆佰捌拾陆元伍角陆分。

(4) 阿拉伯数字中间有"0"时,中文大写要写"零"字,如￥1 409.50,应写成人民币壹仟肆佰零玖元伍角。阿拉伯数字中间连续有几个"0"时,中文大写金额中间可以只写一个"零"字,如￥6 007.14,应写成人民币陆仟零柒元壹角肆分。

(5) 阿拉伯金额数字万位和元位是"0",或者数字中间连续有几个"0",万位、元位也是"0",但千位、角位不是"0"时,中文大写金额中可以只写一个零字,也可以不写"零"字。如￥1 680.32,应写成人民币壹仟陆佰捌拾元零叁角贰分,或者写成人民币壹仟陆佰捌拾元叁角贰分,又如￥107 000.53,应写成人民币壹拾万柒仟元零伍角叁分,或者写成人民币壹拾万零柒仟元伍角叁分。

(6) 阿拉伯金额数字角位是"0",而分位不是"0"时,中文大写金额"元"后面应写"零"字。如￥16 409.02,应写成人民币壹万陆仟肆佰零玖元零贰分;又如￥325.04,应写成人民币叁佰贰拾伍元零肆分。

(7) 阿拉伯金额数字最高是"1"时,汉字大写金额加写"壹"字,如￥15.80,汉字大写金额应写成:人民币壹拾伍元捌角整。又如￥135 800.00,汉字大写金额应写成:人民币壹拾叁万伍仟捌佰元整。

汉字标准写法示例:(大写数字参考字体)

楷书:壹 贰 叁 肆 伍 陆 柒 捌 玖 拾 佰 仟 万 亿 元 角 分

行书:壹 贰 叁 肆 伍 陆 柒 捌 玖 拾 佰 仟 万 亿 元 角 分

(二) 点钞

点钞,泛指清点各种票币,通常是点纸币的一种俗称,指徒手或借助工具、机器来进行钞票计数的一种技术,是出纳人员必须掌握的基本技能之一。

1. 手工点钞的基本步骤

(1) **持钞**。把待点的成把钞券的封条移至一侧或拆掉。一般左手持钞,持钞的姿势因点钞的方法不同而不同。

(2) **清点计数**。即清点钞票数,是直接体现点钞速度和准确度的关键环节。

(3) **挑残破票**。点钞发现残破票时,应随手将残破票折向外边,待点完一把后,抽出残破票,补上完整票。

(4) **墩齐扎把**。钞券点好后必须墩齐(4 条边水平,不露头,卷角拉平)才能扎把。用腰条扎紧,以提起把中第一张钞票不被抽出为准。

(5) **盖章**。钞券扎好后要加盖经办人人名章。人名章要盖在钞券上侧的腰条纸上,也可以集中盖章,盖章要盖得工整、清晰,不要漏盖,以明确责任。

2. 手工点钞的基本要求

(1) 指法正确,动作协调。

(2) 精力集中,环环相扣。

清点时,两手点钞,两眼看钞,脑子计数,手、眼、脑要相互配合好。如点完100张墩齐钞券后,左手持票,右手取腰条纸,同时左手的钞券跟上去,迅速扎好小把;在右手放票的同时,左手取另一把钞券准备清点,而右手顺手沾水清点,等等。这样就使扎把和持票及清点各环节紧密地衔接了起来。

(3) 稳中求快,快中求准。

(4) 反假防假,严防差错。

3. 点钞的方法

(1) 单指单张点钞法:用一个手指一次点一张的方法叫单指单张点钞法。这种方法是点钞中最基本也是最常用的一种方法,使用范围较广,频率较高,适用于收款、付款和整点各种新旧大小钞票。这种点钞方法由于持票面小,能看到票面的3/4,容易发现假钞票及残破票,缺点是点一张记一个数,比较费力。

具体操作方法如下。

① 持票。左手横持钞票,下面朝向身体,左手拇指在钞票正面左端约四分之一处,食指与中指在钞票背面与拇指同时捏住钞票,无名指与小指自然弯曲并伸向票前左下方,与中指夹紧钞票,食指伸直,拇指向上移动,按住钞票侧面,将钞票压成瓦形,左手将钞票从桌面上擦过,拇指顺势将钞票向上翻成微开的扇形,同时右手拇指、食指做点钞准备。

② 清点。左手持钞并形成瓦形后,右手食指托住钞票背面右上角,用拇指尖逐张向下捻动钞票右上角,捻动幅度要小,不要抬得过高。要轻捻,食指在钞票背面的右端配合拇指捻动,左手拇指按捏钞票不要过紧,要配合右手起自然助推的作用。右手的无名指将捻起的钞票向怀里弹,要注意轻点快弹。

③ 记数。与清点同时进行。在点数速度快的情况下,往往由于记数迟缓而影响点钞的效率,因此记数应该采用分组记数法。把10作1记,即1、2、3、4、5、6、7、8、9、1(即10),1、2、3、4、5、6、7、8、9、2(即20)。以此类推,数到1、2、3、4、5、6、7、8、9、10(即100)。采用这种记数法记数既简单又快捷,省力又好记。但记数时应默记,不要念出声,做到脑、眼、手密切配合,既准又快。

(2) 多指多张点钞法:多指多张点钞法是指点钞时用小指、无名指、中指、食指依次捻下一张钞票,一次清点四张钞票的方法,也叫四指四张点钞法。这种点钞法适用于收款、付款和整点工作,不仅省力、省脑,而且效率高,能够逐张识别假钞票和挑剔残破钞票。

具体操作方法如下。

① 持票。用左手持钞,中指在前,食指、无名指、小指在后,将钞票夹紧,四指同时弯曲将钞票轻压成瓦形,拇指在钞票的右上角外面,将钞票推成小扇面,然后手腕向里转,使钞票的右里角抬起,右手五指准备清点。

② 清点。右手腕抬起,拇指贴在钞票的右里角,其余四指同时弯曲并拢,从小指开始每指捻动一张钞票,依次下滑四个手指,每一次下滑动作捻下四张钞票,循环操作,直至点完100张。

③ 记数。采用分组记数法。每次点四张为一组,记满25组为100张。

（3）扇面式点钞法：把钞票捻成扇面状进行清点的方法叫扇面式点钞法。这种点钞方法速度快，是手工点钞中效率最高的一种。但它只适合清点新票币，不适于清点新、旧、破混合钞票。

具体操作方法如下。

① 持钞。钞票竖拿，左手拇指在票前下部中间票面约四分之一处，食指、中指在票后同拇指一起捏住钞票，无名指和小指蜷向手心。右手拇指在左手拇指的上端，用虎口从右侧卡住钞票成瓦形，食指、中指、无名指、小指均横在钞票背面，做开扇准备。

② 开扇。开扇是扇面点钞的一个重要环节，扇面要开得均匀，为点数打好基础，做好准备。以左手为轴，右手食指将钞票向胸前左下方压弯，然后猛向右方闪动，同时右手拇指在票前向左上方推动钞票，食指、中指在票后面用力向右捻动，左手指在钞票原位置向逆时针方向画弧捻动，食指、中指在票后面用力向左上方捻动，右手手指逐步向下移动，至右下角时即可将钞票推成扇面形。如有不均匀的地方，可双手持钞抖动，使其均匀。打扇面时，左右两手一定要配合协调，不要将钞票捏得过紧，如果点钞时采取一按 10 张的方法，扇面要开小些，便于点清。

③ 点数。左手持扇面，右手中指、无名指、小指托住钞票背面，拇指在钞票右上角 1cm 处，一次按下 5 张或 10 张；按下后用食指压住，拇指继续向前按第二次。以此类推，同时左手应随右手点数速度向内转动扇面，以迎合右手按动，直到点完 100 张为止。

④ 记数。采用分组记数法，一次按 5 张为一组，记满 20 组为 100 张；一次按 10 张为一组，记满 10 组为 100 张。

⑤ 合扇。清点完毕合扇时，将左手向右倒，右手托住钞票右侧向左合拢，左右手指向中间一起用力，使钞票竖立在桌面上，两手松拢轻墩，把钞票墩齐，准备扎把。

4. 钞票的整理和捆扎

点钞完毕需要对所点钞票进行扎把，通常是 100 张捆扎成一把，分为缠绕式和扭结式两种方法。

（1）缠绕式。临柜收款采用这种方法，需使用牛皮纸腰条，具体操作方法如下。

① 将点过的钞票 100 张墩齐。

② 左手从长的方向拦腰握着钞票，使之成为瓦状（瓦状的幅度影响扎钞的松紧，在捆扎中幅度不能变）。

③ 右手握着腰条头将其从钞票的长的方向夹入钞票的中间（离一端 1/4～1/3 处）从凹面开始绕钞票两圈。

④ 在翻到钞票原度转角处将腰条向右折叠 90°，将腰条头绕捆在钞票的腰条转两圈打结。

⑤ 整理钞票。

（2）扭结式。考核、比赛采用此种方法，需使用绵纸腰条，具体操作方法如下。

① 将点过的钞票 100 张墩齐。

② 左手握钞，使之成为瓦状。

③ 右手将腰条从钞票凸面放置，将两腰条头绕到凹面，左手拇指、食指分别按住腰条与钞票厚度交界处。

④ 右手拇指、食指夹住其中一端腰条头，中指、无名指夹住另一端腰条头，并合在一起，

右手顺时针转180度,左手逆时针转180度,将拇指和食指夹住的那一头从腰条与钞票之间绕过、打结。

⑤ 整理钞票。

(三) 验钞

为了避免假币给企事业单位造成经济损失,出纳人员应掌握鉴别人民币的基本方法,增强识别能力,在日常的现金收付工作中提高警惕,保证现金收支的安全性。

要防止出现假币,应先熟悉人民币的特征和防伪标记,才能分清可流通人民币、残缺人民币和伪造、变造人民币的区别。由中国人民银行发行的可流通人民币有如下特征。

1. 纸张

特点是用料讲究,工艺特殊,预置水印。

印刷人民币的印钞专用纸主要成分是短棉绒,这种纸张含95%的优质棉和5%的进口木材,具有纤维长、强度高、耐折、耐磨的特点,手感厚实、挺括。在鉴别真假币时,通过检查纸张的成分,能够做出正确的鉴别。

人民币纸张在造纸时做了技术处理,纸张不添加荧光增白剂,在紫外线下观察时,看不到荧光,把真币和假币放在紫外灯光下比较,就会发现假币的纸张出现明亮的蓝白光。

水印是制造印钞纸时采用的一种特殊防伪手段,利用纸纤维的不均匀堆积,形成明暗层次不同的图案或图形。人民币的水印,有固定部位水印和满版水印两种,逆光照透时很清楚。

2. 油墨

特点是专用配方、色泽鲜艳、色彩自然。在大面额票面印刷时,还采用了五色荧光油墨、磁性油墨等主动防伪措施。

3. 制版

人民币的制版工艺,既有我国传统的手工雕刻制版,又采用了多色套版印刷钞票图纹的胶印或凹印接线技术,以及正背面图章高精度对印技术。

(1) 手工雕刻制版。它具有墨层厚、手感强的特点,由于雕刻技艺精湛,用放大镜仔细观察,就可以看出图章的点线排列、疏密程度、景物的深浅层次等都有显著的特征,不易仿制。

(2) 正背面对印技术。把正反面的图案一次印制成型,使特定部位图案的正反面刚好一致。如第五套人民币100元券正面右下角的古钱币防伪标志,正反面刚好构成一个完整的图案。

(3) 凹印接线技术。它的特点是在一条完整的线上,印上几种不同的颜色且不产生重叠缺口的现象。

4. 印刷及安全线

人民币的印刷采用凹版印刷技术,墨层厚,用手触摸有凹凸感;采用特殊的金属安全线技术,如1999年版50元券、100元券在其正面左侧均采用了安全线工艺。

辨别人民币真伪的方法,可以归纳为"一看,二摸,三听,四测"。

"一看":一是看水印,把人民币迎光照看,10元以上人民币可在水印处看到人头像,或花卉水印;二是看安全线,第五套人民币的安全线上有微缩文字,假币仿造的文字不清晰,线条容易抽出;三是看钞面图案色彩是否鲜明,线条是否清晰,对接线是否对接完好无留白或空隙。

"二摸":由于5元以上面额人民币采取凹版印刷,线条形成凸出纸面的油墨道,特别是在盲文点"中国人民银行"字行、第五套人民币人像部位等,用手指抚摸这些地方有较明显的凹凸感,较新钞票用手指划过,有明显阻力。

"三听":人民币纸张是特别纸质,较新钞票用手指弹动,会发出清脆的声音,假币纸张发软,声音发闷,不耐揉折。

"四测":用简单仪器进行荧光检测。一是检测纸张有无荧光反应,人民币纸张未经荧光漂白,在荧光灯下无荧光反应,纸张发暗;假币纸张多经漂白,在荧光灯下有明显荧光反应,纸张发白发亮。二是人民币有一到二处荧光文字,呈淡黄色;假币的荧光文字色泽不正,呈惨白色。

自从1948年第一套人民币发行以来,中国人民银行相继在1955年、1962年、1987年和1999年发行了五套人民币。目前我国流通的是第五套人民币,第五套人民币共6种面额:100元、50元、20元、10元、5元、1元,另外还有1元、5角和1角三种硬币。第五套人民币采取"一次公布,分次发行"的方式。1999年10月1日,首先发行100元纸币;2000年10月16日发行20元纸币、1元和1角硬币;2001年9月1日,发行50元、10元纸币;2002年11月18日,发行5元纸币、5角硬币;2004年7月30日,发行1元纸币。为了提高第五套人民币的印刷工艺和防伪技术水平,经国务院批准,中国人民银行于2005年8月31日发行了第五套人民币2005年版100元、50元、20元、10元、5元纸币和不锈钢材质1角硬币。2015年11月,央行发行2015年版100元纸币。在规格、主图案等保持不变的前提下,对票面图案、防伪特征及布局进行了调整,提高机读性能,采用了先进的公众防伪技术,使公众更易于识别真伪。

以下以2005年版100元、50元及2015年版100元为例,介绍人民币主要的防伪技术。

1. 2005年版100元防伪特征(图2-1和图2-2)

图2-1　2005年版100元防伪特征(a)

图 2-2　2005 年版 100 元防伪特征（b）

（1）固定人像水印：位于票面正面左侧空白处，迎光透视，可见与主景相同、立体感很强的毛泽东头像水印。

（2）白水印：位于正面双色异形横号码下方，迎光透视，可以看到透光性很强的水印"100"字样。

（3）磁性缩微文字安全线：钞票纸中的安全线，迎光观察，可见"RMB100"微小文字，仪器检测有磁性，如图 2-3 所示。

（4）手工雕刻头像：票面正面主景毛泽东头像，采用手工雕刻凹版印刷工艺，形象逼真、传神，凹凸感强，易于识别。

（5）隐形面额数字：票面正面右上方有一椭圆形图案，将钞票置于与眼睛接近平行的位置，面对光源做平面旋转 45°或 90°，即可看到面额"100"字样，如图 2-4 所示。

图 2-3　磁性缩微文字安全线

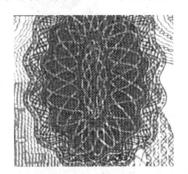
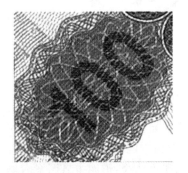

图 2-4　隐形面额数字

(6) 胶印缩微文字：票面正面上方椭圆形图案中,多处印有胶印缩微文字,在放大镜下可看到"RMB"和"RMB100"字样,如图2-5所示。

图 2-5　胶印缩微文字

(7) 光变油墨面额数字：票面正面左下方"100"字样,与票面垂直角度观察为绿色,倾斜一定角度则变为蓝色,如图2-6所示。

图 2-6　光变油墨面额数字

(8) 阴阳互补对印图案：票面正面左下方和背面右下方均有一圆形局部图案,迎光观察,正背图案重合并组合成一个完整的古钱币图案,如图2-7所示。

图 2-7　阴阳互补对印图案

(9) 雕刻凹版印刷：票面正面主景毛泽东头像、中国人民银行行名、盲文及背面主景人民大会堂等均采用雕刻凹版印刷,用手指触摸有明显凹凸感,如图2-8所示。

(10) 双色异型横号码：正面左下角印有双色异型横号码,左侧部分为暗红色,右侧部分为黑色。字符由中间向左右两边逐渐变小,如图2-9所示。

(11) 凹印手感线：正面主景图案右侧,有一组自上而下规则排列的线纹,采用雕刻凹版印刷工艺印制，用手指触摸，有极强的凹凸感，如图 2-10 所示。

图 2-8　雕刻凹版印刷

图 2-9　双色异型横号码

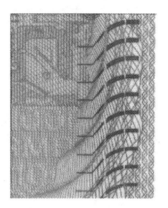
图 2-10　凹印手感线

2. 2015 年版 100 元防伪特征（图 2-11 和图 2-12）

图 2-11　2015 年版 100 元防伪特征（a）

（1）光变镂空开窗安全线。票面右侧有"光变镂空开窗安全线"，当垂直观察票面时，这条安全线呈现品红色，而与票面成一定角度观察时，安全线又会呈现绿色；透光观察，还可以看到安全线中正反交替排列着镂空文字"¥100"字样。

（2）光彩光变数字。中部数字"100"增加了光彩光变效果。垂直观察数字是金色；平视观察则变为绿色。随着观察角度的改变，数字颜色在金色和绿色之间交替变化，还可以看到一条亮光带上下滚动。

（3）人像水印。在票面左侧空白处，透光观察时可以看到毛泽东头像。

（4）胶印对印图案。在正面左下方和背面右下方，两面都有数字"100"的局部图案。在

图 2-12　2015 年版 100 元防伪特征（b）

透光观察的情况下，正背面图案可以组成一个完整的"100"。

（5）横竖双号码。票面正面左下方采用横号码，其冠字和前两位数字为暗红色，后六位数字为黑色；右侧竖号为蓝色。

（6）白水印。位于票面正面横号码下方。透光观察时，可以看到透光性很强的水印数字"100"。

（7）凹凸雕刻。正面毛泽东头像、国徽、中国人民银行行名、右上角面额数字、盲文及背面人民大会堂全部采用雕刻凹印印刷，当用手指触摸时会有明显的凹凸感。

3. 第五套人民币 50 元防伪特征（图 2-13 和图 2-14）

图 2-13　第五套人民币 50 元防伪特征（a）

（1）固定人像水印：位于正面左侧空白处，迎光透视，可以看到与主景人像相同、立体感很强的毛泽东头像水印。

图 2-14　第五套人民币 50 元防伪特征（b）

（2）白水印：位于正面双色异形横号码下方，迎光透视，可以看到透光性很强的水印"50"字样。

（3）磁性缩微文字安全线：钞票纸中的安全线，迎光透视，可以看到缩微文字"RMB50"字样，仪器检测有磁性。

（4）手工雕刻头像：正面主景毛泽东头像，采用手工雕刻凹版印刷工艺，凹凸感强，易于识别。

（5）隐形面额数字：正面右上方有一装饰图案，将钞票置于与眼睛接近平行的位置，面对光源作平面旋转 45 度或 90 度角，可以看到面额数字"50"字样。

（6）胶印缩微文字：正面上方图案中，多处印有胶印缩微文字"50""RMB50"字样。

（7）光变油墨面额数字：正面左下方面额数字"50"字样，与票面垂直角度观察为金色，倾斜一定角度则变为绿色。

（8）阴阳互补对印图案：正面左下角和背面右下角均有一圆形局部图案，迎光透视，可以看到正背面图案合并组成一个完整的古钱币图案。

（9）雕刻凹版印刷：正面主景毛泽东头像、中国人民银行行名、面额数字、盲文面额标记及背面主景布达拉宫图案等均采用雕刻凹版印刷，用手指触摸有明显凹凸感。

（10）双色异型横号码：正面左下角印有双色异型横号码，左侧部分为暗红色，右侧部分为黑色。字符由中间向左右两边逐渐变小。

（11）凹印手感线：正面主景图案右侧，有一组自上而下规则排列的线纹，采用雕刻凹版印刷工艺印制，用手指触摸，有极强的凹凸感。

（四）点钞机使用

由于现金流通规模庞大，银行出纳柜台现金处理工作繁重，点钞机已成为不可或缺的设备。点钞机集计数和辨伪于一身，随着印刷技术、复印技术和电子扫描技术的发展，伪钞制造水平越来越高，点钞机的辨伪性能也在不断提升。按照钞票运动轨迹的不同，点钞机分为卧式和立式点钞机。辨伪手段通常有荧光识别、磁性分析、红外穿透三种方式。便携式验钞机又分为便携式台式激光验钞机和便携式掌上激光验钞机两种。

（五）小键盘录入

随着电算化的普及，对键盘录入的要求越来越高。小键盘录入主要指台式计算机键盘副键盘录入，主要是数字的录入。

小键盘录入时首先保证数字锁定键指示灯亮，如果没有亮，需要按一次 Num Lock 键，使小键盘区为数字输入状态。大拇指负责 0 键，食指负责 1、4、7 键，中指负责 2、5、8 键，无名指负责 3、6、9 键，如图 2-15 所示。

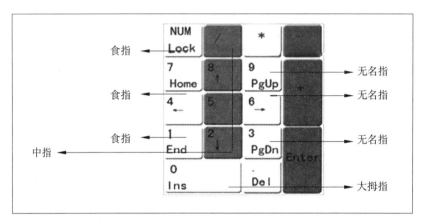

图 2-15 小键盘指法

小键盘录入的技术要领如下。

（1）上身挺直，肩膀放平，肌肉放松，两脚平放地上，切勿交叉单脚离地。

（2）手腕及肘部成一直线，手指弯曲自然适度，轻放于基本键上，手臂不要张开。

（3）将屏幕调整到适当的位置，视线集中在屏幕上，尽量不要查看键盘，以免视线的一往一返增加眼睛的疲劳。

（4）手指击打字键要正确，击键要轻，放松要快，击键之后手指要立刻回到基本键上。

（5）速度要平均。

模块 3　作业场景及工作指导

> **企业背景**

　　北京佳康宝健身器材有限公司(以下简称佳康宝公司)是专业生产健身器材的制造型企业,一般纳税人。公司有员工 100 多名,集研发、生产、销售和售后服务为一体,目前主要生产两个品种的按摩垫:JKB101 型按摩垫和 JKB102 型按摩垫。半成品 JKB101 型整机芯和 JKB102 型整机芯也有部分对外销售。

名　　称:北京佳康宝健身器材有限公司
地　　址:北京市东城区朝阳门北大街 9 号
社会统一信用代码:110101102791985172
成立日期:2019 年 7 月 1 日
注册资本:柒佰万元人民币
开户银行:交通银行北京东城区支行
账　　号:110007611018000642118
编　　号:1000-00804618
行　　号:30100100
支付密码:2870615951137688
电　　话:010-83847491

　　佳康宝公司财务部包括财务经理在内共 4 个岗位,人员分别是:财务经理钱光照,全面负责本单位会计核算工作,具体包括对各种原始凭证及记账凭证的审核、登记总分类账、组织编制财务报表、保管财务专用章等工作;制单会计米乐,主要负责编制各类记账凭证等工作;记账会计郑敏,主要负责登记各类明细账等工作;出纳范青青,主要负责保管库存现金、保管各类空白票据、登记现金和银行存款日记账等工作。

3.1　银行账户使用

> **作业场景**

　　1. 佳康宝公司成立之初,2019 年 7 月 1 日,委派出纳员范青青到交通银行开立银行结算账户。

2. 2020年12月1日佳康宝公司召开董事会,原董事长因身体原因辞去董事长职务,经董事会选举,王天一成为新任董事长,并接替原董事长成为佳康宝公司法定代表人。单位负责人委派范青青到银行办理银行存款账户变更业务。

3. 为方便业务开展,2019年12月佳康宝公司在天津市建设银行开立了一个临时存款账户,有效期是两年。2021年年末,因业务调整,佳康宝公司在天津的经营活动已结束,该临时账户也临近到期。2021年11月30日,单位负责人委派范青青到天津市办理临时账户撤销业务。

任务目标

- 能办理银行结算账户开立业务。
- 能正确使用不同类型的银行结算账户。
- 会办理银行账户的变更及注销手续。

术语和定义

1. 基本存款账户

基本存款账户是存款人因办理日常转账结算和现金收付需要开立的银行结算账户。

2. 一般存款账户

一般存款账户是存款人因借款或其他结算需要,在基本存款账户开户银行以外的银行营业机构开立的银行结算账户。

3. 专用存款账户

专用存款账户是存款人按照法律、行政法规和规章,对其特定用途资金进行专项管理和使用而开立的银行结算账户。

4. 临时存款账户

临时存款账户是存款人因临时需要并在规定期限内使用而开立的银行结算账户。

任务分析

1. 银行结算账户的分类

由于现金开支范围有限,所以单位和个人在经济活动中,更多地采取银行转账方式进行结算。办理银行转账结算的前提是要开设银行结算账户。

银行结算账户按存款人分为单位银行结算账户和个人银行结算账户。存款人以单位名称开立的银行结算账户为单位银行结算账户。存款人凭个人身份证件以自然人名称开立的银行结算账户为个人银行结算账户。个体工商户凭营业执照以字号或经营者姓名开立的银行结算账户纳入单位银行结算账户管理。财政部门为实行财政国库集中支付的预算单位在商业银行开设的零余额账户按基本存款账户或专用存款账户管理。中国人民银行是银行结算账户的监督管理部门。

存款人应在注册地或住所地开立银行结算账户,符合异地(跨省、市、县)开户条件的,也可以在异地开立银行结算账户。单位银行结算账户按用途分为基本存款账户、一般存款账户、专用存款账户、临时存款账户。

2. 单位银行结算账户的开立和使用

1) 基本存款账户的开立和使用

（1）基本存款账户的开立。下列存款人可以申请开立基本存款账户：企业法人；非法人企业；机关、事业单位；团级（含）以上军队、武警部队及分散执勤的支（分）队；社会团体；民办非企业组织；异地常设机构；外国驻华机构；个体工商户；居民委员会、村民委员会、社区委员会；单位设立的独立核算的附属机构，包括食堂、招待所、幼儿园；其他组织，即按照现行的法律、行政法规规定可以成立的组织，如业主委员会、村民小组等组织。

存款人申请开立基本存款账户，应向银行出具下列证明文件。

① 企业法人，应出具企业法人营业执照正本。

② 非法人企业，应出具企业营业执照正本。

③ 机关和实行预算管理的事业单位，应出具政府人事部门或编制委员会的批文或登记证书和财政部门同意其开户的证明；非预算管理的事业单位，应出具政府人事部门或编制委员会的批文或登记证书。

④ 军队、武警团级（含）以上单位及分散执勤的支（分）队，应出具军队军级以上单位财务部门、武警总队财务部门的开户证明。

⑤ 社会团体，应出具社会团体登记证书，宗教组织还应出具宗教事务管理部门的批文或证明。

⑥ 民办非企业组织，应出具民办非企业登记证书。

⑦ 外地常设机构，应出具其驻在地政府主管部门的批文。已取消对外地常设机构审批的省（市），应出具派出地政府部门的证明文件。

⑧ 外国驻华机构，应出具国家有关主管部门的批文或证明；外资企业驻华代表处、办事处应出具国家登记机关颁发的登记证。

⑨ 个体工商户，应出具个体工商户营业执照正本。

⑩ 居民委员会、村民委员会、社区委员会，应出具其主管部门的批文或证明。

⑪ 独立核算的附属机构，应出具其主管部门的基本存款账户开户登记证和批文。

⑫ 其他组织，应出具政府主管部门的批文或证明。

（2）基本存款账户的使用。基本存款账户是存款人的主办账户。存款人日常经营活动的资金收付及其工资、奖金和现金的支取，应通过该账户办理。单位银行结算账户的存款人只能在银行开立一个基本存款账户。

2) 一般存款账户的开立和使用

（1）一般存款账户的开立。存款人申请开立一般存款账户，应向银行出具其开立基本存款账户规定的证明文件、基本存款账户开户许可证或企业基本存款账户编号和下列证明文件。

① 存款人因向银行借款需要，应出具借款合同。

② 存款人因其他结算需要，应出具有关证明。

（2）一般存款账户的使用。一般存款账户用于办理存款人借款转存、借款归还和其他结算的资金收付。该账户可以办理现金缴存，但不得办理现金支取。

3）专用存款账户的开立和使用

（1）专用存款账户的开立。专用存款账户用于办理各项专用资金的收付。对下列资金的管理与使用，存款人可以申请开立专用存款账户：基本建设资金；更新改造资金；粮、棉、油收购资金；证券交易结算资金；期货交易保证金；信托基金；政策性房地产开发资金；单位银行卡备用金；住房基金；社会保障基金；收入汇缴资金和业务支出资金；党、团、工会设在单位的组织机构经费；其他需要专项管理和使用的资金。

存款人申请开立专用存款账户，应向银行出具其开立基本存款账户规定的证明文件、基本存款账户开户许可证或企业基本存款账户编号和下列证明文件。

① 基本建设资金、更新改造资金、政策性房地产开发资金、住房基金、社会保障基金，应出具主管部门批文。

② 粮、棉、油收购资金，应出具主管部门批文。

③ 单位银行卡备用金，应按照中国人民银行批准的银行卡章程的规定出具有关证明和资料。

④ 证券交易结算资金，应出具证券公司或证券管理部门的证明。

⑤ 期货交易保证金，应出具期货公司或期货管理部门的证明。

⑥ 收入汇缴资金和业务支出资金，应出具基本存款账户存款人有关的证明。收入汇缴资金和业务支出资金是指基本存款账户存款人附属的非独立核算单位或派出机构发生的收入和支出的资金。

⑦ 党、团、工会设在单位的组织机构经费，应出具该单位或有关部门的批文或证明。

⑧ 其他按规定需要专项管理和使用的资金，应出具有关法规、规章或政府部门的有关文件。

（2）专用存款账户的使用。专用存款账户使用中需注意：单位银行卡账户的资金必须由其基本存款账户转账存入，该账户不得办理现金收付业务；证券交易结算资金、期货交易保证金和信托基金专用存款账户不得支取现金；基本建设资金、更新改造资金、政策性房地产开发资金账户需要支取现金的，应在开户时报中国人民银行当地分支行批准；粮、棉、油收购资金，社会保障基金，住房基金和党、团、工会经费等专用存款账户支取现金应按照国家现金管理的规定办理；收入汇缴账户除向其基本存款账户或预算外资金财政专用存款户划缴款项外，只收不付，不得支取现金；业务支出账户除从其基本存款账户拨入款项外，只付不收，其现金支取必须按照国家现金管理的规定办理。

4）临时存款账户的开立和使用

（1）临时存款账户的开立。有下列情况的，存款人可以申请开立临时存款账户：设立临时机构；异地临时经营活动；注册验资；军队、武警单位承担基本建设或异地执行作战、演习、抢险救灾、应对突发事件等临时任务。

存款人申请开立临时存款账户，应向银行出具下列证明文件。

① 临时机构，应出具其驻在地主管部门同意设立临时机构的批文。

② 异地建筑施工及安装单位，应出具其营业执照正本或其隶属单位的营业执照正本，以及施工及安装地建设主管部门核发的许可证或建筑施工及安装合同。

③ 异地从事临时经营活动的单位，应出具其营业执照正本及临时经营地市场监督管理部门的批文。

④ 境内单位在异地从事临时活动的,应出具政府有关部门批准从事该项活动的证明文件。

⑤ 注册验资资金,应出具市场监督管理部门核发的企业名称预先核准通知书或有关部门的批文。

⑥ 增资验资资金,应出具股东会或董事会决议等证明文件。

⑦ 军队、武警单位承担基本建设或异地执行作战、演习、抢险救灾、应对突发事件等临时任务需要开立银行账户时,开户银行应当凭军队、武警团级以上单位后勤(联勤)部门出具的批件或证明,先予开户并同时启用,后补办相关手续。

⑧ 境外(含港、澳、台地区)机构在境内从事经营活动的,应出具政府有关部门批准其从事该项活动的证明文件。

第②、③、④、⑥项情况还应出具其基本存款账户开户登记证。

(2) 临时存款账户的使用。临时存款账户用于办理临时机构及存款人临时经营活动发生的资金收付。临时存款账户应根据有关开户证明文件确定的期限或存款人的需要确定其有效期限,最长不得超过2年。存款人在账户的使用中需要延长期限的,应在有效期限内向开户银行提出申请,并由开户银行报中国人民银行当地分支行核准后办理展期。临时存款账户支取现金,应按照国家现金管理的规定办理。注册验资的临时存款账户在验资期间只收不付,注册验资资金的汇缴人应与出资人的名称一致。

5) 异地银行结算账户的开立和使用

存款人应在注册地或住所地自主选择银行开立银行结算账户。存款人有下列情形之一的,可以在异地开立有关银行结算账户:营业执照注册地与经营地不在同一行政区域(跨省、市、县)需要开立基本存款账户的;办理异地借款和其他结算需要开立一般存款账户的;存款人因附属的非独立核算单位或派出机构发生的收入汇缴或业务支出需要开立专用存款账户的;异地临时经营活动需要开立临时存款账户的;自然人根据需要在异地开立个人银行结算账户的。

存款人需要在异地开立单位银行结算账户,除出具开立基本存款账户、一般存款账户、专用存款账户和临时存款账户规定的有关证明文件和基本存款账户开户许可证或企业基本存款账户编号外,还应出具下列相应的证明文件。

(1) 异地借款的存款人在异地开立一般存款账户的,应出具在异地取得贷款的借款合同。

(2) 因经营需要在异地办理收入汇缴和业务支出的存款人在异地开立专用存款账户的,应出具隶属单位的证明。

3. 单位银行结算账户的变更

变更是指存款人的账户信息资料发生变化或改变。存款人更改名称,但不改变开户银行及账号的,应于5个工作日内向开户银行提出银行结算账户的变更申请,并出具有关部门的证明文件。单位的法定代表人或主要负责人、住址及其他开户资料发生变更时,应于5个工作日内书面通知开户银行并提供有关证明。企业营业执照、法定代表人或单位负责人有效身份证件列明有效期限的,企业应当于到期日前及时更新;在合理期限内企业未更新的且未提出合理理由的,银行会按规定终止其办理业务。

单位银行结算账户的账户性质是不能做变更的,改变账户性质应做新开户处理。另外,存款人变更开户银行及账号,也应做新开户处理。

4. 单位银行结算账户的撤销

撤销是指存款人因开户资格或其他原因终止银行结算账户使用的行为。有下列情形之一的,存款人应向开户银行提出撤销银行结算账户的申请:存款人撤并、解散、宣告破产或关闭的,注销、被吊销营业执照的,因迁址需要变更开户银行的,以及其他原因需要撤销银行结算账户的。存款人撤销银行结算账户,必须与开户银行核对银行结算账户存款余额,交回各种重要空白票据及结算凭证和开户许可证,银行核对无误后方可办理销户手续。存款人撤销银行结算账户时,应先撤销一般存款账户、专用存款账户、临时存款账户,将账户资金转入基本存款账户后,方可办理基本存款账户的撤销。存款人尚未清偿其开户银行债务的,不得申请撤销该银行结算账户。对按照账户管理规定应撤销而未办理销户手续的单位银行结算账户,银行通知单位自发出通知之日起 30 日内办理销户手续,逾期视同自愿销户,未划转款项列入久悬未取专户管理。

任务指导

任务 1:开立银行结算账户

【作业场景】

公司成立之初,2019 年 7 月 1 日,委派出纳员范青青到交通银行开立银行结算账户。

【工作流程】

开立银行结算账户业务流程如图 3-1 所示。

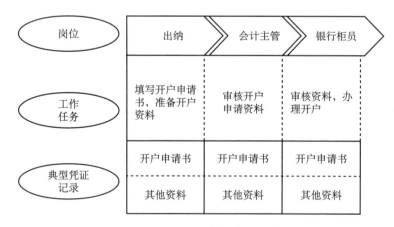

图 3-1　开设银行结算账户业务流程

具体程序如下。

1. 经办人员准备开立银行账户的有关资料

开立基本存款账户需提交以下资料。

(1)企业法人营业执照正本。

(2)法定代表人身份证件。

(3)开户申请书(图 3-2)。

(4) 预留印鉴卡(图 3-3、图 3-4)。

(5) 法定代表人授权书(图 3-5)、代办人员身份证件(如果委托办理)。

银行存款账户开户申请书

2019 年 07 月 01 日

申请单位名称	北京佳康宝健身器材有限公司		电话	010-23345676
户　　名	北京佳康宝健身器材有限公司		邮编	100010
地　　址	北京市东城区朝阳门北大街9号		联系人	钱光照
企业单位代码(技术监督局核发)	110101102791985172		经营范围	开发、制造、销售多种健身器材
所有制(经济)性质	全民( )集体( )民营( )个体( )三资( )股份( )股份制( )其他(√)			
企业法人执照或营业执照或批文编号			法人代表	王京北
执照批文期起记日期	2019 年 07 月 — 2039 年 07 月		注册资金数	人民币700万元
主管单位全称				

以下栏目由银行审核后填写

开户银行		账号		币种	
账户类别	基本存款账户( ) 一般存款账户( ) 专用存款账户( ) 临时存款账户( ) 其他存款账户( )				
行业分类			开户登记证编号		开基字第　　　号
			开立账户日期		年　月　日

申请单位: (签章) 2019年 07月 01日	主管单位意见: (签章) 年　月　日	开户银行审核意见: (签章) 年　月　日

第一联:人民银行留存

图 3-2　审核后银行存款开户申请书

交通银行　　北京支　　行　预留签章卡

必填信息	账　　号		启用日期	2019 年 07 月 01 日
	户　　名	北京佳康宝健身器材有限公司	客户号	
	联系电话	010-23345676	邮　编	100010
	联 系 人	钱光照	地　址	北京市东城区朝阳门北大街9号

预留签章

（旧预留签章卡装订于　　年　月　日凭证）本行共预留　　份预留签章卡

会计负责人:钱光照　　　　　　经办:范青青

代号(米舍44)10×15=50K2003.6月版

图 3-3　审核后银行预留印鉴卡正面

2. 开户申请书盖章、预留签章卡盖章

将开户资料送财务经理和总经理审核后,在开户申请书上加盖单位公章和法定代表人或其授权代理人的签名或盖章(图 3-2),在预留签章卡正面加盖本单位财务专用章(图 3-3),背面加盖单位公章和法定代表人名章(图 3-4)。

更换预留签章通知书(以下新开户免填)	授权证明书
我单位定于　　年　　月　　日启用新预留签章(见预留签章卡正面)旧预留签章同日注销,在更换预留签章以前本户开出之票据在规定有效期限内前来支取时该预留签章仍继续有效,由此产生的经济责任由本单位承担。	本签章系证明我单位所留预留签章(见预留签章卡正面)有效。 (单位公章及法定代表人签章) 

(原预留签章)

图 3-4　审核后银行预留印鉴卡背面

操作指导

存款人申请开立银行结算账户时,应填制银行存款账户开户申请书。开户申请书按照中国人民银行的规定记载有关事项。银行存款账户开户申请书一般为一式三联,第一联由中国人民银行当地分支行留存,第二联由开户银行留存,第三联由存款人留存。

单位开立银行结算账户的名称应与其提供的申请开户的证明文件的名称全称相一致。有字号的个体工商户开立银行结算账户的名称应与其营业执照的字号相一致;无字号的个体工商户开立银行结算账户的名称由"个体户"字样和营业执照记载的经营者姓名组成。

除中国人民银行另有规定的以外,应建立存款人预留签章卡片,并将签章式样和有关证明文件的原件或复印件留存归档。

存款人申请开立单位银行结算账户时,可由法定代表人或单位负责人直接办理,也可授权他人办理。由法定代表人或单位负责人直接办理的,除出具相应的证明文件外,还应出具法定代表人或单位负责人的身份证件;授权他人办理的,除出具相应的证明文件外,还应出具其法定代表人或单位负责人的授权书(图 3-5)及其身份证件,以及被授权人的身份证件。

3. 经办人员持开户资料到银行办理开户

银行应对存款人的开户申请书填写的事项和证明文件的真实性、完整性、合规性进行认真审查。经审查符合银行存款账户开户要求的,在银行存款账户开户申请书及预留签章卡上加盖银行业务章(图3-6、图3-7),返还银行存款账户开户申请书的存款人留存联。

授权委托书

交通银行北京东城区支行:

　　兹授权本公司范青青(身份证号码:110112199608191422)到贵行办理开立基本存款户事宜,由此产生的经济责任和法律后果由我公司承担,与贵行无关。

　　若有变动,我公司将以书面形式通知贵行,如我公司未及时通知贵行,所造成的一切经济责任和法律后果我公司承担。

　　特此申明!

　　授权有效期:2019年7月1日—2019年7月31日

授权人:

图 3-5　授权委托书

银行存款账户开户申请书

2019 年 07 月 01 日

申请单位名称	北京佳康宝健身器材有限公司	电话	010-23345676
户　名	北京佳康宝健身器材有限公司	邮编	100010
地　址	北京市东城区朝阳门北大街9号	联系人	饶光照
企业单位代码(技术监督局核发)	110101102791985172	经营范围	开发、制造、销售多种健身器材
所有制(经济)性质	全民( )集体( )民营( )个体( )三资( )股份( )股份制( )其他(√)		
企业法人执照或营业执照或批文编号		法人代表	王京北
执照批文期起讫日期	2019 年 07 月 — 2039 年 07 月	注册资金数	人民币700万元
主管单位全称			
以下各栏目由银行审核后填写			
开户银行	交通银行北京东城区支行	账号	110007611018000642118	币种	人民币
账户类别	基本存款账户(√)一般存款账户( )专用存款账户( )临时存款账户( )其他存款账户( )		
		开户登记证编号	
		开立账户日期	开登字第 号
申请单位盖章	主管单位意见	开户银行审核意见	
2019 年 07 月 01 日	(签章)年 月 日	(签章)年 月 日	

第一联:人民银行留存

图 3-6　银行返还的银行存款开户申请书留存联

操作指导

　　符合开立基本存款账户、临时存款账户和预算单位专用存款账户条件的,银行应将存款人的开户申请书、相关的证明文件和银行审核意见等开户资料报送中国人民银行当地分支

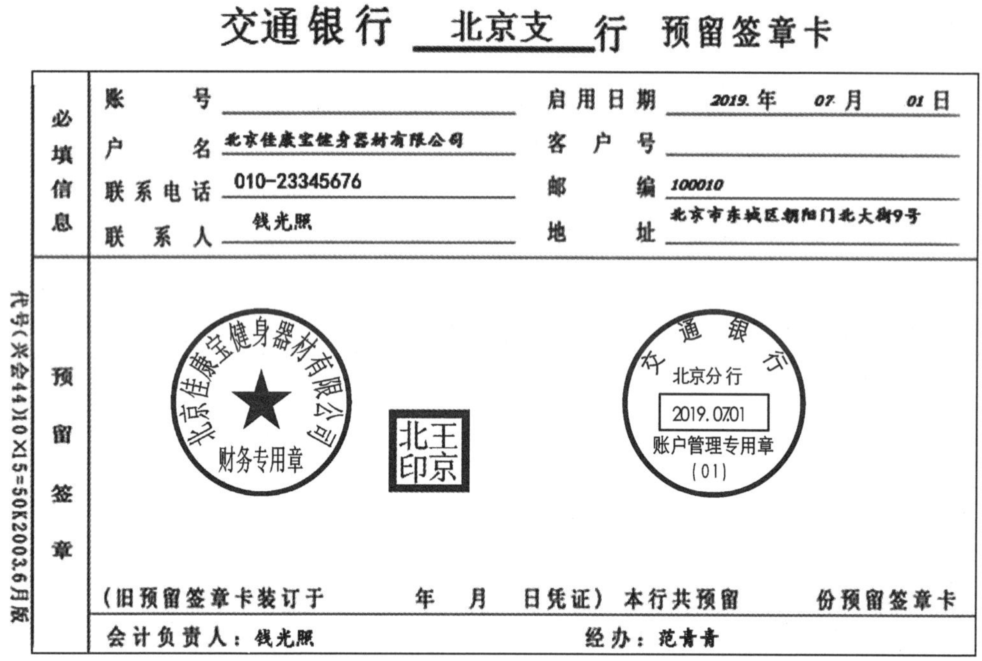

图3-7 银行盖章的预留签章卡

行，经其核准后办理开户手续。需要中国人民银行核准的账户包括基本存款账户、临时存款账户（因注册验资和增资验资开立的除外）、预算单位专用存款账户和合格境外机构投资者在境内从事证券投资开立的人民币特殊账户和人民币结算资金账户。

中国人民银行应于2个工作日内对开户银行报送的核准类账户的开户资料的合规性予以审核，符合开户条件的，予以核准，颁发基本存款账户开户许可证；不符合开户条件的，应在开户申请书上签署意见，连同有关证明文件一并退回报送银行，由报送银行转送存款人。

符合开立一般存款账户、其他专用存款账户和个人银行结算账户条件的，银行应办理开户手续，并于开户之日起5个工作日内向中国人民银行当地分支行备案。这些结算账户统称为备案类结算账户。

2019年2月，中国人民银行发布《企业银行结算账户管理办法》，2019年年底前，完成取消企业银行账户许可，企业（在境内的企业法人、非法人企业和个体工商户）开立基本存款账户、临时存款账户取消核准制，实行备案制，不再颁发开户许可证。银行完成企业基本存款账户信息备案后，账户管理系统生产基本存款账户编号，代替原基本存款账户核准号使用。银行应打印《基本存款账户信息》和存款人查询密码，并交付企业。持有基本存款账户编号的企业申请开立一般存款账户、专用存款账户、临时存款账户时，应当向银行提供基本存款账户编号。

4. 办理付款业务

企业银行结算账户自开立之日即可办理收付款业务。对于核准类银行结算账户，"正式开立之日"为中国人民银行当地分支行的核准日期；对于非核准类银行结算账户，"正式开立之日"是开户银行为存款人办理开户手续的日期。

任务2：银行结算账户变更

【作业场景】

2020年12月1日因法定代表人发生变更，单位负责人委派范青青到银行办理银行结算账户变更业务。

【工作流程】

变更银行结算账户业务流程如图3-8所示。

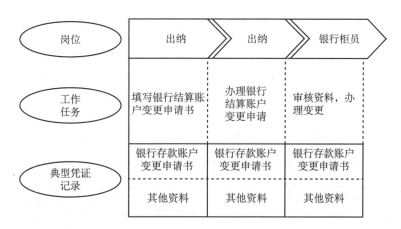

图3-8　变更银行结算账户业务流程

具体程序如下。

1. 经办人填写变更银行结算账户申请书

变更银行结算账户申请书如图3-9所示。

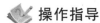 操作指导

存款人申请变更基本结算账户开户资料信息，应向银行提交基本结算账户开户许可证及相关证明文件，并填写变更银行结算账户申请书。变更银行结算账户申请书一般一式三联，一联存款人留存，一联开户银行留存，一联中国人民银行当地分支行留存。

2. 经办人向银行提交账户变更需要的资料，办理银行结算账户变更申请

存款人的基础信息发生变更，应于5个工作日内向开户银行提出银行结算账户的变更申请。基本结算账户变更需提交的资料除变更银行结算账户申请书之外，还包括营业执照正本、开户许可证、预留签章卡、法定代表人身份证原件、经办人身份证原件、授权委托书及变更事项证明文件等。

3. 银行办理变更

银行收到存款人变更银行结算账户申请后，应对存款人提交的变更申请资料的真实性、完整性、合规性进行审查。属于变更开户许可证记载事项的，存款人办理变更手续时，应交回开户许可证，由中国人民银行当地分支行换发新的开户许可证。对因办理变更手续收回的企业开户许可证原件，不再换发新的开户许可证。对企业名称、法定代表人或单位负责人变更的，账户管理系统重新生成新的基本存款账户编号，银行应打印《基本存款账户信息》并

变更银行结算账户申请书

账户名称		北京佳康宝健身器材有限公司		
开户银行机构代码		30100100	账　号	110007611018000642118
账户性质		基本（√）专用（ ）一般（ ）临时（ ）个人（ ）		
开户许可证核准号				
变更事项及变更后内容如下：				
账户名称				
地址				
邮政编码				
电话				
注册资金金额				
证明文件种类				
证明文件编号				
经营范围				
法定代表人或单位负责人	姓名	王天一		
	证件种类	身份证		
	证件号码	110112198602111511		
关联企业		变更后的关联企业信息填列在"关联企业登记表"中。		
上级法人或主管单位的基本存款账户核准号				
上级法人或主管单位的名称				
上级法人或主管单位法定代表人或单位负责人	姓名			
	证件种类			
	证件号码			
本存款人申请变更上述银行账户内容，并承诺所提供的资料真实、有效。 存款人（签章） 2020年12月1日		开户银行审核意见： 经办人（签章） 开户银行（签章） 年　月　日		人民银行审核意见： 经办人（签名） 人民银行（签章） 年　月　日

图 3-9　变更银行结算账户申请书

交付企业。备案类结算账户的变更和撤销应于 2 个工作日内通过账户管理系统向中国人民银行当地分支行报备。

任务 3：银行结算账户撤销

【作业场景】

2021 年 11 月 30 日，单位负责人委派范青青办理临时账户撤销业务。

【工作流程】

撤销银行结算账户业务流程如图 3-10 所示,具体程序如下。

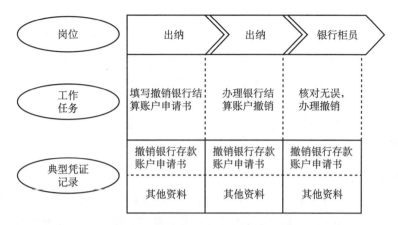

图 3-10　撤销银行结算账户业务流程

1. 经办人填写撤销银行结算账户申请书

银行结算账户申请书如图 3-11 所示。

撤销银行结算账户申请书

账户名称	北京佳康宝健身器材有限公司		
开户银行名称	天津建设银行		
开户银行机构代码	87654321	账　号	1111111111111111
账户性质	基本（　）专用（　）一般（　）临时（√）个人（　）		
开户许可证核准号			
销户原因	临时经营活动结束,不再使用临时存款账户		
我公司申请撤销上述账户,承诺所提供的证明文件真实、有效。并承诺已交回或销毁在贵行购买但未使用的重要空白票据和结算凭证,若有遗失上述重要空白票据和结算凭证,损失自负。我公司将被要求赔偿银行所遭受的由于银行执行有客户签发的,或声明由客户或代表客户签发的支付票据和结算凭证引起或者相关的任何损失。 存款人（签章） 2021 年 11 月 30 日		开户银行审核意见： 经办人（签章） 开户银行（签章） 年　　月　　日	

图 3-11　撤销银行结算账户申请书

操作指导

撤销银行结算账户申请书一般一式三联,一联存款人留存,一联开户银行留存,一联中国人民银行当地分支行留存。

2. 经办人向银行提交有关证明资料，办理银行结算账户撤销

办理账户撤销时，需携带公章、财务印鉴（财务专用章及法定代表人名章）、法定代表人授权办理账户撤销事宜的授权书、法定代表人身份证、经办人身份证等文件。撤销账户前，存款人要将账户剩余款项划转至其他在用的单位银行结算账户，并将多余的重要空白票据和结算凭证交回银行。撤销核准类银行结算账户时，应交回开户许可证。

3. 银行办理结算账户撤销

银行在收到存款人撤销银行结算账户的申请后，与企业核对无误后方可办理销户手续。对符合销户条件的，应在2个工作日内办理撤销手续。

操作指导

当企业撤并、解散、宣告破产或关闭，注销、被吊销营业执照，因迁址需要变更开户银行或其他原因需要撤销银行结算账户的，应及时向开户银行提出单位结算账户撤销申请，并按要求办理撤销手续。当企业发生撤并、解散、宣告破产或关闭，注销、被吊销营业执照时，应于5个工作日内向开户银行提出撤销银行结算账户的申请。

因迁址需要变更开户银行或其他原因撤销银行结算账户，需要新开立基本结算账户的，应在撤销其原基本结算账户后10日内申请重新开立基本结算账户。

风险及防范措施

各单位在银行结算账户的管理和使用中出现以下情况时，要引起关注。

（1）银行账户开立数量与企业实际的业务规模不匹配。
（2）在没有经营业务的地区开立银行账户。
（3）企业资金存放于管理层或员工个人账户。
（4）不按规定条件开立银行结算账户。
（5）不按规定要求使用银行结算账户。
（6）不及时撤销银行结算账户。
（7）出租、出借银行结算账户。

一个企业可以开一个基本结算账户和多个一般存款账户，政策对企业开户总个数没有限制，这就会出现企业出于各种目的多头开户的现象。多头开户使得银行账户使用效率低，闲置账户过多，极大增加了账户管理工作量，同时为逃税、洗钱、电信诈骗等不法行为留下空子，为企业带来了风险。另外，银行账户管理人员对政策的理解和把握存在偏差，不能正确区分账户的资金性质与用途，就会在开立、变更、使用、撤销过程中产生较大的操作风险。

为防范银行账户管理和使用中出现的风险，各单位应做到：账户管理工作中落实经办、复核、授权各岗位的职责，各个岗位做到分工明确、互相监督；加强内控管理，定期进行账户检查，查缺补漏。业务人员应当做到：办理业务时需要严格落实账户管理制度，按章操作，按流程办理业务；提高个人业务素质，熟悉账户管理办法，夯实业务基础。

> 任务附注

1. 规范性引用文件

人民币银行结算账户管理办法

企业银行结算账户管理办法

2. 任务使用表单模板

3.1 表单模板

同步练习

一、单项选择题

1. 根据支付结算法律制度的规定，下列各项中，属于存款人对其特定用途资金进行专项管理和使用而成立的银行结算账户的是(　　)。
   A. 一般存款账户　　B. 专用存款账户　　C. 基本存款账户　　D. 临时存款账户

2. 根据支付结算法律制度的规定，存款人更改名称，但不改变开户银行及账号的，应于一定期限向其开户银行提出银行结算账户的变更申请，该期限是(　　)。
   A. 5个工作日内　　B. 3个工作日内　　C. 3日内　　D. 5日内

3. 根据支付结算法律制度的规定，下列存款人，不得开立基本存款账户的是(　　)。
   A. 临时机构　　　　　　　　　　B. 非法人企业
   C. 异地常设机构　　　　　　　　D. 单位设立的独立核算的附属机构

4. 根据支付结算法律制度的规定，关于基本存款账户的下列表述中，不正确的是(　　)。
   A. 基本存款账户可以办理现金支取业务
   B. 一个单位只能开立一个基本存款账户
   C. 单位设立的独立核算的附属机构不得开立基本存款账户
   D. 基本存款账户是存款人的主办账户

5. 下列对基本存款账户与临时存款账户在管理上的区别，表述正确的是(　　)。
   A. 基本存款账户能支取现金而临时存款账户不能支取现金

B. 基本存款账户不能向银行借款而临时存款账户可以向银行借款

C. 基本存款账户没有数量限制而临时存款账户受数量限制

D. 基本存款账户没有时间限制而临时存款账户实行有效期管理

6. 根据支付结算法律制度的规定,下列各项中,属于存款人在开立一般存款账户之前必须开立的账户是(　　)。

　　A. 基本存款账户　　B. 单位银行卡账户　　C. 专用存款账户　　D. 临时存款账户

7. 甲地为完成棚户区改造工程,成立了W片区拆迁工程指挥部。为发放拆迁户安置资金,该指挥部向银行申请开立的存款账户的种类是(　　)。

　　A. 基本存款账户　　B. 一般存款账户　　C. 专用存款账户　　D. 临时存款账户

8. 某电影制作企业临时到外地拍摄,其在外地设立的摄制组可以开立的账户为(　　)。

　　A. 专用存款账户　　B. 基本存款账户　　C. 一般存款账户　　D. 临时存款账户

9. 根据支付结算法律制度的规定,临时存款账户的有效期最长不得超过(　　)。

　　A. 6个月　　B. 1年　　C. 2年　　D. 3年

10. 甲公司因长期经营不善被宣告破产,撤销在银行开立的结算账户时,其应当最后撤销的是(　　)。

　　A. 临时存款账户　　B. 一般存款账户　　C. 专用存款账户　　D. 基本存款账户

二、多项选择题

1. 单位银行结算账户按用途不同可分为(　　)。

　　A. 基本存款账户　　B. 一般存款账户　　C. 专用存款账户　　D. 临时存款账户

2. 基本存款账户允许变更的事项包括(　　)。

　　A. 存款人名称的变更　　B. 地址的变更

　　C. 账户性质的变更　　D. 注册资金的变更

3. 下列存款人中,可以申请开立基本存款账户的有(　　)。

　　A. 非法人企业　　B. 单位设立的独立核算的附属机构

　　C. 异地常设机构　　D. 民办非企业组织

4. 一般存款账户的使用范围包括办理存款人(　　)。

　　A. 现金缴存　　B. 现金支取　　C. 借款转存　　D. 借款归还

5. 根据支付结算法律制度的规定,下列账户中,可以支取现金的有(　　)。

　　A. 基本存款账户　　B. 一般存款账户　　C. 临时存款账户　　D. 单位人民币卡

三、判断题

1. 为了便于结算,一个单位可以同时在几家金融机构开立银行基本存款账户。(　　)

2. 银行应建立存款人预留签章卡片,并留存归档。(　　)

3. 存款人尚未清偿其开户银行债务的,不得申请撤销该账户。(　　)

4. 存款人为注册资金验资而开设的临时存款账户,在验资期间只收不付。(　　)

5. 撤销银行结算账户时,应先撤销基本存款账户,再撤销一般存款账户、专用存款账户和临时存款账户。(　　)

四、案例分析题

1. 2020年10月甲公司法定代表人王某在P银行为本公司开立了基本存款账户,2020年

11月甲公司在Q银行开立单位人民币账户并转入资金,2020年12月甲公司发生4笔业务。

（1）收到现金货款2万元。

（2）支付原材料采购款6万元。

（3）支付劳务费4万元。

（4）提取周转现金1万元。

要求:已知各账户存款余额充足,那么以上发生的业务可以通过Q银行开立的账户办理的有哪些?

2. 甲公司于2018年1月7日成立,王某为法定代表人。2018年1月10日,甲公司因办理日常结算需要,在P银行开立了基本存款账户。2020年2月10日,甲公司因资金需求,在Q银行借款300万元,开立了一般存款账户。2021年5月19日,甲公司因被吊销营业执照而撤销其基本存款账户。已知:甲公司只有上述两个银行结算账户。

要求:该公司应如何办理基本存款账户的撤销?

3.2 库存现金业务操作

作业场景

2021年12月,佳康宝公司发生的部分现金业务如下。

2021年12月1日,佳康宝公司因零星支付需要,由出纳人员范青青从开户银行提取现金50 000元。

2021年12月1日,佳康宝公司采购员成吉巍因出差需预借现金10 000元。

2021年12月1日,行政部人员柳菲菲采购办公用品500元,到财务报销现金。

2021年12月11日,采购员成吉巍出差返回,出差期间共花费9 910元,凭有关单据进行报销;剩余现金90元交回财务部门。

2021年12月17日,佳康宝公司将生产过程中剩余的边角废料销售给北京顺正废品处理厂,取得现金收入5 500元。

2021年12月23日,佳康宝公司将收取的现金收入3 450元存入银行。

任务目标

> 会办理现金的存入及提取。

> 会填写现金支票、现金收据等业务单据。

> 能处理现金日常收付业务。

> 能按规定保管库存现金。

> 能正确登记库存现金日记账。

术语和定义

1. 库存现金

库存现金通常是指存放于企业财务部门由出纳人员经管的货币资金。

2. 现金收据

现金收据是指收到现金后由收款单位出纳人员开具的一种单据。

3. 记账凭证

记账凭证是会计人员根据审核无误的原始凭证，按照经济业务事项的内容加以分类，并依据确定会计分录后所填制的会计凭证，是登记账簿的直接依据。

任务分析

1. 现金管理一般要求

现金是企业流动性最强的资产，国家有关现金管理制度对现金的使用有着较为严格的限制，企业应当严格遵守国家有关现金管理制度，正确进行现金的收支核算，保证现金使用的安全性和合理性。

中国人民银行总行是现金管理的主管部门。各级人民银行要严格履行金融主管机关的职责，负责对开户银行的现金管理进行监督和稽核。开户银行负责现金管理的具体执行，对开户单位的现金收支、使用进行监督管理。

一个单位在几家银行开户的，只能在一家银行开设现金结算户，支取现金，并由该家银行负责核定现金库存限额和进行现金管理检查。当地人民银行要协同各开户银行，认真清理现金结算账户，负责将开户单位的现金结算户落实到一家开户银行。

各开户单位的库存现金都要核定限额。库存现金限额应由开户单位提出计划，报开户银行审批。开户银行根据实际需要，原则上以开户单位3～5天的日常零星开支所需核定库存现金限额。边远地区和交通不发达地区的开户单位的库存现金限额可以适当放宽，但最多不得超过15天的日常零星开支。经核定的库存现金限额，开户单位必须严格遵守。各开户单位的库存现金限额，由于生产或业务变化，需要增加或减少时，应向开户银行提出申请，经批准后再行调整。

对没有在银行单独开立账户的附属单位也要实行现金管理，必须保留的现金，也要核定限额，其限额包括在开户单位的库存限额之内。商业和服务行业的找零备用现金也要根据营业额核定定额，但不包括在开户单位的库存现金限额之内。

2. 现金日常收支业务基本规定

开户单位现金收支应当依照下列规定办理。

（1）开户单位现金收入应当于当日送存开户银行。当日送存确有困难的，由开户银行确定送存时间。

（2）开户单位支付现金，可以从本单位库存现金限额中支付或者从开户银行提取，不得从本单位的现金收入中直接支付（即坐支）。因特殊情况需要坐支现金的，应当事先报经开户银行审查批准，由开户银行核定坐支范围和限额。坐支单位应当定期向开户银行报送坐支金额和使用情况。

（3）开户单位从开户银行提取现金，应当写明用途，由本单位财会部门负责人签字盖章，经开户银行审核后，予以支付现金。

（4）因采购地点不固定、交通不便、生产或者市场急需、抢险救灾，以及其他特殊情况必须使用现金的，开户单位应当向开户银行提出申请，由本单位财会部门负责人签字盖章，经开户银行审核后，予以支付现金。

3. 使用现金范围

国家鼓励开户单位和个人在经济活动中，采取转账方式进行结算，减少使用现金。开户单位之间的经济往来，除按以下范围可以使用现金外，应当通过开户银行进行转账结算。

（1）职工工资、各种工资性津贴。

（2）个人劳务报酬，包括稿费和讲课费及其他专门工作报酬。

（3）支付给个人的各种奖金，包括根据国家规定颁发给个人的各种科学技术、文化艺术、体育等各种奖金。

（4）各种劳保、福利费用，以及国家规定的对个人的其他现金支出。

（5）收购单位向个人收购农副产品和其他物资支付的价款。

（6）出差人员必须随身携带的差旅费。

（7）结算起点（1 000元）以下的零星支出。

（8）确实需要现金支付的其他支出。

除第（5）、（6）项外，开户单位支付给个人的款项中，支付现金每人一次不得超过1 000元，超过限额部分，根据提款人的要求在指定的银行转为储蓄存款或以支票、银行本票支付；确需全额支付现金的，应经开户银行审查后予以支付。

转账结算凭证在经济往来中具有同现金相同的支付能力。开户单位在销售活动中，不得对现金结算给予比转账结算优惠待遇；不得只收现金拒收支票、银行汇票、银行本票和其他转账结算凭证。

开户单位应当建立健全现金账目，逐笔记载现金支付；账目应当日清月结，账款相符。单位应当定期和不定期地进行现金盘点，确保现金账面余额与实际库存相符。发现不符，及时查明原因，做出处理。

任务指导

任务1：提取现金业务

【作业场景】

2021年12月1日，佳康宝公司因零星支付需要，由出纳人员范青青从开户银行提取现金50 000元。

【工作流程】

提取现金业务处理流程如图3-12所示，具体程序如下。

1. 出纳人员填写"现金支票"（图3-13）。

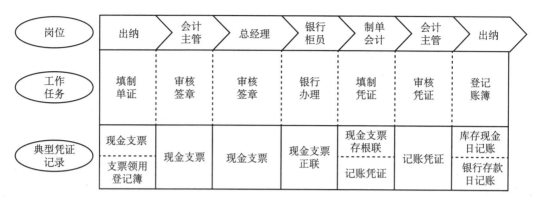

图3-12 提取现金业务处理流程

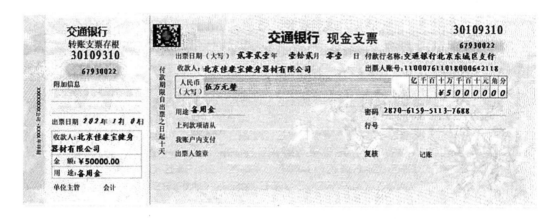

图3-13 现金支票

操作指导

开户单位支付现金，需要从开户银行提取时，要填制现金支票。现金支票的填写规范如下。

（1）填写出票日期，出票日期必须使用中文大写，不得更改。月为壹、贰和壹拾的，应在其前加"零"。日为壹至玖和壹拾、贰拾和叁拾的，应在其前加"零"；日为拾壹至拾玖的，应在其前加"壹"。

（2）填写付款行名称和出票人账号，即出票人的开户银行名称及存款账户的账号。

（3）填写收款人全称，不得更改。

（4）填写人民币大写金额，不得更改，大写金额数字应紧接"人民币"字样填写，不得留有空白。

（5）填写小写金额，不得更改，大小写金额必须一致，小写金额前面加人民币符号"￥"。

（6）填写款项的用途，必须符合国家现金管理的规定。

（7）出票人签章，即出票人预留银行的签章。

（8）需要使用支付密码时，填写支付密码。

（9）存根联的出票日期，与正联一致，用小写。

（10）存根联的收款人，与正联一致，可简写。

（11）存根联的金额，与正联一致，用小写。

(12) 存根联的用途，与正联一致。

(13) 需要时填写附加信息，如预算单位办理支付结算业务填写"附加信息代码"，与背面一致。

(14) 会计人员签章。

(15) 单位主管审批签章。

2. 登记"支票领、用、存登记簿"（表 3-1）。

表 3-1　支票领、用、存登记簿

日期			摘要	支票种类	购入		使用					结存数量	使用部门	领用人签字
年	月	日			数量	支票起止号码	数量	支票号码	用途	收款人	金额			
2021	12	01		现金支票			1	67930022	备用金	佳康宝健身器材有限公司	50 000.00			

操作指导

根据企业内部管理的需要，对某些在日记账和分类账中不能登记或登记不全的会计事项要设置备查簿进行补充登记。

为了加强对空白支票的管理，明确经济责任，防止意外，单位一般要设置"支票领、用、存登记簿"，用于记录和反映空白支票的购入、使用及结存的情况。

备查账没有固定的格式，与其他账簿之间也不存在严密的钩稽关系，其格式可由企业根据内部管理的需要自行确定。企业签发支票时，出纳人员应在"支票领、用、存登记簿"上填写签发日期、支票号码、收款单位、用途和金额等，并由领用人签名或盖章，便于查阅支票的使用情况。

3. 填好的现金支票（图 3-14、图 3-15）交会计主管、总经理审核，确认无误后在支票正面和背面上分别加盖财务专用章及法定代表人名章。

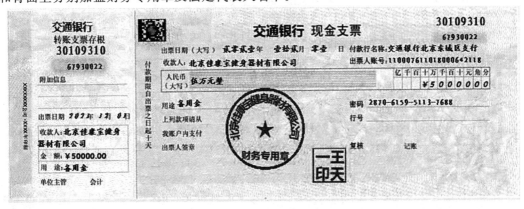

图 3-14　现金支票正面

图 3-15 现金支票背面

4. 出纳人员持现金支票正联(图 3-16)到银行办理现金提款业务,银行给付现金,并在现金支票上盖付讫章。

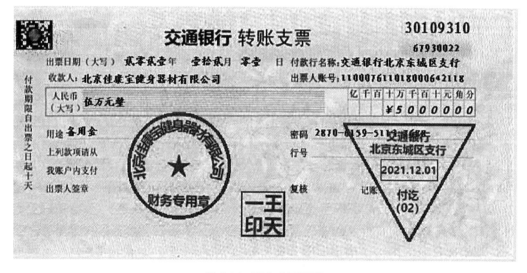

图 3-16 现金支票正联

5. 出纳人员将现金支票存根联(图 3-17)交制单会计制作记账凭证(图 3-18)。

操作指导

记账凭证按其反映经济业务的内容不同,可以分为收款凭证、付款凭证和转账凭证。收款凭证用于记录现金和银行存款收款的业务,可以进一步分为现金收款凭证和银行存款收款凭证;付款凭证用于记录现金和银行存款的付款业务,可以进一步分为现金付款凭证和银行存款付款凭证。从银行提现的业务,既可以编制现金的收款凭证,也可以编制银行存款的付款凭证,但为了避免重复登记,一般只编制付款凭证。

6. 会计主管审核记账凭证(图 3-19),审核完毕的记账凭证交出纳登记银行存款日记账(图 3-20)和库存现金日记账(图 3-21)。会计主管、出纳分别在记账凭证上签字。

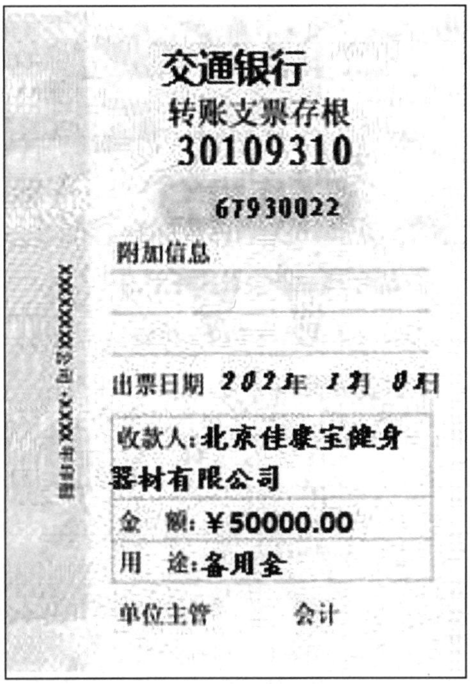
交通银行
转账支票存根
30109310
67930022
附加信息
出票日期 2021年 1月 0日
收款人：北京佳康宝健身器材有限公司
金　额：¥50000.00
用　途：备用金
单位主管　　会计

图 3-17　现金支票存根联

付　款　凭　证

出纳编号 ________

贷方科目：银行存款　　2021 年 12 月 1 日　　制单编号 银付1

对方单位	摘　要	借方科目 总账科目	借方科目 明细科目	千	百	十	万	千	百	十	元	角	分	记账符号
	提取备用金	库存现金					5	0	0	0	0	0	0	
合　计						¥	5	0	0	0	0	0	0	

附凭证 1 张

会计主管：　　记账：　　稽核：　　出纳：　　制单：米乐

图 3-18　付款凭证

付款凭证

贷方科目：**银行存款**　　2021年 12月 1日　　出纳编号 _____
　　　　　　　　　　　　　　　　　　　　　　制单编号 **银付1**

对方单位	摘要	借方科目		金额	记账符号	附凭证
		总账科目	明细科目	千百十万千百十元角分		
	提取备用金	库存现金		5 0 0 0 0 0 0		1张
	合　计			¥5 0 0 0 0 0 0		

会计主管：**钱光照**　　记账：　　稽核：**钱光照**　　出纳：**范青青**　　制单：**米乐**

图 3-19　付款凭证

银行存款日记账

2021年		凭证		对方科目	摘要	借方	贷方	借或贷	余额	√
月	日	种类	号数			亿千百十万千百十元角分	亿千百十万千百十元角分		亿千百十万千百十元角分	
12	1				期初余额			借	7 8 8 0 0 0 0 0	
12	1	银付	1	库存现金	提取备用金		5 0 0 0 0 0 0	借	7 3 8 0 0 0 0 0	

图 3-20　银行存款日记账

库存现金日记账

2021年		凭证		对方科目	摘要	借方	贷方	借或贷	余额	√
月	日	种类	号数			亿千百十万千百十元角分	亿千百十万千百十元角分		亿千百十万千百十元角分	
12	1				期初余额			借	2 3 5 6 8 0 0	
12	1	银付	1	银行存款	提取备用金	5 0 0 0 0 0 0		借	7 3 5 6 8 0 0	

图 3-21　库存现金日记账

任务 2：职工预借现金

【作业场景】

2021 年 12 月 1 日，佳康宝公司采购员成吉巍因出差需预借现金 10 000 元。

【工作流程】

预借现金业务处理流程如图 3-22 所示，具体程序如下。

岗位	出纳	制单会计	会计主管	记账会计	出纳
工作任务	审核单证	填制凭证	审核凭证	登记账簿	登记账簿
典型凭证记录	借款单	借款单记账凭证联 记账凭证	记账凭证	明细账	库存现金日记账

图 3-22 预借现金业务处理流程

1. 业务员填写借款单，经部门领导、总经理批准，财务经理审核后，持借款单（图 3-23）到出纳处办理现金预借。出纳审核借款单无误后，支出现金，并在借款单上加盖"现金付讫"章。

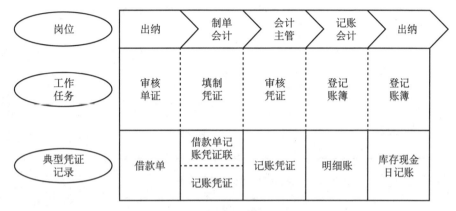

图 3-23 借款单第一联

操作指导

借款单属于单位内部自制原始凭证，是借款人借款的凭证。借用公款时，由借款人填写借款单（注明借款金额、日期、用途等），由经办部门负责人、法定代表人签字批准，方可办理借款手续，领取现金。如借款金额较大时，应附相关的明细支出项目及金额的预算申请书。

借款单一式三联,第一联是出纳人员付款的依据,第二联由借款人留存,第三联交会计作为记账依据。

2. 出纳将借款单第三联(图3-24)记账凭证联交制单会计填制记账凭证(图3-25)。

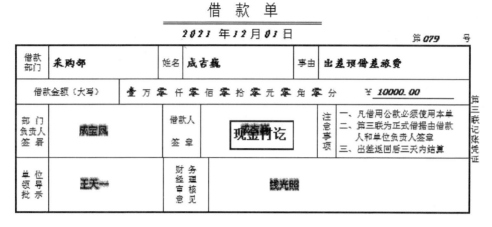

图 3-24　借款单第三联

图 3-25　付款凭证

3. 会计主管审核记账凭证。审核完毕的记账凭证(图3-26)交出纳登记库存现金日记账(图3-27),记账会计登记其他应收款明细账。会计主管、出纳、记账会计分别在记账凭证上签字。

(注:在此主要介绍出纳相关岗位工作,记账会计登记其他应收款明细账内容在此省略。)

付 款 凭 证

出纳编号 _____

贷方科目：**库存现金**　　　**2021**年**12**月**1**日　　　制单编号 **现付1**

对方单位	摘要	借方科目		金额	记账符号
		总账科目	明细科目	千百十万千百十元角分	
	成吉巍出差借款	其他应收款	成吉巍	1 0 0 0 0 0 0	
	合　计			¥1 0 0 0 0 0 0	

会计主管：**钱光照**　　记账：**郑敏**　　稽核：**钱光照**　　出纳：**范青青**　　制单：**米乐**

附凭证 1 张

图 3-26　付款凭证

库存现金日记账

2021年		凭证		对方科目	摘要	借方	贷方	借或贷	余额	√
月	日	种类	号数			亿千百十万千百十元角分	亿千百十万千百十元角分		亿千百十万千百十元角分	
12	1				期初余额			借	2 3 5 6 8 0 0	
12	1	银付	1	银行存款	提取备用金	5 0 0 0 0 0 0		借	7 3 5 6 8 0 0	
12	1	现付	1	其他应收款	成吉巍出差借款		1 0 0 0 0 0 0	借	6 3 5 6 8 0 0	

图 3-27　库存现金日记账

任务 3：现金采购

【作业场景】

2021 年 12 月 1 日，行政部人员柳菲菲采购办公用品 500 元，到财务报销现金。

【工作流程】

现金采购业务处理流程如图 3-28 所示，具体程序如下。

1. 出纳人员审核采购办公用品的发票（图 3-29）及报销单（图 3-30），审核无误后给付现金，在报销单上加盖"现金付讫"章。

2. 出纳将采购办公用品的原始凭证传递给制单会计，制单会计依据原始凭证编制记账凭证（图 3-31）。

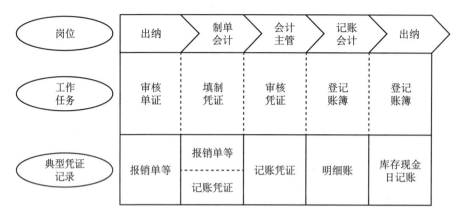

图 3-28 现金采购业务处理流程

图 3-29 采购发票

3. 会计主管审核记账凭证。审核完毕的记账凭证(图 3-32)交出纳登记库存现金日记账(图 3-33),记账会计登记管理费用明细账。会计主管、出纳、记账会计分别在记账凭证上签字。

任务 4:收回职工预借款

【作业场景】

2021 年 12 月 11 日,采购员成吉巍出差返回,出差期间共花费 9 910 元,凭有关单据进行报销;剩余现金 90 元交回财务部门。

【工作流程】

收回职工预借款业务处理流程如图 3-34 所示,具体程序如下。

报 销 单

填报日期：2021年12月01日　　　　单据及附件共 1 张

姓名	柳菲菲	所属部门	行政部	现金付讫	报销形式	现金
					支票号码	

报销项目	摘要	金额	备注
美能达墨粉		500.00	
合　　计		¥500.00	

金额大写：零 拾 零 万零 仟伍 佰零 拾零 元零 角零 分　　原借款：　　元　　应退(补)款：　　元

总经理：王天一　　财务经理：钱光照　　部门经理：唐文芳　　会计：　　出纳：范青青　　报销人：柳菲菲

图 3-30　报销单

付 款 凭 证

出纳编号 _____

贷方科目：库存现金　　2021年12月1日　　制单编号　现付2

对方单位	摘要	借方科目		金额	记账符号
		总账科目	明细科目	千百十万千百十元角分	
	采购办公用品	管理费用		5 0 0 0 0	
	合　　计			¥　　　5 0 0 0 0	

附凭证 1 张

会计主管　　　　记账　　　　稽核　　　　出纳　　　　制单：米乐

图 3-31　付款凭证

付 款 凭 证

贷方科目：**库存现金**　　　2021年12月1日　　　出纳编号：_____　　制单编号：**现付2**

对方单位	摘 要	借方科目		金 额	记账符号	附凭证
		总账科目	明细科目	千百十万千百十元角分		
	采购办公用品	管理费用		￥500 00		1张
	合 计			￥500 00		

会计主管：**钱光照**　　记账：**郑敏**　　稽核：**钱光照**　　出纳：**范青青**　　制单：**米乐**

图 3-32 付款凭证

库存现金日记账

2021年		凭证		对方科目	摘 要	借方	贷方	借或贷	余 额	√
月	日	种类	号数			亿千百十万千百十元角分	亿千百十万千百十元角分		亿千百十万千百十元角分	
12	1				期初余额			借	23568 00	
12	1	银付	1	银行存款	提取备用金	50000 00		借	73568 00	
12	1	现付	1	其他应收款	成吉巍出差借款		10000 00	借	63568 00	
12	1	现付	2	管理费用	采购办公用品		500 00	借	63068 00	

图 3-33 库存现金日记账

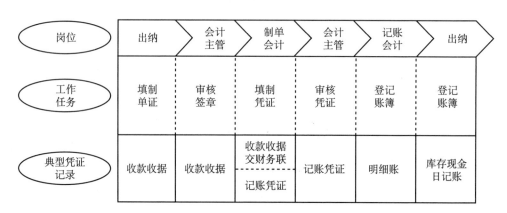

图 3-34 收回职工预借款业务处理流程

1. 出纳收到成吉巍返还的现金 90 元，填制收款收据(图 3-35)。

图 3-35　收款收据第一联

操作指导

收取现金应填写收款收据。收款收据由收款单位出纳人员在收款后填写，按编号顺序使用，全部联次一次套写完成。基本联次一般为一式三联，第一联为存根联，第二联交付款人作为付款的凭证，第三联交财务部门据以记账。

2. 出纳交会计主管审核，确认无误，在收款收据第二联及第三联(图 3-36)加盖财务专用章，并将审核无误的收款收据第三联交制单会计编制记账凭证(图 3-37)。

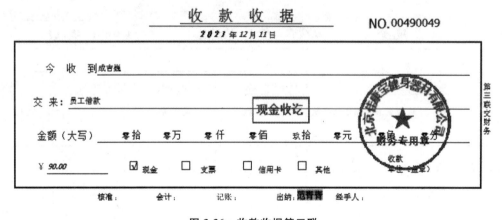

图 3-36　收款收据第三联

3. 会计主管审核记账凭证。审核完毕的记账凭证(图 3-38)交出纳登记库存现金日记账(图 3-39)，记账会计登记其他应收款明细账。会计主管、出纳、记账会计分别在记账凭证上签字。

任务 5：取得现金收入

【作业场景】

2021 年 12 月 17 日，佳康宝公司将生产过程中剩余的边角废料销售给北京顺正废品处

收　款　凭　证

出纳编号

借方科目：库存现金　　2021年 12 月 11 日　　制单编号 现收1

对方单位	摘　要	贷方科目：总账科目	贷方科目：明细科目	金额（千百十万千百十元角分）	记账符号
	收回成吉巍预借款余款	其他应收款	成吉巍	9000	
合　计				￥9000	

附凭证 1 张

会计主管：　记账：　稽核：　出纳：　制单：米乐

图 3-37　收款凭证

收　款　凭　证

出纳编号

借方科目：库存现金　　2021年 12 月 11 日　　制单编号 现收1

对方单位	摘　要	贷方科目：总账科目	贷方科目：明细科目	金额（千百十万千百十元角分）	记账符号
	收回成吉巍预借款余款	其他应收款	成吉巍	9000	
合　计				￥9000	

附凭证 1 张

会计主管：钱光照　记账：郑敏　稽核：钱光照　出纳：范青青　制单：米乐

图 3-38　收款凭证

理厂，取得现金收入 5 500 元。

【工作流程】

取得现金收入业务处理流程如图 3-40 所示，具体程序如下。

1. 出纳人员收到顺正废品处理厂给付的现金，开具收款收据（图 3-41）。

库存现金日记账

2021年		凭证		对方科目	摘要	借方 亿千百十万千百十元角分	贷方 亿千百十万千百十元角分	借或贷	余额 亿千百十万千百十元角分	√
月	日	种类	号数							
12	1				期初余额			借	2 3 5 6 8 0 0	
12	1	银付	1	银行存款	提取备用金	5 0 0 0 0 0 0		借	7 3 5 6 8 0 0	
12	1	现付	1	其他应收款	成吉巍出差借款		1 0 0 0 0 0 0	借	6 3 5 6 8 0 0	
					……					
12	11	现收	略	其他应收款	收回成吉巍预借款余款	9 0 0 0			略	

图 3-39 库存现金日记账

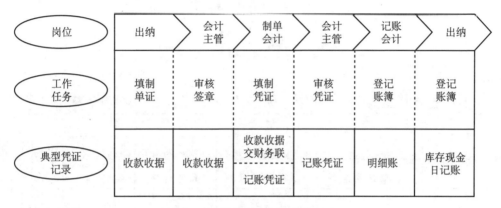

图 3-40 取得现金收入业务处理流程

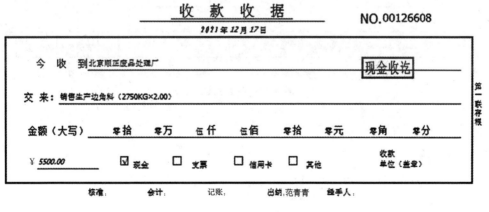

图 3-41 收款收据

2. 出纳交会计主管审核,确认无误,在收款收据的第二联及第三联(图 3-42)加盖财务专用章;将审核无误的收款收据第三联交制单会计编制记账凭证(图 3-43)。

3. 会计主管审核记账凭证。审核完毕的记账凭证(图 3-44)交出纳登记库存现金日记账(图 3-45),记账会计登记其他业务收入和应交税费明细账。会计主管、出纳、记账会计分别在记账凭证上签字。

图 3-42　收款收据第三联

图 3-43　收款凭证

任务 6：现金存入银行

【作业场景】

2021 年 12 月 23 日,佳康宝公司将收取的现金收入 3 450 元存入银行。

【工作流程】

现金存入银行业务处理流程如图 3-46 所示,具体程序如下。

1. 出纳将收到的现金送存银行,同时填写现金解款单(图 3-47)。

操作指导

现金解款单是指客户到银行办理现金缴存业务的专用凭证,也是银行和客户凭以记账的依据。现金解款单一般一式二联:第一联为回单,此联由银行盖章后退回存款单位;第二联为收入凭证,此联由收款人开户银行留作凭证。

收 款 凭 证

借方科目：**库存现金**　　　**2021**年**12**月**17**日　　　出纳编号 _____
　　　　　　　　　　　　　　　　　　　　　　　　　　　制单编号 **略**

对方单位	摘要	贷方科目		金额	记账符号
		总账科目	明细科目	千百十万千百十元角分	
	销售边角废料	其他业务收入	销售材料	4 8 6 7 2 6	
		应交税费	应交增值税（销项税额）	6 3 2 7 4	
	合　　计			￥5 5 0 0 0 0	

附凭证 **1** 张

会计主管：**钱光照**　　记账：**郑敏**　　稽核：**钱光照**　　出纳：**范青青**　　制单：**米乐**

图 3-44　收款凭证

库存现金日记账

2021年		凭证		对方科目	摘要	借方	贷方	借或贷	余额	√
月	日	种类	号数			亿千百十万千百十元角分	亿千百十万千百十元角分		亿千百十万千百十元角分	
12	1				期初余额			借	2 3 5 6 8 0 0	
12	1	银付	1	银行存款	提取备用金	5 0 0 0 0 0 0		借	7 3 5 6 8 0 0	
12	1	现付	1	其他应收款	成吉飙出差借款		1 0 0 0 0 0 0	借	6 3 5 6 8 0 0	
12	1	现付	2	管理费用	采购办公用品		5 0 0 0 0	借	6 3 0 6 8 0 0	
12	11	现收	1	其他应收款	收回成吉飙出差借款余款	9 0 0 0		借	略	
12	17	现收	略	其他业务收入等	销售边角废料	5 5 0 0 0 0		借	略	

图 3-45　库存现金日记账

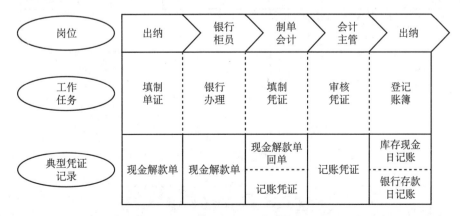

图 3-46　现金存入银行业务处理流程

交通银行（　　　　）现金解款单（回　单）①

2021 年 12 月 23 日

此联由银行盖章后退回单位

收款单位				
收款单位	全称	北京佳康宝健身器材有限公司	款项来源	销售废品款
收款单位	账号	110007611018000642118	解款部门	北京佳康宝健身器材有限公司

人民币（大写）：叁仟肆佰伍拾元整	亿	仟	佰	十	万	千	百	十	元	角	分
					¥	3	4	5	0	0	0

票面	张数	种类	千	百	十	元	角	分
壹佰元		一元						
五十元		角票						
十元		分币						
五元		封包						
二元								

（收款银行盖章）

银行打印：

图 3-47　现金解款单回单联

2. 银行工作人员核对实际收到现金和现金解款单，无误后，在现金解款单回单联（图 3-48）盖章并退回存款企业。

交通银行（　　　　）现金解款单（回　单）①

2021 年 12 月 23 日

此联由银行盖章后退回单位

收款单位				
收款单位	全称	北京佳康宝健身器材有限公司	款项来源	销售废品款
收款单位	账号	110007611018000642118	解款部门	北京佳康宝健身器材有限公司

人民币（大写）：叁仟肆佰伍拾元整	亿	仟	佰	十	万	千	百	十	元	角	分
					¥	3	4	5	0	0	0

票面	张数	种类	千	百	十	元	角	分
壹佰元		一元						
五十元		角票						
十元		分币						
五元		封包						
二元								

交通银行
北京东城区支行
2021.12.23
收讫
(02)

（收款银行盖章）

银行打印：

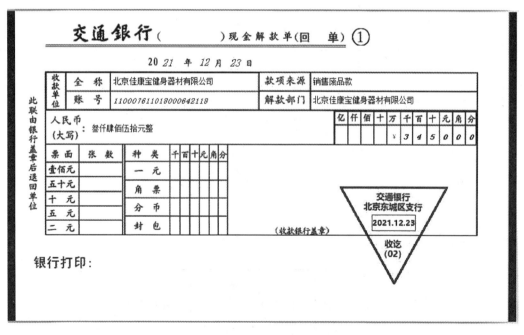

图 3-48　现金解款单回单联

3. 出纳将取回的现金解款单回单联交制单会计，制单会计凭其编制记账凭证（图 3-49）。

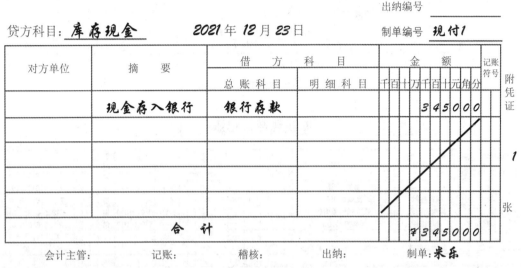

图 3-49 付款凭证

4. 会计主管审核记账凭证。审核完毕的记账凭证（图 3-50）交出纳登记银行存款日记账（图 3-51）和库存现金日记账（图 3-52）。会计主管、出纳分别在记账凭证上签字。

图 3-50 付款凭证

银行存款日记账

2021年		凭证		对方科目	摘要	借方										贷方										借或贷	余额										√
月	日	种类	号数			亿	千	百	十	万	千	百	十	元	角	分	亿	千	百	十	万	千	百	十	元	角	分		亿	千	百	十	万	千	百	十	元	角	分	
12	1				期初余额																							借			7	8	8	0	0	0	0	0	
12	1	银付	1	库存现金	提取备用金																5	0	0	0	0	0	借			7	3	8	0	0	0	0	0	
					略																																	
					……																																	
12	23	现付	1	略	库存现金	现金存入银行					3	4	5	0	0	0																			略		

图 3-51 银行存款日记账

库存现金日记账

2021年		凭证		对方科目	摘要	借方										贷方										借或贷	余额										√
月	日	种类	号数			亿	千	百	十	万	千	百	十	元	角	分	亿	千	百	十	万	千	百	十	元	角	分		亿	千	百	十	万	千	百	十	元	角	分	
12	1				期初余额																							借				2	3	5	6	8	0	0	
12	1	银付	1	银行存款	提取备用金					5	0	0	0	0	0												借				7	3	5	6	8	0	0	
12	1	现付	1	其他应收款	成吉巍出差借款																1	0	0	0	0	0	借				6	3	5	6	8	0	0	
12	1	现付	2	管理费用	采购办公用品																	5	0	0	0	0	借				6	3	0	6	8	0	0	
					……																																	
12	11	现收	1	其他应收款	收回成吉巍出差借款余款							9	0	0	0												借									略		
12	17	现收	略	其他业务收入等	销售边角废料						5	5	0	0	0												借									略		
					……																																	
12	23	现付	略	银行存款	现金存入银行																3	4	5	0	0	0										略		

图 3-52 库存现金日记账

风险及防范措施

现金虽然在资产总额中所占比重不大,但却是企业流动性最强的资产,并且收付业务繁多,容易被不法分子所侵吞,所以在工作中要注意防范库存现金业务中的风险。出现以下情形要引起注意:

(1) 单位的现金交易比例较高,并与其所在的行业常用的结算模式不同。

(2) 库存现金规模明显超过业务周转所需资金。

(3) 经常超过库存现金限额留存现金。

(4) 现金收入不及时存入银行,直接支付单位的支出(坐支)。

(5) 以不符合财务制度的凭证顶替库存现金(白条抵库)。

(6) 单位之间相互借用现金。

(7) 谎报用途套取现金。

(8) 利用银行账户代其他单位和个人存入或支取现金。

(9) 将单位收入的现金以个人名义存入储蓄。

(10) 保留账外公款(即小金库)。

(11) 以票券(变相货币)代替人民币在市场上流通。

企业如果过度采用现金支付,会无形中增加现金管理的成本,从而产生现金的管理风险;现金支付非常可能发生错付,而金额一旦错付,追回难度较大,从而使其错付风险较大;现金支付不能提供银行回单等相应证明,难以说清资金流去向,因此税务局等主管部门会对现金业务特别关注,从而提高企业的稽查风险;现金支付在税务申报中有可能无法享受税前扣除,从而给企业带来税收风险。

因此,日常业务中我们不能为了图方便而盲目扩大现金使用范围,应通过建立良好的内部控制和提升出纳人员自身素质降低现金支付的风险。要严格按照《中华人民共和国现金管理暂行条例》规范使用现金;要建立现金业务的岗位责任制,明确相关部门和岗位的职责权限,确保现金业务的不相容岗位相互分离、相互制约和监督;建立严格的库存现金业务授权批准制度;应该按规定程序(如支付申请、支付审批、支付复核、办理支付)办理现金的支付业务。

作为出纳人员,在办理现金业务中,要正确认识自己的职业,热爱本职工作,严谨认真,一丝不苟地完成岗位工作;要不为利益所诱惑,谨慎执业,维护职业信誉;要做到坚持原则,维护国家利益、社会公众利益和正常的经济秩序;还要做到不断进取,不断提高自身的业务水平和专业技能。

任务附注

1. 规范性引用文件

现金管理暂行条例

2. 任务使用表单模板

3.2 表单模板

同步练习

一、单项选择题

1. 单位收入的现金不得作为库存现金留存,应于(　　)送存银行。

    A. 5日内　　　　B. 当日　　　　C. 次日　　　　D. 3日内

2. 现金由（　　）经管。
    A. 单位负责人　　B. 会计主管人员　　C. 总会计师　　D. 现金出纳
3. 根据《现金管理暂行条例》的规定，不能使用现金的是（　　）。
    A. 工资及工资性津贴　　　　　　B. 结算起点以上的支出
    C. 必须随身携带的差旅费　　　　D. 各种符合国家规定发放的奖金
4. 现金收入完成时，应在单位留存的收据上加盖（　　）章。
    A. 现金收讫　　B. 现金付讫　　C. 法人　　D. 财务专用
5. 整理钞票时，（　　）张纸币为一把。
    A. 10　　B. 50　　C. 100　　D. 200
6. 企业从银行提取现金，登记现金日记账的依据是（　　）。
    A. 现金付款凭证　　　　　　B. 现金收款凭证
    C. 银行存款付款凭证　　　　D. 银行存款收款凭证
7. 企业的库存现金限额，为（　　）天的日常零星开支。
    A. 1　　B. 5　　C. 3～5　　D. 15
8. 边远地区和交通不便地区的开户单位，其库存现金限额的核定天数可以适当放宽，但最多不超过（　　）天。
    A. 5　　B. 10　　C. 15　　D. 30
9. 下列不能用现金支付的是（　　）。
    A. 购买办公用品 250 元　　　　　B. 向个人收购农副产品 20 000 元
    C. 从某公司购入工业产品 60 000 元　D. 支付职工差旅费 10 000 元
10. 下列有关企业现金收支的管理规定，正确的是（　　）。
    A. 企业现金收入应于当日送存开户银行，如当日确有困难，由开户银行确定送存时间
    B. 企业支付现金时，可以从本单位现金收入中直接支付
    C. 企业可用"白条抵库"，但最长不得超过 1 天
    D. 企业之间可以互借现金

二、多项选择题

1. 下列符合现金管理内部控制规定的是（　　）。
    A. 出纳人员登记现金日记账　　B. 出纳人员负责稽核
    C. 出纳人员管理现金　　　　　D. 出纳人员每日盘点
2. 下列单位现金收付操作，属于错误的方式有（　　）。
    A. 从企业库存现金限额中支付
    B. 从开户银行中提取支付
    C. 将单位收入的现金按个人储蓄方式存入银行
    D. 白条抵库
3. 下列属于现金结算特点的有（　　）。
    A. 直接便利　　B. 安全性高　　C. 不易管理　　D. 费用较高
4. 出纳人员不得兼任（　　）工作。
    A. 稽核　　　　　　　　　　B. 登记收入费用、债权债务账目

C. 会计档案保管　　　　　　　　D. 登记现金、银行存款日记账

5. 下列关于库存现金限额的说法正确的是(　　)。
   A. 各开户单位的库存现金都要核定限额
   B. 银行根据实际需要核定3～5天的日常零星开支数额作为开户单位的库存现金限额
   C. 边远地区和交通不发达地区的开户单位的库存现金限额可以适当放宽,但最多不得超过15天的日常零星开支
   D. 商业和服务行业的找零备用现金也要根据营业额核定定额,应包括在开户单位的库存现金限额之内

6. 现金日记账应根据(　　)登记。
   A. 现金收款凭证　　B. 现金付款凭证　　C. 银行收款凭证　　D. 银行付款凭证

7. 应在现金收、付款记账凭证上签字的有(　　)。
   A. 出纳人员　　　　B. 会计主管　　　　C. 制单人员　　　　D. 稽核人员

8. 以下可以用现金支付的有(　　)。
   A. 差旅费　　　　　B. 货款　　　　　　C. 工资薪金　　　　D. 个人奖金

9. 现金支票填写时,下列说法正确的是(　　)。
   A. 开票日期必须大写
   B. 大写金额数字应紧接"人民币"字样填写,不得留有空白
   C. 小写金额前面加人民币符号"￥"
   D. 收款人填写全称,可以更改

10. 现金日记账的登记要求主要有(　　)。
    A. 由出纳人员负责登记　　　　　　B. 以审核无误的收、付款凭证为依据
    C. 应逐日逐笔顺序登记　　　　　　D. 必须逐日结出收入合计和支出合计

三、判断题

1. 单位可以从现金收入中直接支付现金。(　　)
2. 转账结算凭证在经济往来中具有同现金相同的支付能力。(　　)
3. 企业从开户银行提取现金的,应当如实写明用途,由本单位财务部门负责人签字盖章,并经开户银行审批后予以支付。(　　)
4. 企业必须建立健全的现金账目,逐笔登记,做到"日清日结"。(　　)
5. 现金出纳应根据现金收付款凭证登记现金日记账。(　　)
6. 收款收据的日期应大写。(　　)
7. 因特殊情况需要坐支现金的,应当事先报经单位负责人审查批准。(　　)
8. 一个单位在几家银行开户的,只能在一家银行开设现金结算户,支取现金。(　　)
9. 出纳从银行提取零星现金应编制现金收款凭证。(　　)
10. 结算起点1 000元以下的零星支出可以使用现金支付。(　　)

四、案例分析题

2021年8月5日,优康公司会计主管到下属独立核算的分支机构进行检查。在检查现金业务时发现如下问题。

(1) 保险柜里有未记账的凭证若干,时间为8月1日到4日,另有办公室人员王洪开具

的借据一张,金额为800元,未说明用途,也未经过批准。

(2)8月5日当天收到废料销售现金收入2 000元,因前期设备维修的维修费到期付款,在经办人员催促下,遂将该笔收入中的1 600元用于支付超星机械设备有限公司维修费。

(3)8月5日下班前,对出纳人员经管现金进行盘点,现金实存1 200元,经询问,银行核定的现金限额为1 000元。

要求:指出该分支机构在现金管理中的不当之处。

3.3 支票业务操作

作业场景

2021年12月7日转账支票用完,出纳员范青青去银行购买1本转账支票(每本25元),并据此登记相关账簿。

2021年12月8日,收到业务员交来的北京永康健身器材有限公司转账支票1张,面值230 000元,用于偿还前欠的货款,办理款项进账并据此登记相关账簿。

2021年12月10日,用转账支票支付销售部用于宣传产品的广告费2 600元,据此编制记账凭证并登记相关账簿。

2021年12月11日,佳康宝公司收到北京天健健身器材有限公司签发的转账支票500 000元,用来支付货款。当天,佳康宝公司将该支票背书转让给北京天和贸易有限公司,用于偿还上月购买原材料的货款。

2021年12月20日,佳康宝公司收到银行通知,12月18日收到的北京永康健身器材有限公司签发的转账支票发生退票。

2021年12月25日,佳康宝公司不慎将本公司签发的一张面额为20 000元的现金支票遗失。

任务目标

➢ 能正确办理空白支票的购入业务。
➢ 能正确填制转账支票。
➢ 能按规定流程和方法办理支票的收付款业务。
➢ 能正确进行支票的背书转让。
➢ 会进行支票退票的处理。
➢ 会进行支票遗失的处理。

术语和定义

1. 支票

支票是出票人签发的,委托办理支票存款业务的银行在见票时无条件支付确定的金额给收款人或者持票人的票据。支票分为现金支票、转账支票和普通支票。

2. 现金支票

支票上印有"现金"字样的为现金支票,现金支票只能用于支取现金。

3. 转账支票

支票上印有"转账"字样的为转账支票,转账支票只能用于转账。

4. 普通支票

支票上未印有"现金"或"转账"字样的为普通支票,普通支票可以用于支取现金,也可以用于转账。但在普通支票左上角划两条平行线的,为划线支票,只能用于转账,不能用于支取现金。

5. 空头支票

出票人签发的支票金额超过其付款时在付款人处实有的存款金额的支票,为空头支票。

6. 进账单

进账单是持票人或收款人将票据款项存入其开户银行账户的凭证,也是开户银行将票据款项记入持票人或收款人账户的凭证。

7. 支票正存

收款单位收到转账支票后,委托收款单位开户银行进行收款;转账支票的这种处理流程称为支票正存。

8. 支票倒存

付款单位签发转账支票后,直接委托付款单位开户银行付款;转账支票的这种处理流程称为支票倒存。

9. 背书

背书是指持票人以转让汇票权利或授予他人一定的汇票权利为目的,在票据背面或粘单上记载有关事项并签章的票据行为。

10. 退票

退票是指银行认为该支票的款项不能进入收款人账户而将支票退回。

11. 挂失止付

挂失止付是指失票人将丧失票据的情况通知付款人或代理付款人,由接受通知的付款人或代理付款人审查后暂停支付的一种方式。

任务分析

1. 支票结算的特点

单位和个人在同一票据交换区域的各种款项结算,均可以使用支票。全国支票影像系统支持全国使用。

支票的基本当事人包括出票人、付款人和收款人。出票人即存款人,是在批准办理支票业务的银行机构开立可以使用支票的存款账户的单位和个人;付款人是出票人的开户银行;持票人是票面上填明的收款人,也可以是经背书转让的被背书人。

支票记载事项包括:绝对记载事项、相对记载事项、非法定记载事项。

绝对记载事项是《票据法》规定必填的记载事项,如欠缺某一项记载事项,则该票据无效。包括：①表明"支票"字样；②无条件支付委托；③确定的金额；④付款人名称；⑤出票日期；⑥出票人签章。支票的金额、收款人名称两项绝对记载事项可以通过出票人以授权补记的方式记载，注意未补记前不得背书转让和提示付款。

相对记载事项是指《票据法》规定应当记载而没有记载的记载事项，如未记载可以通过法律规定进行推定而不会导致票据无效。包括：①付款地（如果支票上未记载付款地的，则付款地为付款人的营业场所）；②出票地（支票上未记载出票地的，则出票人的营业场所、住所、经常居住地为出票地）。

非法定记载事项：①支票的用途；②合同编号；③约定的违约金；④管辖法院，等等。非法定记载事项并不发生支票上的效力。

2. 支票使用的基本规定

（1）开立支票存款账户，申请人必须使用其本名，并提交证明其身份的合法证件；申请人应当预留其本人的签名式样和印鉴；开立支票存款账户和领用支票，应当有可靠的资信，并存入一定的资金。

（2）转账支票可以背书转让，但用于支取现金的支票不得背书转让。票据出票人在票据正面记载不得转让字样的，支票不得转让。

（3）支票限于见票即付，不得另行记载付款日期。另行记载付款日期的，该记载无效。

（4）持票人对支票出票人的权利，自出票日起 6 个月。支票提示付款期为出票日起 10 天（从签发支票的当日起，日期首尾算一天。到期日遇例假顺延）。支票持票人超过提示付款期提示付款的，付款人可以不予付款，付款人不予付款的，出票人仍应对持票人承担票据责任。

（5）支票签发的日期、大小写金额和收款人名称不得更改，其他内容有误，可以划线更正，并加盖预留银行印鉴之一证明。

（6）支票发生遗失，可以向付款银行申请挂失止付；挂失前已经支付，银行不予受理。

（7）出票人签发空头支票、印章与银行预留印鉴不符的支票，以及使用支付密码地区，支付密码错误的支票，银行除将支票做退票处理外，还要按票面金额处以 5％但不低于 1 000 元的罚款。持票人有权要求出票人赔偿支票金额 2％的赔偿金。对于屡次签发的，银行应停止其签发支票。

任务指导

任务 1：支票领购

【作业场景】

2021 年 12 月 7 日转账支票用完，出纳员范青青去银行购买 1 本转账支票（每本 25 元），并据此登记相关账簿。

【工作流程】

支票领购业务处理流程如图 3-53 所示，具体程序如下。

1. 出纳人员填写空白凭证领用单；空白凭证领用单经会计主管审核完毕，加盖财务专用章及法定代表人名章（图 3-54）。

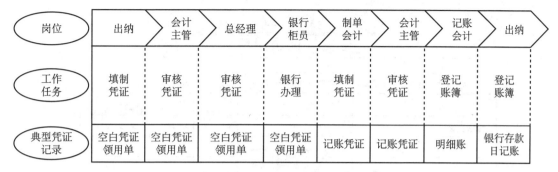

图 3-53 支票领购业务处理流程

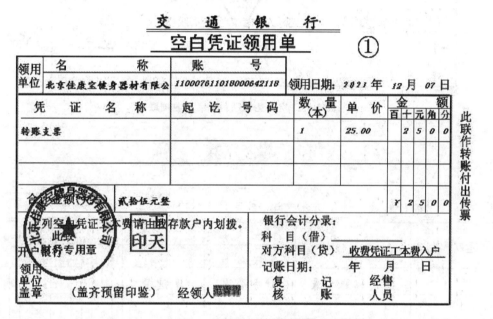

图 3-54 空白凭证领用单

操作指导

不同银行的空白凭证领用单样式略有差别,但需填写的项目及注意事项基本相同。填写项目一般包括:购买凭证的时间,领用单位名称及账号,购买凭证的名称、购买数量、单价及金额,汇总购买各项凭证所需费用合计金额的大写及小写,领购人姓名等,还需加盖财务印鉴。空白凭证领用单可能只有一联或采取多联式,本案例中空白凭证领用单共四联,第一联为转账付出传票,第二联为转账收入传票,第三联为表外科目付出传票,第四联为缴费收据。

2. 出纳人员凭空白凭证领用单到银行购入转账支票,银行办理完毕将空白凭证领用单的缴费收据联(图 3-55)返回给领购单位。

3. 出纳人员将取回的空白凭证领用单的缴费收据联交制单会计,由制单会计据其填制记账凭证(图 3-56)。

4. 制单会计将完成的记账凭证交会计主管进行审核。审核完毕的记账凭证交记账会计登记财务费用明细账,交出纳人员登记银行存款日记账(图 3-57)。记账会计、出纳分别在

交 通 银 行

空白凭证领用单 ④

领用单位	名称	账号	
	北京佳康宝健身器材有限公司	110007611018000642118	领用日期：2021 年 12 月 07 日

凭证名称	起讫号码	数量(本)	单价	金额 百	十	元	角	分
转账支票		1	25.00		2	5	0	0
合计金额(大写)	贰拾伍元整			¥	2	5	0	0

此联作缴费收据

交通银行 北京东城区支行 2021.12.07 转讫 (02)

领用上列空白凭证工本费已由你单位存款户中划付我行。 此致

领用单　　银行业务公章　　经售人员

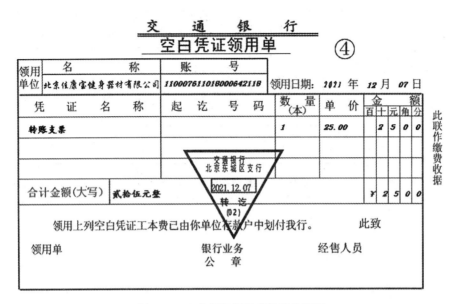

图 3-55 空白凭证领用单缴费收据联

付 款 凭 证

出纳编号

贷方科目：银行存款　　2021 年 12 月 7 日　　制单编号 略

对方单位	摘要	借方科目 总账科目	明细科目	千	百	十	万	千	百	十	元	角	分	记账符号
	购买转账支票	财务费用	手续费							2	5	0	0	
合计									¥	2	5	0	0	

附凭证 1 张

会计主管：　记账：　稽核：　出纳：　制单：米乐

图 3-56 付款凭证

记账凭证上签字(签字后的记账凭证略)。出纳人员登记支票领、用、存登记簿(表 3-2)。

任务 2：转账支票收款

【作业场景】

2021 年 12 月 8 日，收到业务员交来的北京永康健身器材有限公司转账支票一张，系偿还前欠的货款，办理款项进账并据此登记相关账簿。

银行存款日记账

2021年		凭证		对方科目	摘要	借方 亿千百十万千百十元角分	贷方 亿千百十万千百十元角分	借或贷	余额 亿千百十万千百十元角分	√
月	日	种类	号数							
12	1				期初余额			借	7 8 8 0 0 0 0 0	
12	1	银付	1	库存现金	提取备用金		5 0 0 0 0 0 0	借	7 3 8 0 0 0 0 0	
					略					
12	7	银付	略	财务费用	购买转账支票		2 5 0 0	借	略	
					......					

图3-57　银行存款日记账

表3-2　支票领、用、存登记簿

2021年		摘要	支票种类	购入		使用				结存数量	使用部门	领用人签字
月	日			数量	支票起止号码	数量	支票号码	用途	收款人	金额			
12	01		现金支票			1	67930022	备用金	佳康宝健身器材有限公司	50 000.00			
			......										
12	07		转账支票	25	23097101—23097125						25		

【工作流程】

转账支票收款业务处理流程如图3-58所示,具体程序如下。

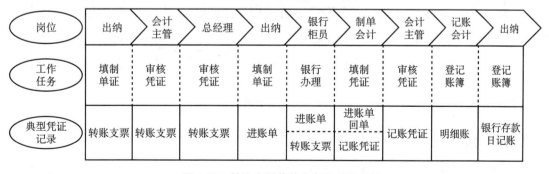

图3-58　转账支票收款业务处理流程

1. 出纳收到转账支票,审核以下内容:支票记载事项是否齐全;支票要素是否填写规范,如出票日期是否大写、大小写金额填写是否正确,两者是否相符;票面有无污损和涂改;是否加盖签发单位银行预留印鉴;支票收款单位是否为本单位等(图3-59)。

2. 审核无误后,出纳在支票背面作委托收款背书,委托本单位开户银行收款。会计主

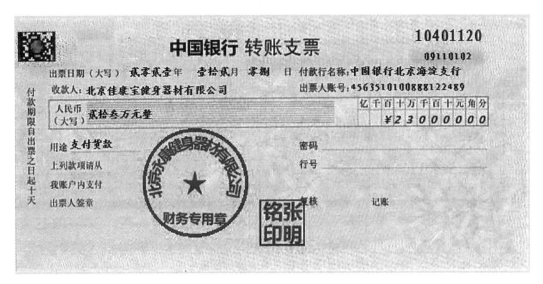

图 3-59 转账支票

管、总经理审核转账支票,确认无误后在转账支票背面分别加盖财务专用章及法定代表人名章(图 3-60)。

图 3-60 转账支票背面

操作指导

持票人要自出票日起10日内委托开户银行收款或直接向付款人提示付款。持票人委托银行收款要进行委托收款背书,委托收款背书并不导致票据权利的转移,背书人仍是票据权利人,被背书人只是代理人。委托收款背书时,由背书人在票据背面签章、填写被背书人的全称和背书日期,还应在背书人栏记载"委托收款"字样。背书日期可用小写,未记载日期的,视为在票据到期日前背书。

签章时注意,如果收款单位转账支票背面印章盖模糊了(此时《票据法》规定是不能以重新盖章方法来补救的)，收款单位可带转账支票及银行进账单到出票单位的开户银行去办理收款手续(不收取手续费)，俗称“倒打”，这样就不用到出票单位重新开支票了。

3. 出纳根据转账支票填写进账单(图 3-61)。

交通银行 进账单（回　单）　1

2021 年 12月 08日

出票人	全　称	北京永康健身器材有限公司	收款人	全　称	北京佳康宝健身器材有限公司
	账　号	4563510100888122489		账　号	110007611018000642118
	开户银行	中国银行北京海淀支行		开户银行	交通银行北京东城区支行
金额	人民币(大写)	贰拾叁万元整	亿 千 百 十 万 千 百 十 元 角 分		¥ 2 3 0 0 0 0 0 0
票据种类	转账支票	票据张数 1			
票据号码	09110102				
	复核　记账				开户银行签章

8.5×17.5公分　交9　角直印刷 0512-65011866

此联是开户银行交给持票人的回单

图 3-61　进账单

操作指导

持票人填写银行进账单时，必须清楚地填写票据种类、票据张数、收款人名称、收款人开户银行及账号、付款人名称、付款人开户银行及账号、票据金额等栏目，并连同相关票据一并交给银行经办人员。把支票存入银行后，支票就留在银行，银行给企业出具进账单，企业凭进账单来记账，说明支票上的款项划到企业的银行存款账号。

进账单一式三联，第一联加盖业务公章退持票人作为银行受理回单；第二联加盖转讫章，由收款人开户银行作贷方凭证；第三联是收款人开户银行交给收款人的收账通知，加盖转讫章由持票人作为记账依据。

4. 出纳持转账支票及进账单到银行办理存款入账，银行在进账单第一联(图 3-61)和第三联(图 3-62)加盖印鉴后返还给持票人。第一联是表明同意接受委托向付款人收取款项回

交通银行 进账单（收账通知）　3

2021 年 12月 08日

出票人	全　称	北京永康健身器材有限公司	收款人	全　称	北京佳康宝健身器材有限公司
	账　号	4563510100888122489		账　号	110007611018000642118
	开户银行	中国银行北京海淀支行		开户银行	交通银行北京东城区支行
金额	人民币(大写)	贰拾叁万元整	亿 千 百 十 万 千 百 十 元 角 分		¥ 2 3 0 0 0 0 0 0
票据种类	转账支票	票据张数 1			
票据号码	09110102				
	复核　记账				收款人开户银行签章

交通银行
北京东城区支行
2021.12.08
转讫
(01)

8.5×17.5公分　交9　角直印刷 0512-65011866

此联是收款人开户银行交给收款人的收账通知

图 3-62　进账单收账通知联

单,第三联作收账通知。

5. 出纳将进账单收账通知联(图 3-62)交制单会计制作记账凭证(图 3-63)。

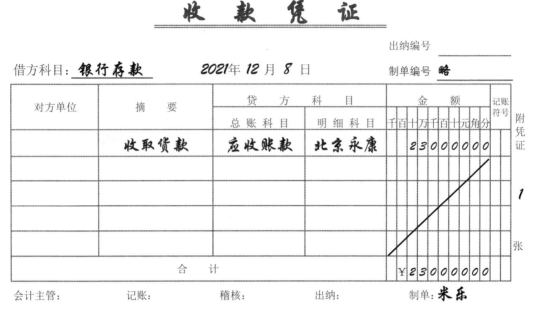

图 3-63　收款凭证

6. 会计主管审核记账凭证。审核完毕的记账凭证交记账会计登记应收账款明细账,交出纳人员登记银行存款日记账(图 3-64)。记账会计、出纳分别在记账凭证上签字(签字后的记账凭证略)。

银行存款日记账

2021年		凭证		对方科目	摘要	借方 亿千百十万千百十元角分	贷方 亿千百十万千百十元角分	借或贷	余额 亿千百十万千百十元角分	√
月	日	种类	号数							
12	1				期初余额			借	7 8 8 0 0 0 0 0	
12	1	银付	1	库存现金	提取备用金 略		5 0 0 0 0 0 0	借	7 3 8 0 0 0 0 0	
					……					
12	7	银付	略	财务费用	购买转账支票		2 5 0 0	借	略	
12	8	银收	略	应收账款	收取货款	2 3 0 0 0 0 0 0		借	略	

图 3-64　银行存款日记账

任务3：转账支票付款

【作业场景】

2021 年 12 月 10 日,用银行存款支付销售部用于宣传产品的广告费,据此编制记账凭证并登记相关账簿。

【工作流程】

转账支票付款业务处理流程如图 3-65 所示,具体程序如下。

岗位	出纳	会计主管	总经理	出纳	制单会计	会计主管	记账会计	出纳
工作任务	填制单证	审核凭证	审核凭证	支付款项	填制凭证	审核凭证	登记账簿	登记账簿
典型凭证记录	转账支票 支票领用登记簿	转账支票	转账支票	转账支票正联	转账支票存根联等 记账凭证	记账凭证	明细账	银行存款日记账

图 3-65 转账支票付款业务处理流程

1. 出纳根据销售部门交来广告费发票(图 3-66)及经批准的付款申请书(图 3-67),签发转账支票(图 3-68),会计主管、总经理审核付款申请书及转账支票,确认无误后在转账支票上分别加盖财务专用章及法定代表人名章。出纳人员登记支票领、用、存登记簿(表 3-3)。

图 3-66 广告费发票

操作指导

支票正面不能有涂改痕迹,否则本支票作废。收票人如果发现支票填写不全,可以补记,但不能涂改。

签发转账支票填写内容如下。

(1)填写出票日期,出票日期必须使用中文大写,不得更改。

票据的出票日期必须使用中文大写,使用小写填写的,银行不予受理。大写日期未按要

付款申请书

2021年12月10日

用途及情况	金额										收款单位(人): 北京未来广告有限公司	
广告宣传费	亿	千	百	十	万	千	百	十	元	角	分	账 号: 1100076110180006422200
	¥					2	6	0	0	0	0	开户行: 中国工商银行北京分行
金额(大写)合计:	人民币 贰仟陆佰元整											结算方式: 转账
总经理	王天一	财务部门	经理	钱光照	业务部门	经理	林凯哲
			会计	郑敏		经办人	蓝水山

图 3-67 付款申请书

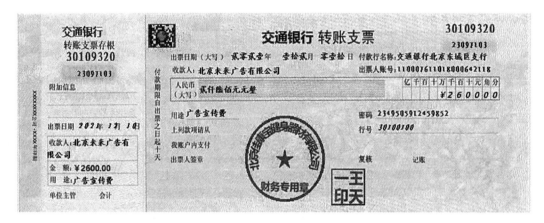

图 3-68 转账支票

求规范填写的,银行可予受理,但由此造成损失的,由出票人自行承担。为防止变造票据的出票日期,在填写月和日时,月为壹、贰和壹拾的,应在其前加"零"。日为壹至玖和壹拾、贰拾和叁拾的,应在其前加"零";日为拾壹至拾玖的,应在其前加"壹"。

(2) 填写付款行名称和出票人账号,即出票人的开户银行名称及存款账户的账号。

(3) 填写收款人全称,不得更改。

(4) 填写人民币大写金额,不得更改,大写金额数字应紧接"人民币"字样填写,不得留有空白。

(5) 填写小写金额,不得更改,大小写金额必须一致,小写金额前面加人民币符号"¥"。票据和结算凭证金额以中文大写和阿拉伯数字同时记载,二者必须一致,否则银行不予受理。

(6) 填写款项的用途。

(7) 出票人签章,为出票人在银行预留签章一致的财务专用章或公章加其法定代表人或其授权的代理人的签名或盖章。

(8) 需要使用支付密码时,填写支付密码。

(9) 存根联的出票日期,与正联一致,用小写。

(10) 存根联的收款人,与正联一致,可简写。

(11) 存根联的金额,与正联一致,用小写。

(12)存根联的用途,与正联一致。

(13)需要时填写附加信息,如预算单位办理支付结算业务填写"附加信息代码",与背面一致。

(14)单位主管审批签章。

(15)会计人员签章。

表 3-3 支票领、用、存登记簿

2021年		摘要	支票种类	购 入		使 用				结存数量	使用部门	领用人签字
月	日			数量	支票起止号码	数量	支票号码	用途	收款人	金 额			
12	01		现金支票			1	67930022	备用金	佳康宝健身器材有限公司	50 000.00		
		......										
12	07		转账支票	25	23097101—23097125						25		
12	10		转账支票				23097103	广告费	北京未来广告有限公司	2 600.00		

2. 将转账支票正联(图 3-69)交北京未来广告有限公司,用于支付广告费。

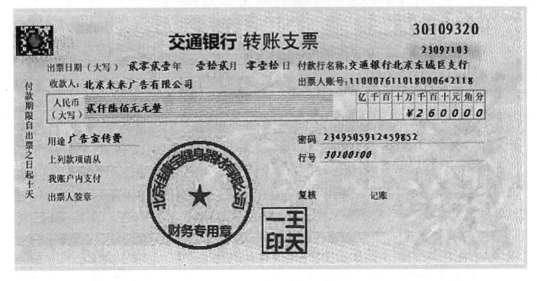

图 3-69 转账支票正联

操作指导

上例中,付款单位签发转账支票向收款单位支付款项,这种处理流程称为支票正存。支票正存时银行存款的出账时间取决于收款单位委托其开户银行收款的时间,可为付款单位多留几天存款的时点余额。正存时付款单位不需要填写进账单,只需将转账支票交收款单位即可,手续更为简便。

如果付款单位签发转账支票后,直接委托付款单位开户银行付款,这种处理流程称为支票倒存。支票倒存属于付款单位主动委托其开户银行付款的支付方式,出账及时,但无法为付款单位多留存款的时点余额。付款单位办理倒存时,需向银行提交转账支票和进账单,委托银行付款。

3. 制单会计依据付款申请书、广告费发票及支票存根(图3-70)编制记账凭证(图3-71)。

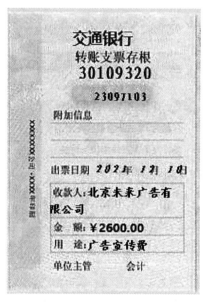

图 3-70 转账支票存根

付 款 凭 证

出纳编号

贷方科目: **银行存款**　　　*2021* 年 *12* 月 *10* 日　　　制单编号 **略**

对方单位	摘要	借方科目		金额	记账符号
		总账科目	明细科目	千百十万千百十元角分	
	支付广告费	销售费用	广告宣传费	2 6 0 0 0 0	
	合　计			￥2 6 0 0 0 0	

附凭证 3 张

会计主管:　　　记账:　　　稽核:　　　出纳:　　　制单 **米乐**

图 3-71 付款凭证

4. 会计主管审核记账凭证。审核完毕的记账凭证交记账会计登记销售费用明细账,交出纳人员登记银行存款日记账(图 3-72)。记账会计、出纳分别在记账凭证上签字(签字后记账凭证略)。

银行存款日记账

2021年		凭证		对方科目	摘要	借方 亿千百十万千百十元角分	贷方 亿千百十万千百十元角分	借或贷	余额 亿千百十万千百十元角分	√
月	日	种类	号数							
12	1				期初余额			借	7 8 8 0 0 0 0 0	
12	1	银付	1	库存现金	提取备用金		5 0 0 0 0 0 0	借	7 3 8 0 0 0 0 0	
					……					
12	7	银付	略	财务费用	购买转账支票		2 5 0 0	借	略	
					……					
12	8	银收	略	应收账款	收取货款	2 3 0 0 0 0 0 0		借	略	
12	10	银付	略	销售费用	支付广告费		2 6 0 0 0 0	借	略	

图 3-72 银行存款日记账

任务 4:支票背书转让

【作业场景】

2021 年 12 月 11 日,佳康宝公司收到北京天健健身器材有限公司签发的转账支票,用来支付货款。当天,佳康宝公司将该支票背书转让给北京天和贸易有限公司,用于偿还上月购买原材料的货款。

【工作流程】

支票背书转让业务处理流程如图 3-73 所示,具体程序如下。

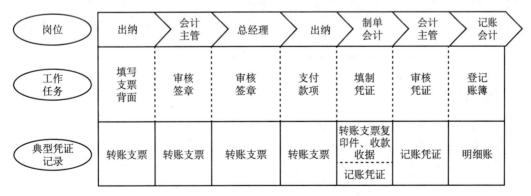

图 3-73 支票背书转让业务处理流程

1. 出纳收到支票后确认是否可以背书转让,对可以背书转让的支票,在背面填写被背书人单位名称及背书日期。出纳将填好的支票交会计主管及总经理审核。经确认无误后,会计主管及总经理分别在支票背面加盖财务专用章及法定代表人名章(图 3-74、图 3-75)。

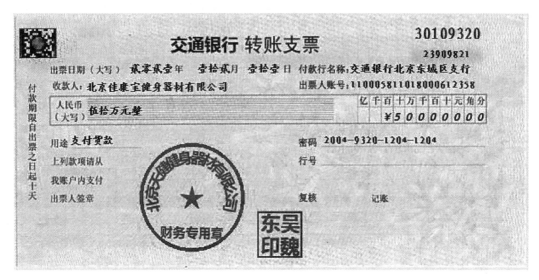

图 3-74 转账支票正面

图 3-75 转账支票背面

操作指导

转让背书与前述委托收款背书不同,是以持票人将票据权利转让他人为目的,支票仅限于在其票据交换区域内背书转让。票据背书转让时,由背书人在票据背面签章并记载背书日期,被背书人栏填写要背书给的那个单位名称。背书未记载日期的,视为在票据到期日前背书。

填明现金字样的银行汇票、银行本票和用于支取现金的支票不得背书转让。区域性银行汇票仅限于在本区域内背书转让,银行本票、支票仅限于在其票据交换区域内背书转让。票据出票人在票据正面记载不得转让字样的,票据不得转让;其直接后手再背书转让的,出票人对其直接后手的被背书人不承担保证责任,对被背书人提示付款或委托收款的票据,银行不予受理。票据背书人在票据背面背书人栏记载不得转让字样的,其后手再背书转让的,记载不得转让字样的背书人对其后手的被背书人不承担保证责任。票据被拒绝承兑、拒绝付款或者超过付款提示期限的,不得背书转让。背书不得附有条件,背书附有条件的,所附条件不具有票据上的效力。

2. 出纳将完成背书手续的支票交给北京天和贸易有限公司支付材料款,收到天和贸易有限公司开具的收据(图 3-76)。

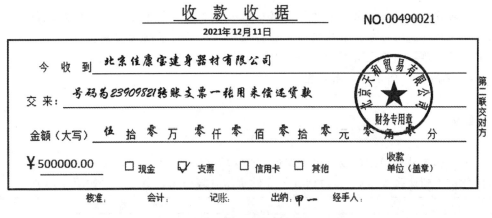

图 3-76 收款收据

3. 制单会计根据背书转让支票的复印件(正反面均需复印)及天和贸易有限公司开具的收据,填制记账凭证(图 3-77)。

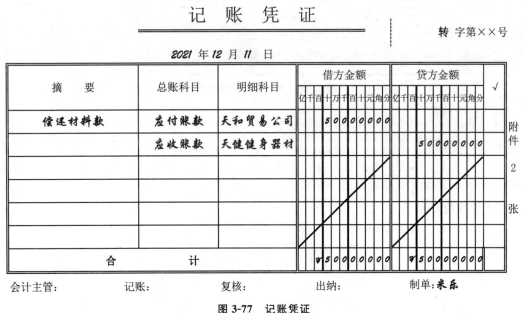

图 3-77 记账凭证

4. 会计主管审核记账凭证。审核完毕的记账凭证交记账会计登记应收账款等相关明细账。记账会计在记账凭证上签字(签字后记账凭证略)。

(注:本业务没有银行存款的流入流出,因此出纳不必登记银行存款日记账,记账会计登记明细账内容在此省略。)

**操作指导**

以背书转让的票据，背书应当连续。持票人以背书的连续，证明其票据权利。背书连续，是指票据第一次背书转让的背书人是票据上记载的收款人，前次背书转让的被背书人是后一次背书转让的背书人，依次前后衔接，最后一次背书转让的被背书人是票据的最后持票人。票据的背书人应当在票据背面的背书栏依次背书。对取得背书不连续票据的持票人，票据债务人可以拒绝付款。票据凭证不能满足背书人记载事项的需要，可以使用统一格式的粘单粘附于票据上规定的粘接处，粘单上的第一记载人，应当在票据和粘单的粘接处签章。注意，各印章之间不得相互遮盖。

业务延伸

如果天和贸易有限公司收到该支票（图3-74）后继续转让给天美贸易有限公司；天美贸易有限公司收到该张支票后，继续转让给立健贸易有限公司。背书支票如图3-78所示。

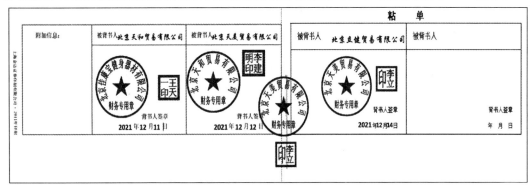

图3-78 背书转让支票背面

任务5：支票退票

【作业场景】

2021年12月20日，佳康宝公司收到银行通知，12月18日收到的北京永康健身器材有限公司签发的转账支票发生退票。

【工作流程】

支票退票业务处理流程如图3-79所示，具体程序如下。

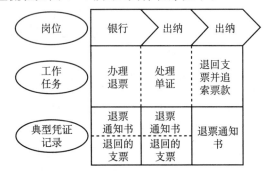

图3-79 支票退票业务处理流程

1. 出纳取回银行出具的退票理由书(图 3-80)及退回的转账支票(图 3-81)。

退票理由书		
日期：2021 年 12 月 20 日		
出票单位：北京永康健身器材有限公司　　票据号码：09110130 叁		
项　目	内　容	退票理由(打√号)
账户款项不足	存款不足	√
	超过放款批准额度或经费限额	
内容填写	金额大小写不全、不清楚	
	未填写收款单位或收款人	
	未填写款项用途或用途填写不明	
	按国家规定不能支付的款项	
日期	出票日期已过有效期限	
	非即期支票	
背书签字	背书人签章不清、不全、空白	
	背书人签章与预留银行印鉴不符	
涂改	支票大小写金额或收款人名称涂改	
	日期、账号等涂改处未盖预留银行印鉴证明	
其他	此户已结清，无此账户	
	已经出票人申请止付	
	非本行承付支票	

图 3-80　退票理由书

图 3-81　发生退票的转账支票

2. 出纳人员与出票人联系将支票退回，同时追索支票款并有权要求出票人支付赔偿金。

操作指导

支票退票的原因包括以下几种。

（1）空头支票。

（2）出票人签章与预留印鉴不符的支票。

（3）欠缺法定必要记载事项或者不符合法定格式的支票。

（4）超过票据权利时效的支票，主要表现为超过提示付款期限的支票。

（5）远期支票。

（6）人民法院作出的除权判决已经发生法律效力的支票。

（7）以背书方式取得的但背书不连续的支票。

（8）票据权利人已经挂失支付的支票。

（9）出票人账户被冻结、出票人的支票存款账户已销户。

（10）支票大小写金额不符、交换票据未盖交换章、支票上的字迹或签章模糊不清等。

票据到期被拒绝付款，持票人可以对背书人、出票人及票据的其他债务人行使追索权。持票人行使追索权时，应当提供被拒绝承兑或者被拒绝付款的拒绝证明或者退票理由书，以及其他有关证明。退票理由书应当包括下列事项。

（1）所退票据的种类。

（2）退票的事实依据和法律依据。

（3）退票时间。

（4）退票人签章。

任务 6：支票遗失

【作业场景】

2021 年 12 月 25 日，佳康宝公司不慎将签发的一张面额为 20 000 元的现金支票遗失。

【工作流程】

支票遗失业务处理流程如图 3-82 所示，具体程序如下。

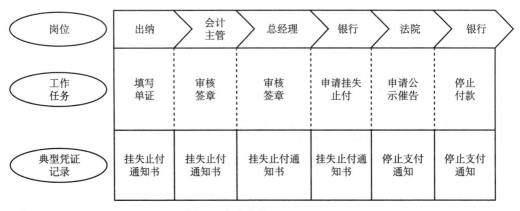

图 3-82　支票遗失业务处理流程

1. 出纳人员填写"挂失止付通知书",会计主管及总经理审核后,会计主管及总经理分别加盖财务专用章及法定代表人名章(图3-83)。

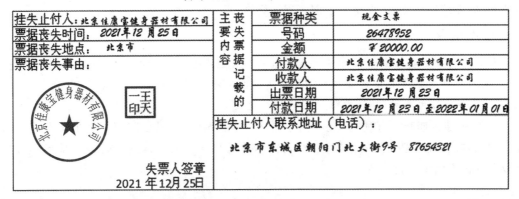

图 3-83　挂失支付通知书

操作指导

票据法规定,票据丧失,失票人可以及时通知票据的付款人挂失止付,但是未记载付款人或者无法确定付款人及其代理付款人的票据除外。

已承兑的商业汇票、支票、填明"现金"字样和代理付款人的银行汇票及填明"现金"字样的银行本票丧失,可以由失票人通知付款人或者代理付款人挂失止付。

允许挂失止付的票据丧失,失票人需要挂失止付的,应填写挂失止付通知书并签章。挂失止付通知书应当记载下列事项。

(1) 票据丧失的时间、地点、原因。

(2) 票据的种类、号码、金额、出票日期、付款日期、付款人名称、收款人名称。

(3) 挂失止付人的姓名、营业场所或者住所及联系方法。

欠缺上述记载事项之一的,银行不予受理。

挂失止付通知书一式三联,第一联是银行给挂失人的受理回单,第二联银行凭以登记登记簿,第三联银行凭以拍发电报。

2. 出纳人员持本单位出具的公函或有关证明及"挂失止付通知书"送交开户银行,申请挂失支付。银行查明该支票确未支付,立即暂停支付。

操作指导

付款人或代理付款人自收到挂失止付通知书之日起12日内没有收到人民法院的止付通知书的,自第13日起,不再承担止付责任,持票人提示付款即依法向持票人付款。付款人或者代理付款人在收到挂失止付通知书之前,已经向持票人付款的,不再承担责任。但是,付款人或者代理付款人以恶意或重大过失付款的除外。

3. 佳康宝公司应当在通知挂失止付后3日内,依法向人民法院申请公示催告,或者向人民法院提起诉讼。在向人民法院提交的公示催告申请书上,应写明票面金额;出票人、持票人、背书人;申请的理由、事实;挂失支付的时间;付款人或代理付款人的名称、地址、电话号码等。

4. 法院受理公示催告申请,应同时通知付款人及代理付款人停止支付,自立案之日起3日内发出公告,催促利害关系人申报权利。付款人及代理付款人收到人民法院发出的止付通知,应立即停止支付,直至公示催告程序终结。

操作指导

人民法院决定受理公示催告申请后发布的公告应在全国性的报刊上登载。公示催告的期间,国内票据自公告发布之日起60日,涉外票据可根据具体情况适当延长,但最长不超过90日。在公示催告期间,转让票据权利的行为无效。

5. 公示催告期间没有利害关系人申报权利的,期满后,人民法院应根据申请人的申请,作出除权判决,宣告票据无效。判决应当公告,并通知支付人。自判决公告之日起,申请人有权向支付人请求支付。

风险及防范措施

在商务活动中,支票是使用最多的一种票据。然而,由于出票人签发支票的失误或违规签发支票、一些不法分子精心布置支票诈骗陷阱,不少单位和个人都曾经遭遇过收到支票却无法兑现的情况,造成了重大经济损失。为避免支票使用风险,遇到以下这七种情况时,支票不能收。

一是没有签名盖章的支票不能收。鉴章空白的支票是"不完全票据",这种票据无法律效力,必须请出票人补盖印鉴方可接收。

二是出票签名或盖章模糊不清的支票不能收。这种鉴章不清楚或不明的支票经常被银行退票。

三是支票上签章处只有出票人的指印,没有其他签名或盖章,最好拒收。支票上的签名能以盖章的方式代替,但不能以捺指印代替。

四是大小写金额不符的支票不能收。

五是出票金额、出票日期、收款人名称更改的支票不能收,其他记载事项更改没有原记载人签章证明的支票也不能收。

六是背书不连续的支票不能收。背书使用粘单的,粘单上的第一记载人没有在支票和粘单的粘接处签章的也不能收。

七是超出支票10天提示付款期的支票不能收。

另外,在签发支票时要注意以下方面。

(1)不签发不写收款人且未限制背书转让的支票。当支票未填写收款人时,遗失的票据依然在形式上有效。在现实中,遗失的票据在被不法取得后,不法持票人伪造背书人或收款人的印鉴,在票据上签章背书,最后向银行托收。所以今后大家应该规范填写票据信息,保管好票据,当票据遗失后及时向银行申请挂失并且向法院申请公示催告。

(2)不签发预留印鉴空白的支票。签发预留印鉴的空白支票,等同于授权持票人自行填写票据收款人和票据金额。部分签发预留印鉴空白支票的出票人,居于与收款人的信任,才签发此类支票;又或者为了业务便利,签发此类支票。但是,此类支票一旦失控将极有可能给自身带来经济损失。所以,工作中尽量不要签发预留印鉴的空白支票。

任务附注

1. 规范性引用文件

票据法　　　　　票据管理实施办法　　　　支付结算办法

2. 任务使用表单模板

3.3　表单模板

同步练习

一、单项选择题

1. 票据出票日期为 3 月 20 日,正确的填写应为(　　)。
   A. 零叁月贰拾日　　B. 叁月零贰拾日　　C. 零三月二十日　　D. 叁月贰拾日
2. 下列选项中,不属于支票基本当事人的是(　　)。
   A. 出票人　　　　B. 收款人　　　　C. 付款人　　　　D. 背书人
3. 根据《票据法》的规定,关于支票的说法正确的是(　　)。
   A. 支票的收款人可以由出票人授权补记
   B. 支票的金额不可授权补记
   C. 支票的提示付款期限为出票日起 1 个月
   D. 持票人提示付款时,支票的出票人账户金额不足的,银行应先向持票人支付票款
4. 支票的提示付款期限自(　　)起 10 日,遇节假日顺延。
   A. 出票日　　　　　　　　　　　　B. 提示付款日
   C. 出票日次日　　　　　　　　　　D. 提示付款日次日
5. 填写票据时,¥1 510.31 的大写金额为(　　)。
   A. 人民币壹仟伍佰壹拾元零叁角壹分　　B. 人民币壹仟伍佰壹拾元零叁角壹分整

　　　　C. 人民币壹仟伍佰拾元叁角壹分　　　　D. 人民币壹仟伍佰拾元叁角壹分整
　6. 支票的签发人为(　　)。
　　　　A. 收款人　　　B. 付款人　　　C. 收款人开户行　　　D. 付款人开户行
　7. 签发空头、与预留印鉴不符、支付密码错误的支票,银行应予以退票,并按照票面金额处以5%但不低于(　　)元的罚款。
　　　　A. 500　　　　B. 1 000　　　　C. 2 000　　　　D. 10 000
　8. 甲公司向乙公司签发一张金额为10万元、用途为服务费的转账支票,后发现填写有误。该支票记载的下列事项中,可以由原记载人更改的是(　　)。
　　　　A. 出票金额　　　B. 收款人名称　　　C. 出票日期　　　D. 用途
　9. 根据支付结算法律制度的规定,票据凭证不能满足背书人记载事项的需要,可以加附粘单;粘单上的第一记载人,应当在票据和粘单的粘接处签章。该第一记载人是(　　)。
　　　　A. 粘单上的第一手背书的被背书人　　　B. 票据上最后一手背书的背书人
　　　　C. 票据持票人　　　　　　　　　　　　D. 粘单上第一手背书的背书人
　10. 甲公司向乙公司签发金额为200 000元的支票用于支付货款,乙公司按期提示付款时被告知甲公司在付款人处实有的存款金额仅为100 000元,乙公司有权要求甲公司支付的赔偿金是(　　)元。
　　　　A. 100 000×5‰　　B. 100 000×2‰　　C. 200 000×5‰　　D. 200 000×2‰

二、多项选择题

　1. 关于支票的办理和使用要求,下列表述正确的有(　　)。
　　　　A. 出票人不得签发与其预留银行签章不符的支票
　　　　B. 出票人签发空头支票,银行应予以退票,并按票面金额处5%但不高于1 000元的罚款
　　　　C. 持票人可以委托开户银行收款或直接向付款人提示付款
　　　　D. 签发支票应使用碳素墨水或墨汁填写,中国人民银行另有规定的除外
　2. 根据《票据法》的规定,支票的记载事项可以授权补记的有(　　)。
　　　　A. 付款人名称　　　B. 收款人名称　　　C. 出票日期　　　D. 金额
　3. 填写票据结算凭证金额109 000.62元,可以写成人民币(　　)。
　　　　A. 壹拾万玖仟元零陆角贰分　　　B. 壹拾万玖仟元陆角贰分
　　　　C. 壹拾万零玖仟元陆角贰分　　　D. 壹拾万玖仟元陆角贰分正
　4. 下列属于支票结算方式优点的有(　　)。
　　　　A. 付款人费用低　　　　　　　　B. 付款人操作简单
　　　　C. 为付款人多留存款余额　　　　D. 同城异地都可使用
　5. 根据支付结算法律制度的规定,关于支票的下列表述中,正确的有(　　)。
　　　　A. 支票基本当事人包括出票人、付款人、收款人
　　　　B. 支票金额和收款人名称可以由出票人授权补记
　　　　C. 出票人不得在支票上记载自己为收款人
　　　　D. 支票的付款人是出票人的开户银行

三、判断题

　1. 现金支票只能用于支取现金,不能用于转账。(　　)

2. 收到转账支票委托银行收款时,被背书人为收款单位开户银行。(　　)
3. 收款人收到转账支票送存银行,应填写进账单。(　　)
4. 在填写票据出票日期时,"10月20日"应写成"壹拾月零贰拾日"。(　　)
5. 以下为某银行转账支票背面背书签章的示意图。该转账支票背书连续,背书有效。
(　　)

被背书人:甲公司	被背书人:乙公司	被背书人:丙公司
A公司财务专用章　张三印章	甲公司财务专用章　李四印章	乙公司财务专用章　王五印章

6. 甲公司收到乙公司签发的一张支票,该支票记载了"不得转让"字样。该记载事项不影响甲公司将该支票背书转让。(　　)
7. 普通支票既可以转账,又可以取现。(　　)
8. 单位或个人签发空头支票的,由其开户银行处以罚款。(　　)
9. 票据的出票日期必须使用中文大写,使用小写填写的,银行不予受理。(　　)
10. 绝对记载事项是《票据法》规定必填的记载事项,如欠缺某一项记载事项则该票据银行不予受理。(　　)

四、案例分析题

1. 2021年6月优康公司发生了以下几笔业务:①因急于购买原材料,在银行存款不足1万元的情况下,开出了一张1.8万元的转账支票。②填写一张金额5 000元的转账支票支付南阳公司货款,因粗心,出纳人员误将收款人写为"南洋公司",随即将支票上的"洋"改为"阳",并在更正处盖章后,将该支票交给了南阳公司。

要求:

(1) 银行存款不足仍开具支票是何种行为?银行对这种行为将如何处理?

(2) 出纳人员将支票的"洋"改为"阳"的行为是否合规?

2. 甲公司的开户银行为P银行,2021年4月1日,甲公司委派员工张某携带一张公司签发的出票日期为2021年4月1日,金额和收款人名称均空白的转账支票赴乙公司洽谈业务,为支付货款,张某在支票上填写金额15万元后交付乙公司。当日,为偿还所欠丙公司劳务费,乙公司将支票背书转让给丙公司,在背书栏内记载了"不得转让",未记载背书日期。丙公司持票到P银行提示付款,被拒绝支付。丙公司拟行使追索权以实现票据权利。

要求:根据上述资料,回答下列问题。

(1) 甲公司持有的未记载金额和收款人的转账支票是否有效?

(2) 乙公司将支票背书转让给丙公司的行为是否有效?

(3) 丙公司应怎样追索该支票的票据权利?

3.4 银行汇票业务操作

作业场景

2021年12月2日,佳康宝公司申请一张35 000元的银行汇票,用于向广东鸿荣机械有限公司的异地采购材料。

2021年12月2日,佳康宝公司收到上海光明贸易有限公司签发的金额为20 000元的银行汇票。

2021年12月7日业务员到广州鸿荣机械有限公司采购原材料,业务员以35 000元的银行汇票支付材料款29 086.2元。

2021年12月10日,佳康宝公司收到开户银行通知,收回银行汇票多余款项5 913.8元。

任务目标

- 能正确填制银行汇票。
- 能按规定流程和方法办理银行汇票的收付款业务。
- 能正确进行银行汇票业务的会计处理。

术语和定义

银行汇票

银行汇票是出票银行签发的,由其在见票时按照实际结算金额无条件支付给收款人或者持票人的票据。

任务分析

1. 银行汇票结算的特点

银行汇票的出票人,为经中国人民银行批准办理银行汇票业务的银行。银行汇票的出票银行为银行汇票的付款人。单位和个人在本地或异地的各种款项结算,均可使用银行汇票。银行汇票可以用于转账,填明"现金"字样的银行汇票也可以用于支取现金。签发现金银行汇票,申请人和收款人必须均为个人。申请人或收款人为单位的,银行不得为其签发现金银行汇票。

与其他银行结算方式相比,银行汇票具有信誉度高、适用范围广、方便快捷、结算准确等特点。银行汇票由银行签发,于指定日期由签发银行无条件支付,一般不存在票据得不到兑现的问题,因而信誉度很高。使用银行汇票结算,票随人走,验票交货,见票即付,钱货两清,因此使用方便,应用广泛。企业持银行汇票采购,在银行汇票的票面金额之内的,根据实际结算金额办理支付,多余的款项将由银行自动退回,因而结算金额准确。

签发银行汇票必须记载下列事项:表明"银行汇票"的字样;无条件支付的承诺;出票金额;付款人名称;收款人名称;出票日期;出票人签章。欠缺记载上列事项之一的,银行汇票无效。

2. 银行汇票使用的基本规定

(1)银行汇票一律为记名式,即必须记载收款人的名称。

(2)银行汇票的提示付款期限为1个月。这里所说的1个月,是指从签发日开始,不论月大月小,统一到下月对应日期止的1个月。如果到期日遇例假日可以顺延。持票人超过提示付款期提示付款,代理付款人不予受理。

(3)银行汇票的实际结算金额不得更改,更改实际结算金额的银行汇票无效。

(4)银行汇票的实际结算金额低于出票金额的,其多余金额由出票银行退交申请人。

(5)收款人可以将银行汇票进行背书转让。银行汇票的背书转让以不超过出票金额的实际结算金额为准。未填写实际结算金额或实际结算金额超过出票金额的银行汇票不得背书转让。填明现金字样的银行汇票不得背书转让。区域性银行汇票仅限于在本区域内背书转让。

(6)银行汇票丧失,失票人可以凭人民法院出具的其享有票据权利的证明,向出票银行请求付款或退款。

任务指导

任务1:申请银行汇票

【作业场景】

2021年12月2日,佳康宝公司申请一张35 000元的银行汇票,用于向广东鸿荣机械有限公司的异地采购材料。

【工作流程】

申请银行汇票业务处理流程如图3-84所示,具体程序如下。

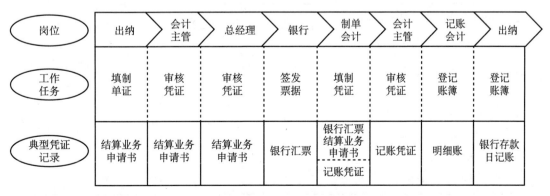

图3-84 申请银行汇票业务处理流程

1. 出纳人员准备办理银行汇票的资金，填写结算业务申请书，用于申请银行汇票。结算业务申请书经财务经理及总经理审核无误后，加盖财务专用章及法定代表人名章（图 3-85）。

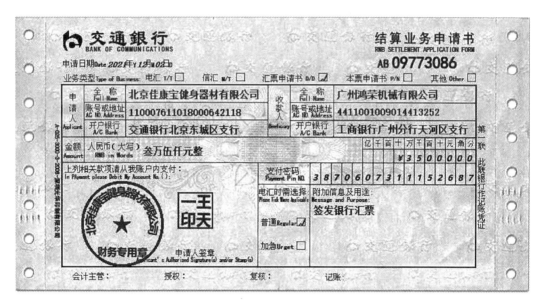

图 3-85　银行汇票结算业务申请书

2. 出纳将审核无误的结算业务申请书送交银行，向银行申请签发银行汇票（图 3-86～图 3-89）。出票银行受理结算业务申请书，在收妥款项后签发银行汇票，用压数机压印出票金额，并将银行汇票的第二联及第三联交给申请人。

图 3-86　银行汇票第一联

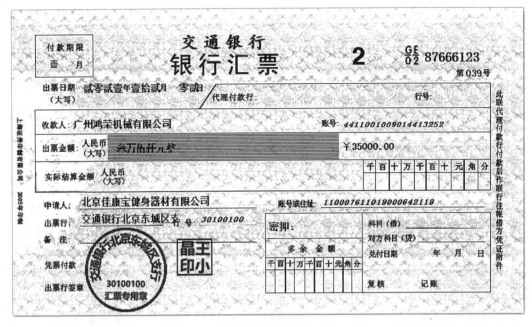

图 3-87　银行汇票第二联

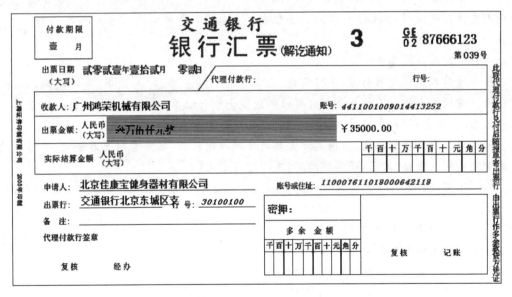

图 3-88　银行汇票第三联

操作指导

银行汇票一般一式四联：第一联为卡片联，出票行（付款单位开户行）结算汇出汇款借方凭证；第二联为正联，代理付款行付款后作联行往来借方凭证附件；第三联为解讫通知，代理付款行兑付后随报单寄出银行，由出票行做多余款贷方凭证；第四联为多余款收账通知，出票行做多余款后交申请人。

银行汇票填制的内容包括：

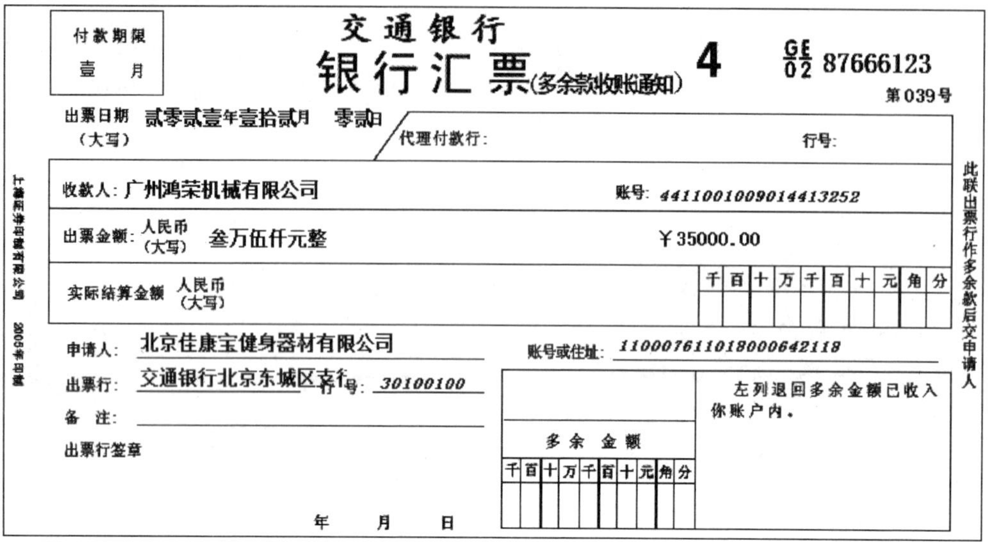
付款期限 壹 月

交通银行

银行汇票(多余款收账通知) 4

GE 02 87666123

第039号

出票日期(大写) 贰零贰壹年壹拾贰月 零贰日

代理付款行: 行号:

收款人: 广州鸿荣机械有限公司 账号: 4411001009014413252

出票金额: 人民币(大写) 叁万伍仟元整 ¥35000.00

实际结算金额 人民币(大写)

千	百	十	万	千	百	十	元	角	分

申请人: 北京佳康宝健身器材有限公司 账号或住址: 110007611018000642118

出票行: 交通银行北京东城区支行 行号: 30100100

备注:

出票行签章

年 月 日

多余金额

千	百	十	万	千	百	十	元	角	分

左列退回多余金额已收入你账户内。

此联出票行作多余款后交申请人

图 3-89 银行汇票第四联

——填写出票日期,出票日期必须使用中文大写,不得更改;

——签发现金银行汇票时填写代理付款行名称和行号,签发转账银行汇票时不得填写,但由人民银行代理兑付银行汇票的商业银行,向设有分支机构地区签发转账银行汇票的除外;

——填写收款人全称;

——填写人民币大写金额,不得更改,大写金额数字应紧接"人民币"字样填写,不得留有空白。申请人和收款人均为个人时可以签发现金银行汇票,收妥申请人交存的现金后,在银行汇票"出票金额"栏先填写"现金"字样,后填写出票金额;

——应在出票金额以内,根据实际需要的款项办理结算,填写实际大写金额,不得更改,大写金额数字应紧接"人民币"字样填写,不得留有空白;

——填写实际结算小写金额,不得更改,大小写金额必须一致,小写金额前面加人民币符号"¥";

——填写申请人全称;

——填写申请人存款账户的账号;

——填写签发银行汇票的银行名称和行号;

——申请人在申请书备注栏内注明"不得转让"的,出票行应在汇票正面的备注栏内注明;

——实际结算金额低于出票金额的,应填写多余金额;

——加盖银行汇票专用章及其法定代表人或授权经办人的签名或盖章;

——银行经办人员复核签章;

——银行经办人员记账签章。

3. 出纳人员将取回的结算业务申请书回单联(图 3-90)交制单会计编制记账凭证(图 3-91)。

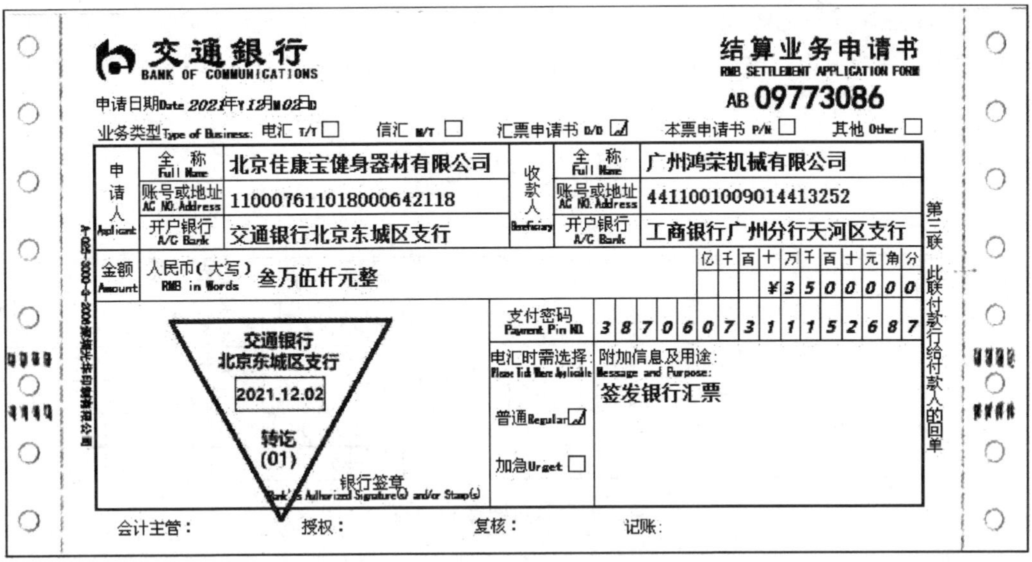

交通银行 BANK OF COMMUNICATIONS

结算业务申请书 RMB SETTLEMENT APPLICATION FORM

AB 09773086

申请日期 Date 2021 年 Y 12 月 M 02 日 D

业务类型 Type of Business: 电汇 T/T ☐ 信汇 M/T ☐ 汇票申请书 D/D ☑ 本票申请书 P/N ☐ 其他 Other ☐

申请人 Applicant	全称 Full Name	北京佳康宝健身器材有限公司	收款人 Beneficiary	全称 Full Name	广州鸿荣机械有限公司
	账号或地址 AC NO. Address	110007611018000642118		账号或地址 AC NO. Address	4411001009014413252
	开户银行 A/C Bank	交通银行北京东城区支行		开户银行 A/C Bank	工商银行广州分行天河区支行
金额 Amount	人民币(大写) RMB in Words	叁万伍仟元整		亿千百十万千百十元角分	¥3500000

支付密码 Payment Pin NO. 3870607311152687

电汇时需选择: Please Tick Here Applicable 普通 Regular ☑ 加急 Urget ☐

附加信息及用途: Message and Purpose: 签发银行汇票

交通银行 北京东城区支行 2021.12.02 转讫 (01)

银行签章 Bank's Authorized Signature(s) and/or Stamp(s)

会计主管: 授权: 复核: 记账:

第三联 此联付款行给付款人的回单

图 3-90 银行汇票结算业务申请书回单联

付 款 凭 证

出纳编号

贷方科目: 银行存款 2021 年 12 月 02 日 制单编号 略

对方单位	摘要	借方科目 总账科目	借方科目 明细科目	金额 千百十万千百十元角分	记账符号
	申请银行汇票	其他货币资金	银行汇票存款	3500000	
合计				¥3500000	

附凭证 1 张

会计主管: 记账: 稽核: 出纳: 制单: 米乐

图 3-91 付款凭证

操作指导

办理银行汇票业务,需要缴纳工本费、手续费和邮电费。手续费一般每笔业务银行收取 1 元,邮电费按邮电部门标准收取。

银行收取的工本费、手续费和邮电费等,申请单位可用现金支付,也可从其账户中扣收,编制付款凭证时,借记"财务费用"科目,贷记"库存现金"或"银行存款"科目(此处省略银行汇票工本费等项目的处理)。

4. 会计主管审核记账凭证。审核完毕的记账凭证交记账会计登记其他货币资金明细账,交出纳人员登记银行存款日记账(图 3-92)。会计主管、记账会计、出纳分别在记账凭证上签字(签字后记账凭证略)。

银行存款日记账

2021年		凭证		对方科目	摘要	借方 亿千百十万千百十元角分	贷方 亿千百十万千百十元角分	借或贷	余额 亿千百十万千百十元角分	√
月	日	种类	号数							
12	1				期初余额			借	7 8 8 0 0 0 0 0	
					……					
12	2	银付	略	其他货币资金	申请银行汇票		3 5 0 0 0 0 0	借	略	

图 3-92　银行存款日记账

任务 2:收到银行汇票

【作业场景】

2021 年 12 月 2 日,佳康宝公司收到上海光明贸易有限公司签发的金额为 20 000 元的银行汇票。

【工作流程】

银行汇票收款业务处理流程如图 3-93 所示,具体程序如下。

岗位	出纳	会计主管	总经理	银行	制单会计	会计主管	记账会计	出纳
工作任务	填制单证	审核凭证	审核凭证	办理收款	填制凭证	审核凭证	登记账簿	登记账簿
典型凭证记录	银行汇票 进账单	银行汇票 进账单	银行汇票 进账单	银行汇票 进账单	进账单回单 记账凭证	记账凭证	明细账	银行存款日记账

图 3-93　银行汇票收款业务处理流程

1. 银行出纳收到银行汇票的正联(图 3-94)和解讫通知(图 3-95)。

操作指导

收款人受理银行汇票时,应审查下列事项。

(1)银行汇票和解讫通知是否齐全、汇票号码和记载的内容是否一致。

(2)收款人是否确为本单位或本人。

(3)银行汇票是否在提示付款期限内。

(4)必须记载的事项是否齐全。

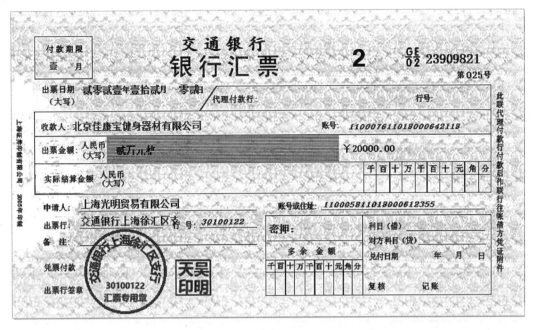

图 3-94 银行汇票正联

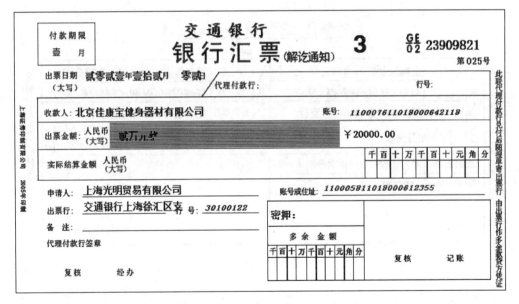

图 3-95 银行汇票解讫通知联

(5) 出票人签章是否符合规定，是否有压数机压印的出票金额，并与大写出票金额一致。

(6) 出票金额、出票日期、收款人名称是否更改，更改的其他记载事项是否由原记载人签章证明。

2. 出纳人员填写实际结算金额及多余金额（图 3-96），同时填写一式三联的进账单（图 3-97）。

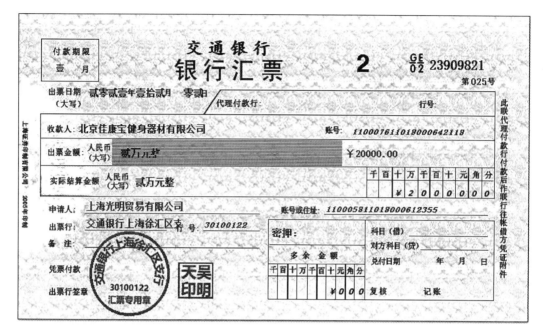

图 3-96 银行汇票正联正面

图 3-97 进账单

3. 银行出纳将填好的进账单和银行汇票交财务经理和总经理进行审核。审核完毕，在银行汇票正联背面进行背书并加盖财务专用章及法定代表人名章（图 3-98）。

4. 出纳持审核无误的银行汇票和进账单向银行提示付款。

操作指导

持票人向银行提示付款时，必须同时提交银行汇票和解讫通知，缺少任何一联，银行不予受理。

在银行开立存款账户的持票人向开户银行提示付款时，应在汇票背面持票人向银行提示付款签章处签章，签章须与预留银行签章相同，并将银行汇票和解讫通知、进账单送交开

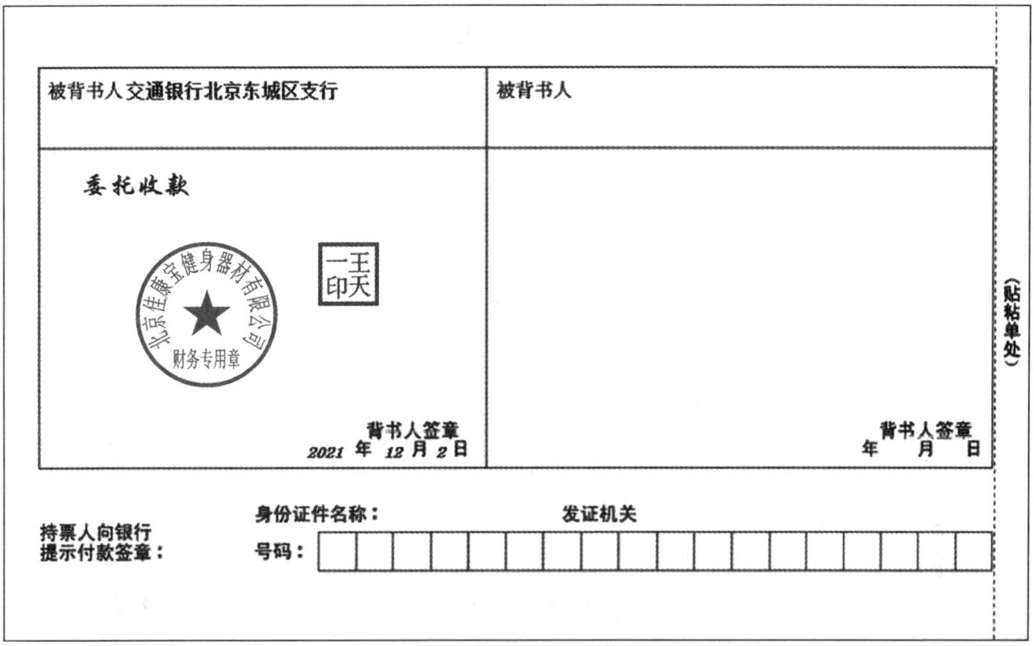
被背书人交通银行北京东城区支行

被背书人

委托收款

北京佳康宝健身器材有限公司 财务专用章

王天一印

背书人签章
2021 年 12 月 2 日

背书人签章
年 月 日

（贴粘单处）

持票人向银行提示付款签章：

身份证件名称：　　发证机关

号码：

图 3-98　银行汇票正联背面

户银行。银行审查无误后办理转账。

未在银行开立存款账户的个人持票人，可以向选择的任何一家银行机构提示付款。提示付款时，应在汇票背面持票人向银行提示付款签章处签章，并填明本人身份证件名称、号码及发证机关。由本人向银行提交身份证件及其复印件。银行审核无误后，将其身份证件复印件留存备查，并以持票人的姓名开立应解汇款及临时存款账户，该账户只付不收，付完清户，不计付利息。

5. 银行办理完毕将进账单回单交申请人，制单会计根据进账单回单（图 3-99）编制记账凭证（图 3-100）。

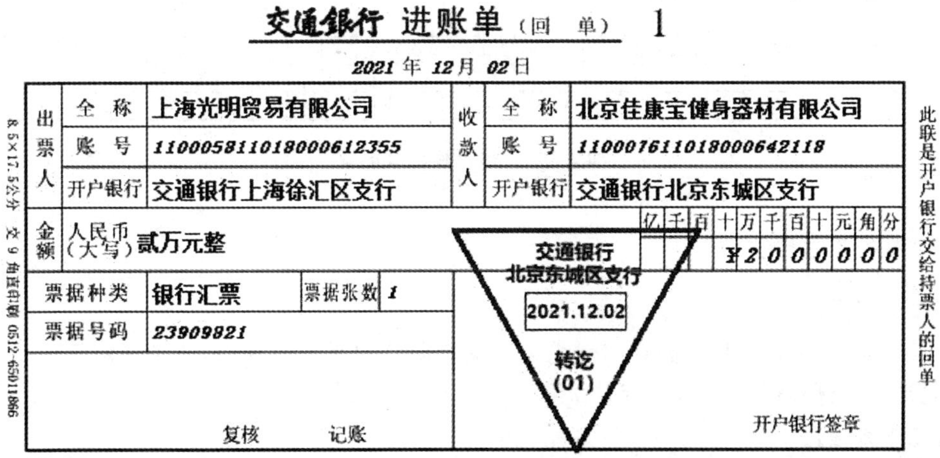
交通银行 进账单（回　单）　1

2021 年 12 月 02 日

出票人	全　称	上海光明贸易有限公司	收款人	全　称	北京佳康宝健身器材有限公司
	账　号	110005811018000612355		账　号	110007611018000642118
	开户银行	交通银行上海徐汇区支行		开户银行	交通银行北京东城区支行
金额	人民币（大写）	贰万元整		亿千百十万千百十元角分	¥2000000
票据种类	银行汇票	票据张数	1		
票据号码	23909821				
	复核　记账			开户银行签章	

交通银行北京东城区支行 2021.12.02 转讫 (01)

此联是开户银行交给持票人的回单

8.5×17.5公分　交 9 角蓝印刷 0512-6501866

图 3-99　进账单回单

收款凭证

借方科目：**银行存款**　　2021年12月02日　　出纳编号 _____
　　　　　　　　　　　　　　　　　　　　　　制单编号 **略**

对方单位	摘要	贷方科目		金额	记账符号
		总账科目	明细科目	千百十万千百十元角分	
	银行汇票收款	应收账款	上海光明	2 000 00	
	合　　计			¥2 000 00	

附凭证 1 张

会计主管：　　　记账：　　　稽核：　　　出纳：　　　制单：**米乐**

图 3-100　收款凭证

6. 会计主管审核记账凭证。审核完毕的记账凭证交记账会计登记应收账款明细账，交出纳人员登记银行存款日记账（图 3-101）。主管会计、记账会计、出纳分别在记账凭证上签字（签字后记账凭证略）。

银行存款日记账

2021年		凭证		对方科目	摘　要	借方	贷方	借或贷	余额	√
月	日	种类	号数			亿千百十万千百十元角分	亿千百十万千百十元角分		亿千百十万千百十元角分	
12	1				期初余额……			借	7 880 00 00	
12	2	银付	略	其他货币资金	申请银行汇票		3 500 000	借	略	
12	2	银收	略	应收账款	银行汇票收款……	2 000 000		借	略	

图 3-101　银行存款日记账

任务 3：银行汇票付款

【作业场景】

2021 年 12 月 7 日业务员到广州鸿荣机械有限公司采购原材料，业务员以 35 000 元的银行汇票支付材料款 29 086.2 元。

【工作流程】

银行汇票付款业务处理流程如图 3-102 所示，具体程序如下。

1. 12 月 7 日，业务员完成采购业务，收到广州鸿荣机械有限公司开具的增值税发票

模块3 作业场景及工作指导

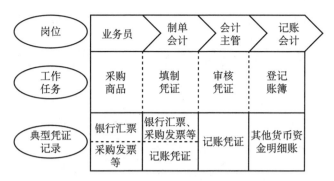

图 3-102 银行汇票付款业务处理流程

(图 3-103),将银行汇票的正联(图 3-104)和解讫通知交收款方用以支付货款,对方在银行汇票上补记实际结算金额。

图 3-103 采购发票

操作指导

收款人受理申请人交付的银行汇票时,应在出票金额以内,根据实际需要的款项办理结算,并将实际结算金额和多余金额准确、清晰地填入银行汇票和解讫通知的有关栏内。未填明实际结算金额和多余金额或实际结算金额超过出票金额的,银行不予受理。

2. 制单会计根据业务员交回的采购发票及银行汇票正联复印件编制记账凭证(图 3-105)。

3. 会计主管审核记账凭证。审核完毕的记账凭证交记账会计登记其他货币资金明细账和原材料、应交税费明细账。会计主管、记账会计分别在记账凭证上签字(签字后记账凭证略)。

(注:本业务没有银行存款的流入流出,因此出纳不必登记银行存款日记账,记账会计登

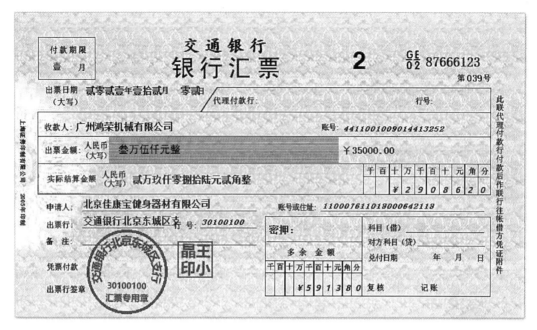

图 3-104 银行汇票正联

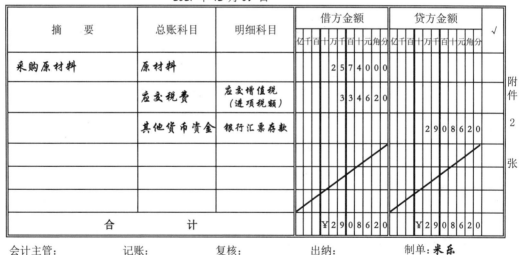

图 3-105 记账凭证

记其他货币资金明细账内容在此省略。)

任务 4：收回银行汇票余款

【作业场景】

2021 年 12 月 10 日，佳康宝公司收到开户银行通知，收回银行汇票多余款项 5 913.8 元。

【工作流程】

收回银行汇票余款的业务处理流程如图 3-106 所示,具体程序如下。

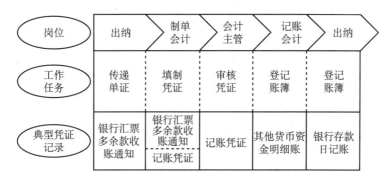

图 3-106　收回银行汇票余款的业务处理流程

1. 出纳人员自开户银行取回银行汇票多余款项收账通知(图 3-107)。

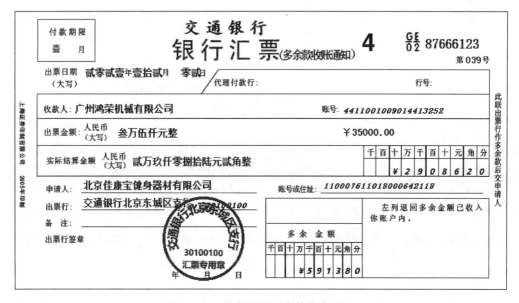

图 3-107　银行汇票多余款收账通知

2. 记账会计根据银行汇票多余款收账通知编制收取多余款项的记账凭证(图 3-108)。
3. 会计主管审核记账凭证。审核完毕的记账凭证交记账会计登记其他货币资金明细账,交出纳人员登记银行存款日记账(图 3-109)。会计主管、记账会计、出纳分别在记账凭证上签字(签字后记账凭证略)。

风险及防范措施

银行汇票具有使用灵活、票随人走、兑现性强等特点,适用于先收款后发货或钱货两清的商品交易。银行汇票是银行在收到汇款人款项后签发的支付凭证,因而具有较高的信誉,银行保证支付,收款人持有票据,可以安全及时地到银行支取款项。而且银行内部有一套严

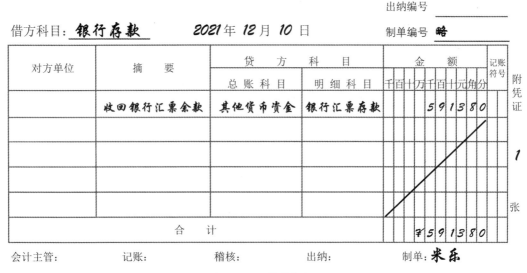

图 3-108 收款凭证

银行存款日记账

2021年		凭证		对方科目	摘要	借方	贷方	借或贷	余额	√
月	日	种类	号数			亿千百十万千百十元角分	亿千百十万千百十元角分		亿千百十万千百十元角分	
12	1				期初余额			借	7 8 8 0 0 0 0 0	
12	2	银付	略	其他货币资金	申请银行汇票		3 5 0 0 0 0 0	借	略	
12	10	银收	略	其他货币资金	收回汇票余款	5 9 1 3 8 0		借	略	

图 3-109 银行存款日记账

密的处理程序和防范措施,只要汇款人和银行认真按照汇票结算的规定办理,汇款就能保证安全。一旦汇票丢失,如果确属现金汇票,汇款人可以向银行办理挂失,填明收款单位和个人,银行可以协助防止款项被他人冒领。

银行汇票结算安全可靠,使用风险较小,但仍要注意以下事项。

(1) 注意检查银行汇票的记载事项,避免因记载事项不全导致银行汇票无效。

(2) 注意检查实际结算金额,收款人在对汇票进行审查时要注意银行汇票是否记载实际结算金额,有无更改,其金额是否超过汇款金额。未填写实际结算金额或实际结算金额超过出票金额的银行汇票,银行不予受理,并且不得背书转让。

(3) 注意在提示付款期内提示付款,银行汇票的提示付款期为1个月,逾期的汇票,代理付款银行将不予办理。

(4) 注意检查背书的合法性,检查银行汇票背书是否连续,背书人签章是否符合规定,背书使用粘单的是否按规定签章等内容。

（5）申请单位因汇票超过了付款期限或其他原因没有使用汇票款项时，要及时办理汇票的退款，以免造成资金的占用。

（6）银行汇票遗失，要及时采取措施，如公示催告或普通诉讼等，保全票据权利。

任务附注

1. 规范性引用文件

票据法

票据管理实施办法

支付结算办法

2. 任务使用表单模板

3.4　表单模板

同步练习

一、单项选择题

1. 银行汇票的提示期限为自出票日起（　　）内。
   A. 10 日　　　　　B. 1 个月　　　　　C. 2 个月　　　　　D. 6 个月

2. 银行汇票是由出票银行签发的，由其在见票时按照（　　）无条件支付给收款人或持票人的票据。
   A. 确定金额　　　B. 实际结算金额　　C. 银行确定金额　　D. 任意金额

3. 下列各项中，可以使用现金银行汇票结算的是（　　）。
   A. 甲公司支付给乙公司的货款 20 万元　　B. 孙某向甲公司支付货款 15 万元
   C. 丙公司向刘某支付劳务费 10 万元　　　D. 赵某向张某支付购房款 20 万元

4. 根据支付结算法律制度的规定，下列关于银行汇票使用的表述中，正确的是（　　）。
   A. 银行汇票不能用于个人款项结算
   B. 银行汇票不能支取现金
   C. 银行汇票的提示付款期限为自出票日起 1 个月
   D. 银行汇票必须按出票金额付款

5. 关于银行汇票出票金额和实际结算金额，下列表述正确的是（　　）。

A. 如果出票金额低于实际结算金额,银行应按出票金额办理结算

B. 如果出票金额高于实际结算金额,银行应按出票金额办理结算

C. 如果出票金额低于实际结算金额,银行应按实际结算金额办理结算

D. 如果出票金额高于实际结算金额,银行应按实际结算金额办理结算

二、多项选择题

1. 下列属于银行汇票结算方式优点的有(　　)。

　　A. 付款人费用低　　　　　　　　B. 信誉度高,支付能力强

　　C. 提示付款期时间长　　　　　　D. 同城异地都可使用

2. 郑某为支付甲公司货款,向银行申请签发了一张金额为60万元的银行汇票。甲公司受理该汇票应当审查的内容有(　　)。

　　A. 银行汇票和解讫通知是否齐全　　B. 该银行汇票是否在提示付款期内

　　C. 收款人是否确为甲公司　　　　　D. 必须记载的事项是否齐全

3. 2021年6月12日财务人员王某代理甲公司向银行申请签发一张金额为100万元的银行汇票,交与业务员张某到异地乙公司采购货物。张某采购货物金额为99万元。乙公司发货后,张某将汇票交付乙公司财务人员李某,李某收到银行汇票后应当审查的事项是(　　)。

　　A. 出票日期是否更改过

　　B. 汇票的大小写金额是否一致

　　C. 银行汇票与解讫通知的汇票号码和记载事项是否一致

　　D. 汇票上填写的收款人是否为本公司

4. 签发银行汇票必须记载事项包括(　　)。

　　A. 出票日期　　B. 出票银行签章　　C. 收款人名称　　D. 出票金额

5. 下列关于银行汇票使用的表述中,不正确的是(　　)。

　　A. 银行汇票不能用于单位款项结算

　　B. 银行汇票不能用于转账

　　C. 银行汇票的提示付款期为自出票日起1个月

　　D. 银行汇票必须按出票金额付款

三、判断题

1. 单位和个人在异地、同城的各种款项结算,均可使用银行汇票。(　　)

2. 银行汇票无法为付款单位多留存款的时点余额。(　　)

3. 申请人缺少解讫通知要求退款的,出票银行应于银行汇票提示付款期满1个月后办理。(　　)

4. 未填写实际结算金额的银行汇票可以背书转让。(　　)

5. 如果银行汇票未填明实际结算金额和多余金额或者实际结算金额超过出票金额,银行不予受理。(　　)

四、案例分析题

1. 2021年8月,优康公司申请签发了一张20万元的银行汇票用于向长江公司购买原材料,由于物价上涨,该批原材料实际结算金额为22万元。优康公司填写了实际结算金额并在汇票上签章。

要求：如果长江公司持该笔银行汇票向银行提示付款，银行会如何处理？

2. 甲公司申请出票银行签发一张银行汇票，出票日期为 2021 年 2 月 1 日，金额为 100 万元，收款人为乙公司。甲公司交给乙公司银行汇票时填写实际结算金额为 80 万元。2 月 10 日，乙公司向丙公司购买 100 万元的货物，将该汇票背书转让给丙公司。

要求：根据以上资料，不考虑其他因素，该银行汇票能否背书转让？乙公司和丙公司的货物交易能否通过转让的银行汇票完成结算？

3.5　银行本票业务操作

作业场景

2021 年 12 月 3 日，佳康宝公司申请签发金额为 5 000 元的银行本票，交北京天诚健身器材有限公司支付前欠的材料采购款。

2021 年 12 月 3 日，佳康宝公司收到北京天恒贸易有限公司签发的金额为 1 000 000 元的银行本票用于支付前欠的货款 985 000 元。出纳开出转账支票一张，金额 15 000 元，用于退还本票多收款项。

任务目标

> 能正确填制银行本票。
> 能按规定流程和方法办理银行本票的收付款业务。
> 能正确进行银行本票业务的会计处理。

术语和定义

银行本票

银行本票是出票人签发的，承诺自己在见票时无条件支付确定的金额给收款人或者持票人的票据。

任务分析

1. 银行本票结算的特点

银行本票的出票人，为经中国人民银行当地分支行批准办理银行本票业务的银行机构。单位和个人在同一票据交换区域需要支付各种款项，均可以使用银行本票。银行本票可以用于转账，注明现金字样的银行本票可以用于支取现金。申请人或收款人为单位的，不得申请签发现金银行本票。

与其他银行结算方式相比，银行本票结算具有使用方便、信誉度高、见票即付、实时到账等特点。单位、个体工商户和个人不管是否在银行开户,他们之间在同城范围内的所有商品交易、劳务供应及其他款项的结算都可以使用银行本票办理。收款方持银行本票可以支取现金、转账结算,也可以背书转让。银行本票是由银行签发,于指定日期由签发银行无条件支付的票据,一般不存在票据得不到兑现的问题,因而信誉度很高。银行本票的收款单位在委托银行收款时票款立即入账,方便收款单位资金的使用。

签发银行本票必须记载下列事项:表明"银行本票"的字样;无条件支付的承诺;确定的金额;收款人名称;出票日期;出票人签章。欠缺记载上列事项之一的,银行本票无效。

2. 银行本票使用的基本规定

(1) 银行本票分为不定额本票和定额本票两种。定额银行本票面额为1 000元、5 000元、10 000元和50 000元。不定额银行本票在签发时根据实际需要填写金额。

(2) 银行本票的提示付款期限自出票日起最长不得超过2个月。持票人超过付款期限提示付款的,代理付款人不予受理。

(3) 申请人使用银行本票,应向银行填写银行本票申请书(或结算业务申请书),填明收款人名称、申请人名称、支付金额、申请日期等事项并签章。申请人和收款人均为个人需要支取现金的,应在支付金额栏先填写"现金"字样,后填写支付金额。

(4) 收款人可以将银行本票背书转让给被背书人。填明"现金"字样的银行本票不得背书转让。

(5) 银行本票丧失,失票人可以凭人民法院出具的其享有票据权利的证明,向出票银行请求付款或退款。

(6) 银行本票见票即付,实时到账。

任务指导

任务1:申请银行本票

【作业场景】

2021年12月3日,佳康宝公司申请签发金额为5 000元的银行本票。

【工作流程】

申请银行本票的业务处理流程如图3-110所示,具体程序如下。

岗位	出纳	会计主管	总经理	银行	制单会计	会计主管	记账会计	出纳
工作任务	填制单证	审核凭证	审核凭证	签发票据	填制凭证	审核凭证	登记账簿	登记账簿
典型凭证记录	结算业务申请书	结算业务申请书	结算业务申请书	银行本票	结算业务申请书 / 记账凭证	记账凭证	明细账	银行存款日记账

图3-110 申请银行本票的业务处理流程

1. 出纳人员准备办理银行本票的资金，填写结算业务申请书，用于申请银行本票。结算业务申请书经财务经理和总经理审核无误后，加盖财务专用章及法定代表人名章（图 3-111）。

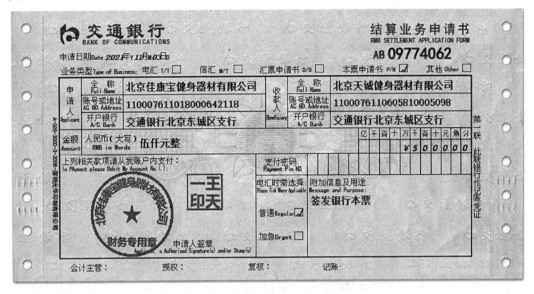

图 3-111　银行本票结算业务申请书

2. 出纳将审核无误的结算业务申请书送交银行，向银行申请签发银行本票。出票银行受理结算业务申请书，在收妥款项后签发银行本票，在本票正联上加盖票据专用章和经办人员的名章（图 3-112、图 3-113）。

图 3-112　银行本票第一联

操作指导

银行本票一式两联，第一联为卡片联，此联出票行留存，结清本票时作借方凭证附件；第二联为正联，供出票行结清本票时作付出传票。正联的背面内容为被背书人及被背书人签章、身份证件名称及号码、持票人向银行提示付款及签章等内容。填制银行本票时，应填写下列内容。

——填写银行本票的出票日期；

交通银行本票 2 10401180 04562112

出票日期（大写） 贰零贰壹年 壹拾贰月 零叁日

收款人：北京天诚健身器材有限公司　申请人：北京佳康宝健身器材有限公司

凭票即付	人民币（大写）伍仟元整	亿	千	百	十	万	千	百	十	元	角	分
						¥	5	0	0	0	0	0

☑转账 □现金　密押

行号

备注　出票行签章　出纳　复核　经办

提示付款期限自出票之日起贰个月

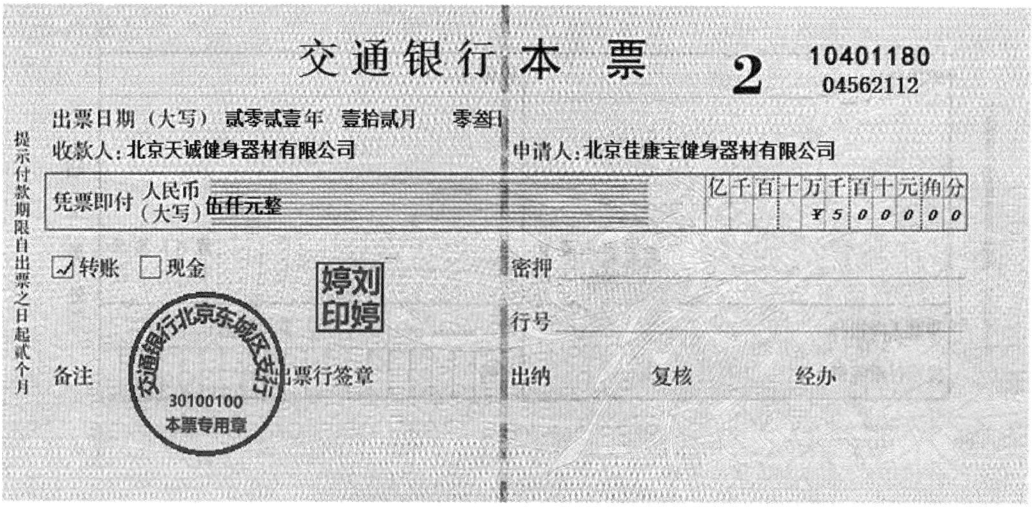

图 3-113　银行本票第二联

——填写收款人的名称；

——填写申请银行本票的单位或个人；

——银行见票时需支付给持票人的金额，用大写填写；填写出票小写金额、密押和行号；

——表明是“转账本票”还是“现金本票”；

——与该业务有关的其他补充资料；

——经办人员签章；

——复核人员签章；

——出纳签章；

——出票行签章。

3. 出纳将结算业务申请书的回单联(图 3-114)取回，交制单会计编制记账凭证(图 3-115)。

交通银行 BANK OF COMMUNICATIONS　结算业务申请书 RMB SETTLEMENT APPLICATION FORM

申请日期 Date 2021年Y 12月M 03日D　AB 09774062

业务类型 Type of Business: 电汇 T/T □　信汇 M/T □　汇票申请书 D/D □　本票申请书 P/N ☑　其他 Other □

申请人 Applicant	全称 Full Name	北京佳康宝健身器材有限公司	收款人 Beneficiary	全称 Full Name	北京天诚健身器材有限公司
	账号或地址 AC NO. Address	110007611018000642118		账号或地址 AC NO. Address	1100076110605810005098
	开户银行 A/C Bank	交通银行北京东城区支行		开户银行 A/C Bank	交通银行北京东城区支行
金额 Amount	人民币（大写）RMB in Words	伍仟元整			¥500000

支付密码 Payment Pin NO.

电汇时需选择 Please Tick Where Applicable：普通 Regular ☑　加急 Urgent □

附加信息及用途 Message and Purpose：签发银行本票

交通银行北京东城区支行 2021.12.03 转讫 (01)

银行签章 Bank's Authorized Signature(s) and/or Stamp(s)

会计主管：　授权：　复核：　记账：

第三联 此联付款行给付款人的回单

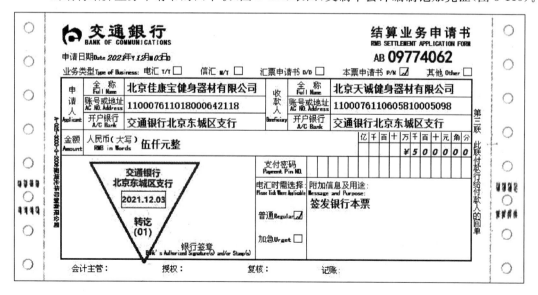

图 3-114　银行本票结算业务申请书回单联

付 款 凭 证

贷方科目：**银行存款**　　2021 年 12 月 03 日　　出纳编号 _____　制单编号 **略**

对方单位	摘要	借方科目		金额	记账符号
		总账科目	明细科目	千百十万千百十元角分	
	申请银行本票	其他货币资金	银行本票存款	5 0 0 0 0 0	
	合　计			￥5 0 0 0 0 0	

会计主管：　　　记账：　　　稽核：　　　出纳：　　　制单：**米乐**

附凭证 1 张

图 3-115　付款凭证

4. 会计主管审核记账凭证。审核完毕的记账凭证交记账会计登记其他货币资金明细账，交出纳人员登记银行存款日记账（图 3-116）。主管会计、记账会计、出纳分别在记账凭证上签字（签字后记账凭证略）。

银行存款日记账

2021年		凭证		对方科目	摘要	借方	贷方	借或贷	余额	√
月	日	种类	号数			亿千百十万千百十元角分	亿千百十万千百十元角分		亿千百十万千百十元角分	
12	1				期初余额			借	7 8 8 0 0 0 0 0	
					……					
12	3	银付	略	其他货币资金	申请银行本票		5 0 0 0 0 0	借	略	

图 3-116　银行存款日记账

任务 2：使用银行本票

【作业场景】

2021 年 12 月 3 日，佳康宝公司将申请的金额为 5 000 元的银行本票交北京天诚健身器材有限公司支付前欠的材料采购款。

【工作流程】

银行本票结算业务处理流程如图 3-117 所示，具体程序如下。

1. 银行出纳将银行本票（图 3-113）交北京天诚健身器材有限公司。
2. 收到北京天诚健身器材有限公司开具的收据（图 3-118）。
3. 制单会计根据对方开具的收款收据及银行本票正联的复印件编制记账凭证（图 3-119）。

岗位	出纳	制单会计	会计主管	记账会计
工作任务	支付货款	填制凭证	审核凭证	登记账簿
典型凭证记录	银行本票	银行汇票 记账凭证	记账凭证	其他货币资金明细账

图 3-117 银行本票结算业务处理流程

收 款 收 据

NO.00490040

2018年 12月 03日

今 收 到 北京佳康宝健身器材有限公司

交 来： 本票一张用于偿还欠款

金额（大写） 零 拾 零 万 伍 仟 零 佰 零 拾 零 元 零 角 零 分

¥ 5000.00 ☐现金 ☐支票 ☐信用卡 ☑其他 收款单位（盖章）

北京天诚健身器材有限公司 财务专用章

第二联交对方

核准 会计 记账 出纳 经手人

图 3-118 收款收据

记 账 凭 证

转 字第××号

2021年 12 月03日

摘要	总账科目	明细科目	借方金额（亿千百十万千百十元角分）	贷方金额（亿千百十万千百十元角分）	√
支付货款	应付账款	北京天诚	500000		
	其他货币资金	银行本票存款		500000	
合计			¥500000	¥500000	

附件 1 张

会计主管： 记账： 复核： 出纳： 制单：米乐

图 3-119 记账凭证

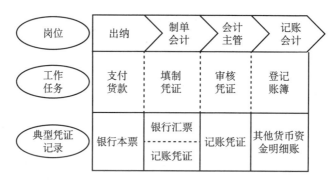

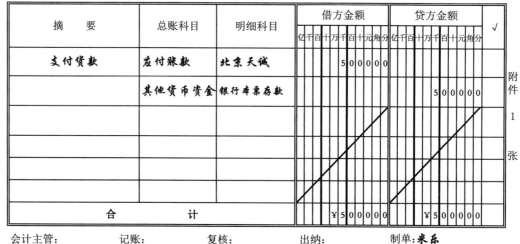

4. 会计主管审核记账凭证。审核完毕的记账凭证交记账会计登记其他货币资金明细账和应付账款明细账。主管会计、记账会计在记账凭证上签字(签字后收款凭证略)。

任务 3：收到银行本票

【作业场景】

2021年12月3日，佳康宝公司收到北京天恒贸易有限公司签发的金额为1 000 000元的银行本票用于支付前欠的货款985 000元。出纳开出转账支票一张，金额15 000元，用于退还本票多收款项。

【工作流程】

银行本票收款业务处理流程如图3-120所示，具体程序如下。

岗位	出纳	会计主管	总经理	银行	制单会计	会计主管	记账会计	出纳
工作任务	填制单证	审核凭证	审核凭证	办理收款	填制凭证	审核凭证	登记账簿	登记账簿
典型凭证记录	银行本票 / 进账单	银行本票 / 进账单	银行本票 / 进账单	银行本票 / 进账单	进账单回单 / 记账凭证	记账凭证	明细账	银行存款日记账

图 3-120　银行本票收款业务处理流程

1. 出纳收到银行本票(图3-121)，填写一式三联的进账单(图3-122)。

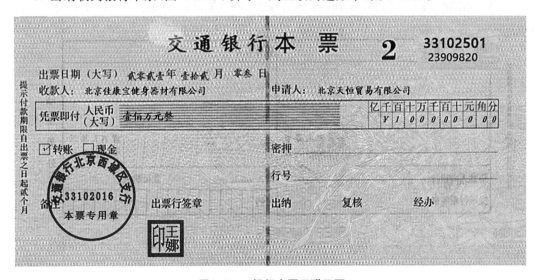

图 3-121　银行本票正联正面

操作指导

收款人受理银行本票时，应审查下列事项。

交通银行 进账单（回 单） 1

2021 年 12月 03日

出票人	全 称	北京天恒贸易有限公司	收款人	全 称	北京佳康宝健身器材有限公司
	账 号	110005911019000612211		账 号	110007611019000642118
	开户银行	交通银行北京西城区支行		开户银行	交通银行北京东城区支行
金额	人民币（大写）	壹佰万元整		亿千百十万千百十元角分	￥100000000
票据种类	银行本票	票据张数 1			
票据号码	23909820				
复核 记账			开户银行签章		

此联是开户银行交给持票人的回单

8.5×17.5公分

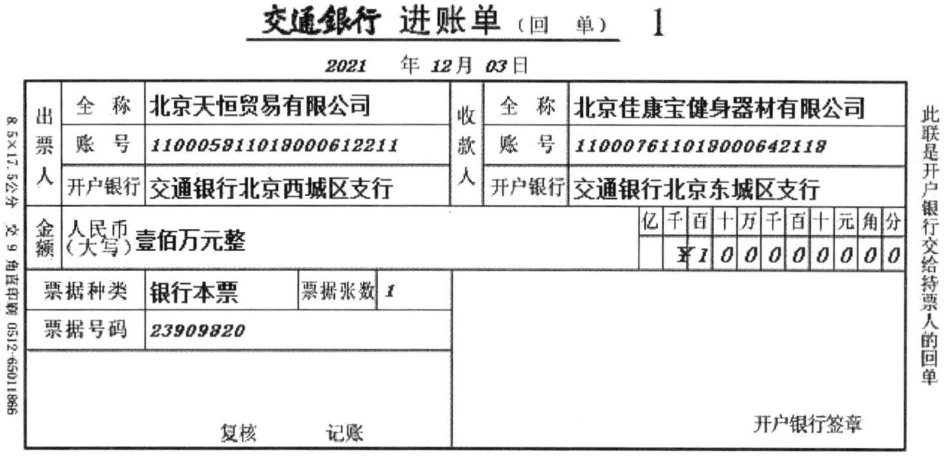

图 3-122 进账单

(1) 收款人是否确为本单位或本人。

(2) 银行本票是否在提示付款期限内。

(3) 必须记载的事项是否齐全。

(4) 出票人签章是否符合规定，不定额银行本票是否有压数机压印的出票金额，并与大写出票金额一致。

(5) 出票金额、出票日期、收款人名称是否更改，更改的其他记载事项是否由原记载人签章证明。

2. 银行出纳将填好的进账单和银行本票交财务经理和总经理进行审核。审核完毕，在银行本票背面进行委托收款背书(图 3-123)。

被背书人 交通银行北京东城区支行	被背书人
委托收款 北京佳康宝健身器材有限公司 财务专用章　王天一印 背书人签章 2021 年 12 月 03 日	背书人签章 年 月 日
持票人向银行 提示付款签章：	身份证件名称： 发证机关： 号码

（粘贴单处）

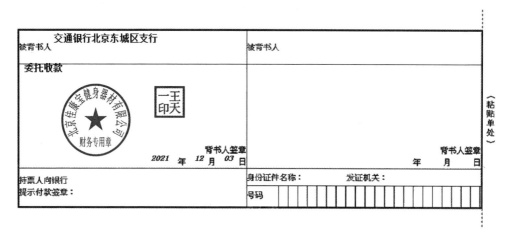

图 3-123 银行本票正联背面

操作指导

在银行开立存款账户的持票人向银行提示付款时，应在银行本票背面的“持票人向银行提示付款签章”处签章,签章需与预留银行印鉴章相同,并将银行本票和进账单一起送交开户银行。银行审核无误后办理转账业务。未在银行开立账户的收款人,持“现金”字样的银行本票从银行支取现金的,应在银行本票背面填写收款人的姓名、身份证号码及其发证机关,并交验本人身份证的原件及复印件。

3. 出纳将银行本票和进账单送交银行,银行审核无误后办理转账业务。

4. 银行办理完毕将进账单回单(图 3-124)交申请人,制单会计根据进账单回单编制记账凭证(图 3-125)。

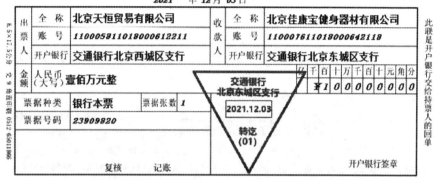

交通银行 进账单(回 单) 1

2021 年 12月 03日

出票人	全 称	北京天恒贸易有限公司	收款人	全 称	北京佳康宝健身器材有限公司
	账 号	110005811018000612211		账 号	110007611018000642118
	开户银行	交通银行北京西城区支行		开户银行	交通银行北京东城区支行
金额	人民币(大写)	壹佰万元整		亿千百十万千百十元角分	￥100000000
票据种类	银行本票	票据张数 1			
票据号码	23909820				
	复核 记账			开户银行签章	

交通银行 北京东城区支行 2021.12.03 转讫 (01)

此联是开户银行交给持票人的回单

图 3-124 进账单回单

收 款 凭 证

出纳编号

借方科目:银行存款　　2021年 12 月 03 日　　制单编号 略

对方单位	摘 要	贷方科目:总账科目	贷方科目:明细科目	金额(千百十万千百十元角分)	记账符号
	银行本票收款	应收账款	北京天恒	100000000	
合 计				￥100000000	

附凭证 1 张

会计主管: 记账: 稽核: 出纳: 制单:米乐

图 3-125 收款凭证

5. 会计主管审核记账凭证。审核完毕的记账凭证交记账会计登记应收账款明细账,交出纳人员登记银行存款日记账(图 3-126)。主管会计、记账会计、出纳分别在记账凭证上签字(签字后记账凭证略)。

银行存款日记账

2021年		凭证		对方科目	摘要	借方 亿千百十万千百十元角分	贷方 亿千百十万千百十元角分	借或贷	余额 亿千百十万千百十元角分	√
月	日	种类	号数							
12	1				期初余额			借	7 8 8 0 0 0 0 0	
12	3	银付	略	其他货币资金	申请银行本票		5 0 0 0 0 0	借	略	
12	3	银收	略	应收账款	银行本票收款	1 0 0 0 0 0 0 0		借	略	

图 3-126　银行存款日记账

6. 出纳开出转账支票一张(图 3-127),金额 15 000 元,用于退还本票多收款项。

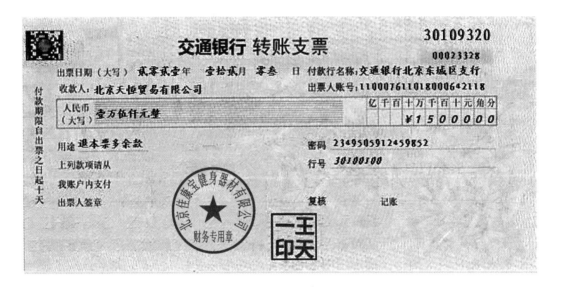

图 3-127　转账支票

操作指导

银行汇票和银行本票结算,如果实际结算金额小于票面金额,核算时存在明显的区别:在银行汇票结算方式下,银行负责退还余款;而在银行本票结算方式下,银行不负责退还余款,余款由交易双方自己在交易时自行结清。

7. 记账会计根据转账支票存根(图 3-128)编制退还多余款项的记账凭证(图 3-129)。

8. 会计主管审核记账凭证。审核完毕的记账凭证交记账会计登记应收账款明细账,交出纳人员登记银行存款日记账(图 3-130)。主管会计、记账会计、出纳分别在记账凭证上签字(签字后的记账凭证略)。

图 3-128 转账支票存根

付 款 凭 证

贷方科目：**银行存款**　　2021 年 12 月 03 日　　　　　出纳编号 ＿＿＿
　　　　　　　　　　　　　　　　　　　　　　　　　制单编号 **略**

对方单位	摘　要	借方科目		金　额	记账符号
		总账科目	明细科目	千百十万千百十元角分	
	退还本票多余款	应收账款	北京天恒	1 5 0 0 0 0 0	附凭证 1 张
	合　计			¥ 1 5 0 0 0 0 0	

会计主管：　　　记账：　　　稽核：　　　出纳：　　　制单：**米乐**

图 3-129 付款凭证

银行存款日记账

2021年		凭证		对方科目	摘要	借方	贷方	借或贷	余额	√
月	日	种类	号数			亿千百十万千百十元角分	亿千百十万千百十元角分		亿千百十万千百十元角分	
12	1				期初余额			借	7 8 8 0 0 0 0 0	
					……					
12	3	银付	略	其他货币资金	申请银行本票		5 0 0 0 0 0	借		略
12	3	银收	略	应收账款	银行本票收款	1 0 0 0 0 0 0 0		借		略
12	3	银付	略	应收账款	退还本票多余款		1 5 0 0 0 0 0	借		略

图 3-130 银行存款日记账

风险及防范措施

银行本票的优点是使用方便和支付能力强；而且银行本票由银行签发，无条件支付，其信誉度很高，很少出现无法支付的情况。因此结算款项，尤其是同城结算，一般都会选择银行本票。银行本票的缺点是有一定的限制条件。一般来说，银行本票用于同城交易，另外不同银行出票的时候会收取一定的费用，而且银行本票见票即付，除填明"现金"字样的银行本票外，一般不予挂失。

在现实生活中，票据业务都会遇到很多的问题，最常见的一种风险就是票据转让不背书或者背书不连续导致丧失票据权利的风险。票据在转让的过程中，如果未背书或者背书不连续，票据经过了反复转让后，最后的持票人将承担收不到款的风险。这种情况下我们就要注意：不接受未背书或者背书不连续的票据，在转让票据时按规定背书转让。

票据的签发、取得和转让，应具有真实的交易关系和债权债务关系。可以说，真实的交易关系和债权债务关系是票据关系的法律基础和事实基础。没有真实的交易关系和债权债务关系的票据关系，就如在沙滩上建筑的房屋，是非常危险的，大家在取得票据的时候，一定要保留好合同、送货单等交易凭证。

票据遗失后，失票人应在最短时间内进行补救。填明"现金"字样的银行本票可以以书面形式通知付款人或付款代理人（均为银行）挂失止付，在通知挂失止付后3日内，向票据支付地的基层法院申请公示催告，法院经审核受理后会发出公告，并通知付款人或付款代理人停止支付。在公示催告期间，如果未有人申报权利或申报权利不实的，该遗失的票据将失去效力，从而防止经济损失的产生。

任务附注

1. 规范性引用文件

票据法　　　　票据管理实施办法　　　　支付结算办法

2. 任务使用表单模板

3.5　表单模板

同步练习

一、单项选择题

1. 银行本票的提示期限为自出票日起（   ）内。
   A. 10 日　　　　B. 1 个月　　　　C. 2 个月　　　　D. 6 个月
2. 银行本票的签发人为（   ）。
   A. 收款人　　　B. 付款人　　　C. 收款人开户行　　　D. 付款人开户行
3. 根据支付结算法律制度的规定，关于银行本票使用的下列表述中，不正确的是（   ）。
   A. 银行本票的出票人在持票人提示见票时，必须承担付款的责任
   B. 注明"现金"字样的银行本票可以用于支取现金
   C. 银行本票只限于单位使用，个人不得使用
   D. 收款人可以将转账银行本票背书转让给被背书人
4. 根据支付结算法律制度的规定，下列关于银行本票的表述中，正确的是（   ）。
   A. 银行本票见票即付
   B. 超过提示付款期限，持票人向出票银行提示付款的，出票银行不受理
   C. 银行本票一律不得用于支取现金
   D. 银行本票一律不得背书转让
5. 根据支付结算法律制度的规定，下列关于票据提示付款期限的表述中，正确的是（   ）。
   A. 支票的提示付款期限是自出票日起 1 个月
   B. 银行汇票的提示付款期限是自出票日起 1 个月
   C. 商业汇票的提示付款期限是自到期日起 1 个月
   D. 银行本票的提示付款期限是自出票日起 1 个月

二、多项选择题

1. 下列属于银行本票结算方式优点的有（   ）。
   A. 付款人费用低　　　　　　　　B. 信誉度高，支付能力强
   C. 提示付款期时间长　　　　　　D. 见票即付，实时到账
2. 根据支付结算法律制度的规定，下列各项中，属于银行本票必须记载事项的有（   ）。
   A. 出票人签章　　B. 出票日期　　C. 收款人名称　　D. 确定的金额
3. 根据支付结算法律制度的规定，下列票据中，出票人是银行的有（   ）。
   A. 商业汇票　　　B. 银行汇票　　　C. 本票　　　　D. 支票
4. 甲公司向 P 银行申请签发一张银行本票交付乙公司。下列票据事项中，乙公司在收票时应当审查的有（   ）。
   A. 大小写金额是否一致　　　　　B. 出票金额是否更改
   C. 银行本票是否在提示付款期限内　　D. 收款人是否为乙公司

5. 根据支付结算法律制度的规定,下列关于填写票据的表述中,正确的有(   )。
   A. 金额以中文大写和阿拉伯数字同时记载,二者必须一致
   B. 收款人名称不得记载规范化简称
   C. 收款人名称填写错误时由原记载人更改,并在更改处签章证明
   D. 出票日期必须使用中文大写

三、判断题

1. 银行本票可以用于转账,也可以用于支取现金。(   )
2. 申请人或收款人为单位的,银行不得为其签发"现金"银行本票。(   )
3. 银行本票由银行出票,向出票银行提示付款。(   )
4. 单位和个人在同一票据交换区域或非同一票据交换区域需要支付各种款项,均可以使用银行本票。(   )
5. 甲公司向开户银行P银行申请签发的本票超过提示付款期限后,甲公司申请退款,P银行只能将款项转入甲公司的账户,不能退付现金。(   )

四、案例分析题

2021年1月10日,甲公司与乙公司签订购销合同,约定乙公司在2021年3月底前供应甲公司原材料,价值35万元;货款在交货后10日内以本票形式结算。2021年3月25日,甲公司交货;2021年4月1日,甲公司向自己的开户行A银行申请开出一张面额为35万元的银行本票,并交付给乙公司。4月5日,乙公司将该本票背书转让给丁公司用于支付购买设备的价款。丁公司收到本票后直到6月3日才到A银行请求付款,A银行经审查发现该本票已超过法定2个月的付款期限,于是拒绝付款。丁公司在被拒绝付款后,找乙公司要求付款也遭到拒绝。

要求:丁公司应如何维护票据权利?哪家单位应对丁公司承担付款责任?

3.6 商业汇票业务操作

作业场景

2021年12月1日,佳康宝公司从北京川宏机电有限公司购入一批电源线组件,价税合计共800 000元。双方在合同中约定以银行承兑汇票进行结算。12月3日,佳康宝公司向银行申请3个月期,金额800 000元的银行承兑汇票,用以支付该笔货款。

2021年12月8日,佳康宝公司向广州鸿荣机械有限公司采购原材料,收到对方开具的增值税专用发票,材料已验收入库。双方协商以期限为2个月、面值为10 672元的商业承兑汇票结算货款。

2021年12月10日,佳康宝公司向上海富康按摩椅有限公司销售一批整机芯,销售价款13 015.2元,开具了增值税专用发票,商品已发出。双方协商以商业承兑汇票结算货款,收到对方开具的2个月到期的商业承兑汇票。

2021年12月10日,佳康宝公司收到的面值300 000元的银行承兑汇票到期。该汇票

为北京天健健身器材有限公司于 2021 年 8 月 10 日出具,期限为 4 个月。12 月 11 日,佳康宝公司将该银行承兑汇票委托银行办理收款。

2021 年 12 月 14 日,佳康宝公司因经营需要将到期日为 2022 年 1 月 15 日、3 个月期限的银行承兑汇票到银行贴现,年贴现率为 4.8%。

任务目标

- 能正确填制商业承兑汇票和银行承兑汇票。
- 能按规定流程和方法办理商业承兑汇票的收付款业务。
- 能按规定流程和方法办理银行承兑汇票的收付款业务。
- 能正确处理商业汇票贴现业务。
- 能正确进行商业汇票业务的会计处理。

术语和定义

1. 商业汇票

商业汇票是出票人签发的,委托付款人在指定日期无条件支付确定的金额给收款人或者持票人的票据。商业汇票按承兑人不同,可分为银行承兑汇票和商业承兑汇票。

2. 承兑

承兑是指汇票付款人承诺在汇票到期日支付汇票金额并签章的行为。

3. 银行承兑汇票

银行承兑汇票是由在承兑银行开立存款账户的存款人(即出票人)签发的,由承兑银行负责承兑的商业汇票。

4. 商业承兑汇票

商业承兑汇票是指由付款人(或收款人)签发,由银行以外的付款人承兑的商业汇票。

5. 贴现

贴现是指票据持票人在票据未到期前为获得现金向银行贴付一定利息而发生的票据转让行为。票据贴现是持票人在需要资金时,将其收到的未到期承兑汇票,经过背书转让给银行,先向银行贴付利息,银行以票面余额扣除贴现利息后的票款付给收款人,汇票到期时,银行凭票向承兑人收取现款。就客户而言,贴现即贴息取现。

6. 电子商业汇票

电子商业汇票是指出票人依托电子商业汇票系统,以数据电文形式制作的,委托付款人在指定日期无条件支付确定金额给收款人或者持票人的票据。电子商业汇票分为电子银行承兑汇票和电子商业承兑汇票。

任务分析

1. 商业汇票结算的特点

与其他银行结算方式相比,商业汇票结算具有以下特点:在银行开立存款账户的法人及其他组织之间,必须具有真实的交易关系或债权债务关系才能使用商业汇票;同城异地结算均可以使用商业汇票,并且没有结算起点的限制;未到期的商业汇票可以到银行办理贴现,有利于企业及时补充流动资金,维持正常的生产经营;采用商业汇票结算,可以最大限度减少付款单位营运资金的占用与需求。因此,商业汇票结算主要在付款单位需要远期支付时采用,有利于销售单位吸引更多客户采购,从而增加销售额和市场占有率。

商业汇票可以由付款人签发,也可以由收款人签发,但商业汇票必须承兑。承兑人负有到期无条件支付票款的责任。签发商业汇票必须记载下列事项:表明"商业承兑汇票"或"银行承兑汇票"的字样;无条件支付的委托;确定的金额;付款人名称;收款人名称;出票日期;出票人签章。欠缺记载上述事项之一的,商业汇票无效。电子商业汇票出票必须记载下列事项:表明"电子银行承兑汇票"或"电子商业承兑汇票"的字样;无条件支付的委托;确定的金额;出票人名称;付款人名称;收款人名称;出票日期;票据到期日;出票人签章。

2. 商业汇票使用的基本规定

(1) 商业承兑汇票的出票人,为在银行开立存款账户的法人及其他组织,与付款人具有真实的委托付款关系,具有支付汇票金额的可靠资金来源。

(2) 出票人不得签发无对价的商业汇票用以骗取银行或者其他票据当事人的资金。

(3) 商业汇票一律记名,允许背书转让。

(4) 符合条件的商业汇票的持票人可持未到期的商业汇票连同贴现凭证向银行申请贴现。

(5) 纸质商业汇票的付款期限最长不得超过 6 个月,电子承兑汇票期限自出票日至到期日不超过 1 年。定日付款的汇票付款期限自出票日起计算,并在汇票上记载具体的到期日。出票后定期付款的汇票付款期限自出票日起按月计算,并在汇票上记载。见票后定期付款的汇票付款期限自承兑或拒绝承兑日起按月计算,并在汇票上记载。

(6) 商业汇票的提示付款期限,自汇票到期日起 10 日。持票人应在提示付款期限内通过开户银行委托收款或直接向付款人提示付款。对异地委托收款的,持票人可匡算邮程,提前通过开户银行委托收款。持票人超过提示付款期限提示付款的,持票人开户银行不予受理。

任务指导

任务1:银行承兑汇票付款

【作业场景】

2021 年 12 月 1 日,佳康宝公司从北京川宏机电有限公司购入一批电源线组件,价税合计共 800 000 元。双方在合同中约定以银行承兑汇票进行结算。12 月 3 日,佳康宝公司向银行申请三个月期、金额 800 000 元的银行承兑汇票,用以支付该笔货款。

【工作流程】

银行承兑汇票付款业务处理流程如图 3-131 所示,具体程序如下。

1. 佳康宝公司出纳根据采购发票(图 3-132)填写承兑汇票申请书(图 3-133),准备申请办理银行承兑汇票的相关资料。

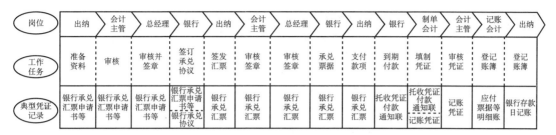

图 3-131 银行承兑汇票付款业务处理流程

图 3-132 采购发票

申请办理银行承兑汇票时向开户银行提交的资料如下。

(1) 银行承兑汇票申请书,包括汇票的金额、期限和用途,以及承兑申请人承诺汇票到期无条件兑付票款等事项。

(2) 营业执照复印件。

(3) 法定代表人身份证明、经办人身份证明及其复印件。

(4) 股东会决议。

(5) 购销合同及其复印件。

(6) 增值税专用发票及其复印件。

(7) 上年度和当期的资产负债表、利润表和现金流量表。

(8) 需要提供担保的,提交保证人有关资料。

(9) 银行要求提供的其他资料。

操作指导

商业汇票出票人的资格条件如下。

(1) 在承兑银行开立存款账户的法人及其他组织。

交通银行 北京 分行
承兑汇票申请书

编号：001205

我单位遵守中国人民银行《商业汇票办法》的一切规定，向贵行申请承兑。票据内容如下：

申请单位全称	北京佳康宝健身器材有限公司	开户银行全称	交通银行北京赤城区支行	账号	11000761101800064 2118
汇票号码					
汇票金额(大写)	捌拾万元整				
出票日期(大写)	贰零壹捌年壹拾贰月零叁日				
汇票到期日(大写)	贰零壹玖年零叁月零叁日				
承兑单位或承兑银行	交通银行北京赤城区支行				
收款人资料	收款人全称	北京川宏机电有限公司			
	收款人开户行	中国工商银行北京分行朝阳区			
	收款人账户	1100001009014457101			
申请承兑合计金额	捌拾万元整				

申请承兑的原因和用途：
　支付货款

申请单位（公章）　（北京佳康宝健身器材有限公司）

法人代表签章：王一天印

2021年 12月 03日

注：本申请书一式叁份，两份提交银行，壹份由申请单位自留。

图3-133　承兑汇票申请书

（2）与承兑银行具有真实的委托付款关系。

（3）资信状况良好，具有支付汇票金额的可靠资金来源。

银行承兑汇票的出票人必须是在承兑银行开立存款账户的法人及其他组织，并与承兑银行具有真实的委托付款关系，资信状况良好，具有支付汇票金额的可靠资金来源。出票人办理电子商业汇票业务，还应同时具备签约开办对公业务的企业网银等电子服务渠道、已与银行签订《电子商业汇票业务服务协议》。

2. 会计主管、总经理审核银行承兑汇票申请书无误后，加盖单位公章和法定代表人名章。

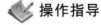
操作指导

银行承兑汇票申请书一式三联，第一联为人民银行留存，第二联为开户银行留存，第三联为申请单位留存。承兑汇票申请书填写内容如下。

——填写汇票申请人的全称；
——填写汇票申请人的开户银行；
——填写汇票申请人的开户银行账号；
——填写汇票的号码；
——填写汇票金额，要用大写；
——填写出票日期，要用大写；
——填写付款期限的到期日期，要用大写；
——填写汇票承兑单位或者承兑银行填写；
——收款人全称根据汇票收款人的名称填写；
——收款人开户行根据汇票收款人的开户银行填写；
——根据汇票收款人的开户银行账号填写；
——根据所申请承兑汇票的票面金额合计填写，要用大写；
——填写申请的原因和用途，如支付货款、支付工程款项等；
——审核无误后，申请单位加盖公章；
——审核无误后，申请单位加盖法定代表人名章；
——填写申请汇票的日期。

3. 出纳人员将申请银行承兑汇票的材料送交银行，银行审核通过后，双方签订银行承兑协议。银行承兑协议一式两联，内容主要包括汇票的基本内容、承兑申请人应遵守的基本条款等（图3-134）。

4. 出纳人员签发银行承兑汇票；会计主管、总经理审核银行承兑汇票无误后，分别加盖财务专用章和法定代表人名章（图3-135）。

 操作指导

单张出票金额在100万元以上的商业汇票原则上应全部通过电子商业汇票办理；单张出票金额在300万元以上的商业汇票应全部通过电子商业汇票办理。本笔业务金额80万元，可以出具纸质商业汇票。以下主要介绍纸质商业汇票的业务处理。

银行承兑汇票一式三联：第一联为卡片，由承兑银行留存备查，到期支付作为借方凭证附件；第二联为正联，由收款人开户行随托收凭证寄付款行作为借方凭证附件；第三联为存根联，留出票人存查。

银行承兑汇票的内容主要包括以下方面。

——出票日期：填写出票日期，出票日期必须使用中文大写，不得更改；
——出票人全称：填写出票人全称；
——出票人账号：填写出票人存款账户的账号；
——付款行全称：填写出票人开户银行名称；
——收款人全称：填写收款人的全称；
——收款人账号：填写收款人存款账户的账号；
——收款人开户银行：填写收款人开户银行名称；
——出票金额：填写人民币大写金额，不得更改，大写金额数字应紧接"人民币"字样填

图 3-134 银行承兑汇票承兑协议

写,不得留有空白;

——小写金额栏:填写小写金额,不得更改,大小写金额必须一致,小写金额前面应加人民币符号"¥";

——汇票到期日:填写汇票的到期日,必须使用中文大写,与出票日期填写要求相同,付款期限最长不得超过 6 个月;

——承兑协议编号:填写双方签订的承兑协议的号码;

——行号:填写承兑银行的行号;

——地址:填写承兑银行的地址;

——出票人签章:出票人加盖预留印鉴,一般为财务专用章与法定代表人名章。

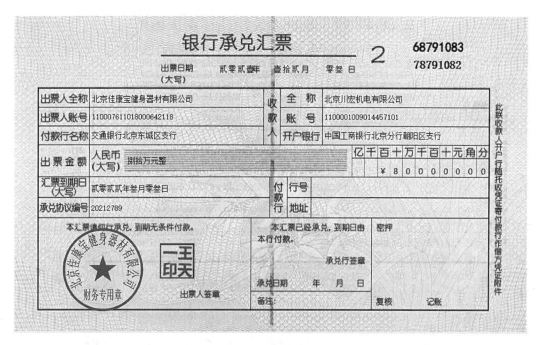

图 3-135 银行承兑汇票正联

5. 出纳将填制好的银行承兑汇票交开户银行办理承兑，开户银行在银行承兑汇票第二联承兑银行盖章处签章（图 3-136）。承兑银行按票面金额的万分之五收取承兑手续费，手续费支出凭证如图 3-137 所示。

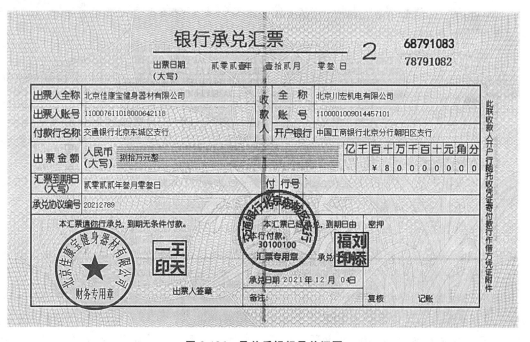

图 3-136 承兑后银行承兑汇票

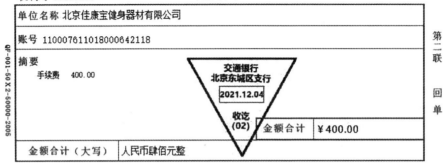

图 3-137 手续费支出凭证

操作指导

（1）商业汇票既可以在出票时向付款人提示承兑后使用，也可以在出票后先使用再向付款人提示承兑。付款人拒绝承兑的，必须出具拒绝承兑的证明。付款人承兑汇票后，应当承担到期付款的责任。银行承兑汇票的出票人或持票人向银行提示承兑时，银行的信贷部门负责按照有关规定和审批程序，对出票人的资格、资信、购销合同和汇票记载的内容进行认真审查，必要时可由出票人提供担保。

（2）银行承兑汇票的承兑银行，应按票面金额的一定比例向出票人收取手续费，银行承兑汇票手续费为市场调节价。

6. 银行承兑汇票交对方单位，用于支付货款。

7. 制单会计根据银行承兑汇票编制支付材料款的转账凭证（图 3-138），根据银行付款通知书编制支付承兑手续费的付款凭证（图 3-139）。

8. 会计主管审核记账凭证，审核完毕的记账凭证交记账会计登记应付票据等明细账，交出纳人员登记银行存款日记账（图 3-140）及应付票据备查簿（表 3-4）。主管会计、记账会计、出纳分别在记账凭证上签字（签字后凭证略）。

9. 2022 年 3 月 4 日，佳康宝公司收到银行转来的银行承兑汇票托收凭证付款通知联（图 3-141），制单会计编制记账凭证（图 3-142）。

操作指导

按照银行承兑协议的规定，付款单位（申请人）应于银行承兑汇票到期前将票款足额交存其开户银行（承兑银行）。承兑银行应在汇票到期日或到期日后的见票当日支付票款。承兑银行存在合法抗辩事由拒绝支付的，应自接到商业汇票的次日起 3 日内，出具拒绝付款证明，连同商业银行承兑汇票邮寄持票人开户银行转交持票人。银行承兑汇票的出票人于汇票到期日未能足额交存票款时，承兑银行除凭票向持票人无条件付款外，对出票人尚未支付的汇票金额按照每天万分之五计收利息。

记 账 凭 证

转 字第××号

2021年12月04日

摘要	总账科目	明细科目	借方金额 亿千百十万千百十元角分	贷方金额 亿千百十万千百十元角分	√
支付材料款	应付账款	北京川宏	8 0 0 0 0 0 0 0		
	应付票据	北京川宏		8 0 0 0 0 0 0 0	
合　　　计			￥8 0 0 0 0 0 0 0	￥8 0 0 0 0 0 0 0	

会计主管：　　　　记账：　　　　复核：　　　　出纳：　　　　制单：**米乐**

图 3-138　记账凭证

付 款 凭 证

出纳编号 _____

贷方科目：**银行存款**　　2021年12月04日　　制单编号 **略**

对方单位	摘要	借方科目		金额	记账符号
		总账科目	明细科目	千百十万千百十元角分	
	银行承兑汇票手续费	财务费用	手续费	4 0 0 0 0	
合　计				￥4 0 0 0 0	

会计主管：　　　　记账：　　　　稽核：　　　　出纳：　　　　制单：**米乐**

图 3-139　付款凭证

银行存款日记账

2021年		凭证		对方科目	摘要	借方 亿千百十万千百十元角分	贷方 亿千百十万千百十元角分	借或贷	余额 亿千百十万千百十元角分	√
月	日	种类	号数							
12	1				期初余额			借	7 8 8 0 0 0 0 0	
					……					
12	4	银付	略	财务费用	银行承兑汇票手续费		4 0 0 0 0	借	略	

图 3-140　银行存款日记账

表 3-4 应付票据备查簿

出票人	票据号码	汇票签发日	汇票到期日	票面金额	收款人/被背书人	备注
北京佳康宝	78791082	2021.12.03	2022.03.03	800 000.00	北京川宏	

托收凭证（付款通知） 5

委托日期 2022 年 03 月 03 日 付款期限 年 月 日

业务类型	委托收款（□邮划、☑电划） 托收承付（□邮划、□电划）			
付款人 全称	北京佳康宝健身器材有限公司	收款人 全称	北京川宏机电有限公司	
付款人 账号	110007611018000642118	收款人 账号	1100001009014457101	
付款人 地址	北京 省 市/县 开户行 交通银行北京东城区支行	收款人 地址	北京 省 市/县 开户行 中国工商银行朝阳区支行	
金额	人民币（大写）捌拾万元整		亿千百十万千百十元角分：¥ 8 0 0 0 0 0 0 0	
款项内容	货款	托收凭据名称	银行承兑汇票 78791082	附寄单证张数 1
商品发运情况	已发		合同名称号码	202134
备注： 付款人开户银行收到日期 年 月 日 复核 记账	交通银行北京东城区支行 2022.03.04 转讫 (01) 付款人开户银行签章 2022 年 03 月 04 日		付款人注意： 1. 根据支付结算方法，上列委托收款（托收承付）款项在付款期限内未提出拒付，即视为同意付款，以此代付款通知。 2. 如需提出全部或部分拒付，应在规定期限内，将拒付理由书并附债务证明退交开户银行。	

(2005) 10×17.5公分 交15 角直印刷 0512-65011886

此联付款人开户银行给付款人按期付款通知

图 3-141 托收凭证付款通知联

付 款 凭 证

出纳编号

贷方科目：银行存款 2022 年 03 月 04 日 制单编号 略

对方单位	摘要	借方科目 总账科目	借方科目 明细科目	金额（千百十万千百十元角分）	记账符号
	银行承兑汇票到期付款	应付票据	北京川宏	8 0 0 0 0 0 0 0	
合计				¥ 8 0 0 0 0 0 0 0	

附凭证 1 张

会计主管： 记账： 稽核： 出纳： 制单：米乐

图 3-142 付款凭证

10. 会计主管审核记账凭证,审核完毕的记账凭证交记账会计登记应付票据明细账,交出纳人员登记银行存款日记账(图3-143)及应付票据备查簿(表3-5)。主管会计、记账会计、出纳分别在记账凭证上签字(签字后付款凭证略)。

银行存款日记账

2022年		凭证		对方科目	摘要	借方									贷方									借或贷	余额									√
月	日	种类	号数			亿	千	百	十	万	千	百	十	元	角	分	亿	千	百	十	万	千	百	十	元	角	分		亿	千	百	十	万	千	百	十	元	角	分	
3	1				期初余额																							借			1	3	7	7	9	0	0	0	0	
					……																																		
3	4	银付	略	应付票据	银行承兑汇票到期付款															8	0	0	0	0	0	0	0	借									略			

图 3-143 银行存款日记账

表 3-5 应付票据备查簿

出票人	票据号码	汇票签发日	汇票到期日	票面金额	收款人/被背书人	备 注
北京佳康宝	78791082	2021.12.03	2022.03.03	800 000.00	北京川宏	2022.03.04 付款

任务 2:银行承兑汇票收款

【作业场景】

2021年12月10日,佳康宝公司收到的面值300 000元的银行承兑汇票到期。该汇票为北京天健健身器材有限公司于2021年8月10日出具,期限为4个月。12月11日,佳康宝公司将该银行承兑汇票委托银行办理收款。

【工作流程】

银行承兑汇票收款业务处理流程如图 3-144 所示,具体程序如下。

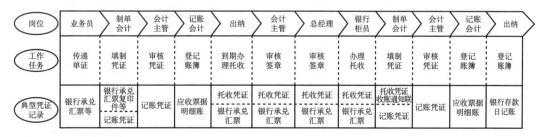

图 3-144 银行承兑汇票收款业务处理流程

1. 收到银行承兑汇票,制单会计依据银行承兑汇票复印件(图3-145)编制记账凭证(图3-146)。

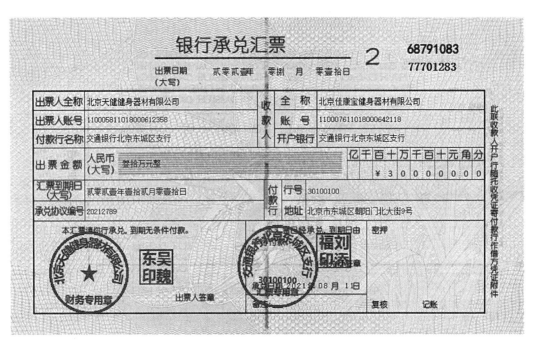

图 3-145 银行承兑汇票正联

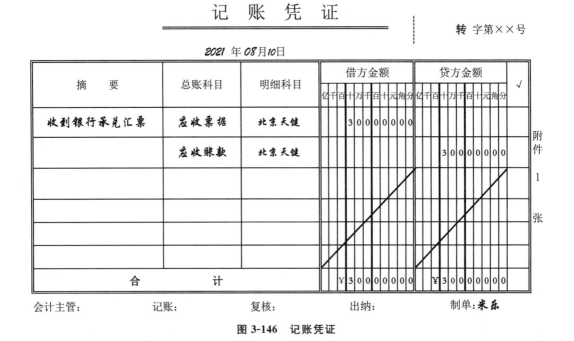

图 3-146 记账凭证

2. 会计主管审核记账凭证。审核完毕的记账凭证交记账会计登记应收账款明细账和应收票据明细账,出纳人员登记应收票据备查簿(表 3-6)。会计主管和记账会计在记账凭证上签字(签字后的记账凭证略)。

表 3-6　应收票据备查簿

出票人	票据号码	汇票签发日	汇票到期日	票面金额	收款人/被背书人	贴现金额	备注
北京天健	77701283	2021.08.10	2021.12.10	300 000.00	北京佳康宝		

3. 2021 年 12 月 11 日票据到期，出纳填写银行承兑汇票背面（图 3-147）及一式五联的托收凭证（图 3-148），填好的托收凭证和银行承兑汇票交财务经理和总经理进行审核后，加盖财务专用章及法定代表人名章。

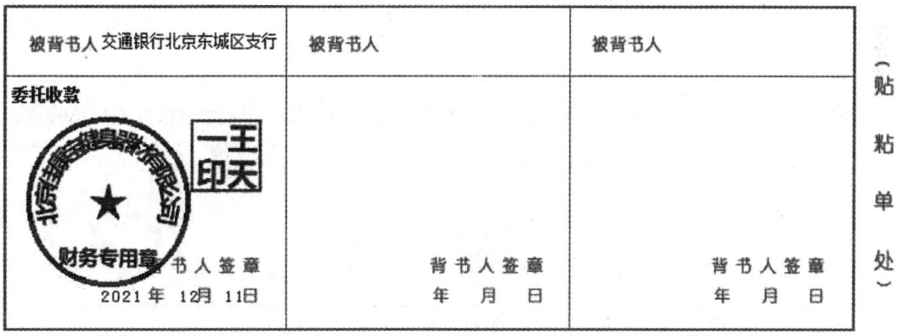

被背书人 交通银行北京东城区支行	被背书人	被背书人
委托收款 北京佳康宝健身器材有限公司 财务专用章　王天印 背书人签章 2021 年 12月 11日	背书人签章 年　月　日	背书人签章 年　月　日

（贴粘单处）

图 3-147　银行承兑汇票背面

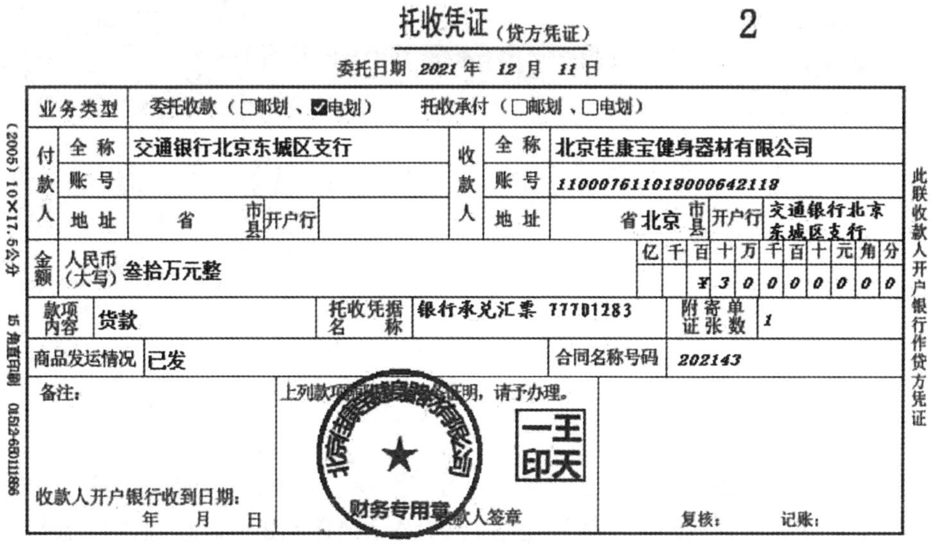

托收凭证（贷方凭证）　2

委托日期 2021 年 12 月 11 日

业务类型	委托收款（□邮划、☑电划）　托收承付（□邮划、□电划）					
付款人	全称	交通银行北京东城区支行	收款人	全称	北京佳康宝健身器材有限公司	
	账号			账号	110007611018000642118	
	地址	省　市/县　开户行		地址	省 北京 市/县　开户行 交通银行北京东城区支行	
金额	人民币（大写）叁拾万元整				亿 千 百 十 万 千 百 十 元 角 分：¥ 3 0 0 0 0 0 0 0	
款项内容	货款	托收凭据名称	银行承兑汇票 77701283	附寄单证张数	1	
商品发运情况	已发		合同名称号码	202143		
备注： 收款人开户银行收到日期： 年　月　日	上列款项随附有关债务证明，请予办理。 北京佳康宝健身器材有限公司 财务专用章　王天印 收款人签章		复核：　记账：			

此联收款人开户银行作贷方凭证

(2005) 10×17.5公分　15 角宜印刷　0812-6811886

图 3-148　托收凭证

操作指导

（1）商业汇票的到期日可以按月计算也可以按日计算。按月计算时，到期日为到期月的对日，如2021年12月8日出票、期限2个月的商业汇票，到期日为2022年2月8日。但月末签发的票据无论大小月均以到期月的月末为到期日。按日计算时，应按实际经历的天数计算，且算头不算尾，或算尾不算头。

（2）商业汇票办理委托收款时应进行背书。背书必须记载被背书人名称和背书人签章。未记载上述事项之一的，背书无效。背书时应当记载背书日期。未记载背书日期的，视为在汇票到期日前背书。

（3）在汇票到期日，收款人应填写一式五联的托收凭证，在其中"托收凭证名称"栏内注明"银行承兑汇票"字样及汇票号码，在银行承兑汇票的正联背面加盖预留银行的印鉴章，将银行承兑汇票和托收凭证一起送交开户银行，委托其开户行收款。银行审查无误后，办理收款手续，并将盖章后的托收凭证第一联退回收款单位作为收款通知，按照规定办理汇票收款业务。

4. 银行出纳将审核无误的银行承兑汇票和托收凭证送交银行，委托银行收款。银行受理后将托收凭证受理回单联（图3-149）交申请人。

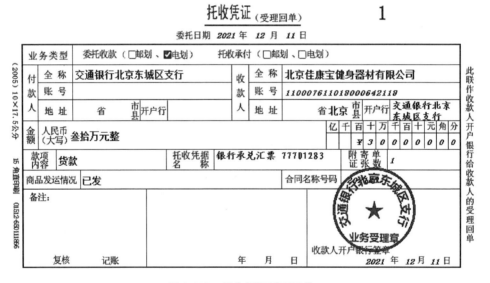

图3-149 托收凭证受理回单

5. 开户银行收取款项后，出纳将银行转来的托收凭证收账通知联（图3-150）交给制单会计，由制单会计编制记账凭证（图3-151）。

6. 制单会计将编制的记账凭证交由会计主管审核。审核完毕的记账凭证交记账会计登记应收票据明细账，交出纳人员登记银行存款日记账（图3-152）及应收票据备查簿（表3-7）。记账会计、出纳分别在记账凭证上签字（签字后记账凭证略）。

图 3-150 托收凭证收账通知联

收 款 凭 证

借方科目：**银行存款**　　2021年 12 月 11 日　　制单编号 略

对方单位	摘要	贷方科目		金额	记账符号
		总账科目	明细科目	千百十万千百十元角分	
	收到银行承兑汇票款	应收票据	北京天健	３０００００００	
	合　　　计			￥３０００００００	

会计主管：　　记账：　　稽核：　　出纳：　　制单：**米乐**

附凭证 1 张

图 3-151 收款凭证

银行存款日记账

2021年		凭证		对方科目	摘要	借方	贷方	借或贷	余额	√
月	日	种类	号数			亿千百十万千百十元角分	亿千百十万千百十元角分		亿千百十万千百十元角分	
12	1				期初余额			借	７８８０００００	
					……					
12	4	银付	略	财务费用	银行承兑汇票手续费		４００００	借	略	
					……					
12	11	银收	略	应收票据	收到银行承兑汇票款	３０００００００		借	略	

图 3-152 银行存款日记账

表 3-7　应收票据备查簿

出票人	票据号码	汇票签发日	汇票到期日	票面金额	收款人/被背书人	贴现金额	备　　注
北京天健	77701283	2021.08.10	2021.12.10	300 000.00	北京佳康宝		2021.12.11 收款

任务 3：商业承兑汇票付款

【作业场景】

2021 年 12 月 8 日，佳康宝公司向广州鸿荣机械有限公司采购原材料，收到对方开具的增值税专用发票，材料已验收入库。双方协商以期限为 2 个月、面值为 10 396 元的商业承兑汇票结算货款。

【工作流程】

商业承兑汇票付款业务处理流程如图 3-153 所示，具体程序如下。

岗位	出纳	会计主管	总经理	制单会计	会计主管	记账会计	银行柜员	制单会计	会计主管	记账会计	出纳
工作任务	填制单证	审核并承兑	审核并承兑	填制凭证	审核凭证	登记账簿	支付款项	填制凭证	审核凭证	登记账簿	登记账簿
典型凭证记录	商业承兑汇票	商业承兑汇票	商业承兑汇票	商业承兑汇票、发票等 / 记账凭证	记账凭证	应付票据等明细账	托收凭证付款通知联	托收凭证付款通知联 / 记账凭证	记账凭证	应付票据等明细账	银行存款日记账

图 3-153　商业承兑汇票付款业务处理流程

1. 佳康宝公司出纳人员根据审核无误的增值税专用发票（图 3-154）签发商业承兑汇票（图 3-155）；会计主管、总经理审核商业承兑汇票，确认无误后在出票人处签章。

操作指导

商业承兑汇票一式三联，第一联为卡片联，由承兑人留存；第二联为汇票联，由收款人开户银行随结算凭证寄付款人开户银行作付出传票附件；第三联为存根联，由出票人留存。

填写商业承兑汇票时，内容包括以下方面。

——填写出票日期，出票日期必须使用中文大写，不得更改；

——填写付款人的全称；

——填写付款人存款账户的账号；

——填写付款人开户银行名称；

——填写收款人的全称；

——填写收款人存款账户的账号；

——填写收款人开户银行名称；

——填写人民币大写金额，不得更改，大写金额数字应紧接"人民币"字样填写，不得留

图 3-154　增值税专用发票

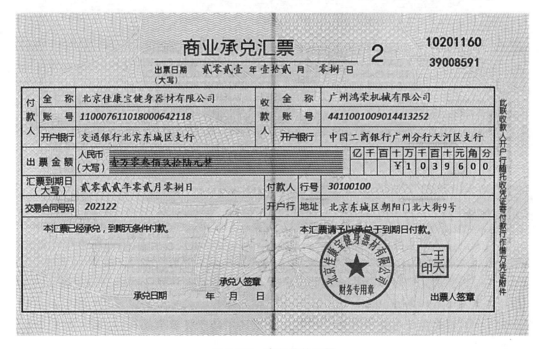

图 3-155　商业承兑汇票

有空白；

——填写小写金额，不得更改，大小写必须一致，前面加人民币符号"￥"；

——填写汇票的到期日，必须使用中文大写，与出票日期要求相同，付款期限最长不得超过 6 个月；

——填写双方签订的交易合同号码；

——填写付款人开户银行的行号；

——填写付款人开户银行的地址；
——承兑人签章，为其预留银行的签章；
——填写承兑日期；
——出票人签章，为该单位的财务专用章或者公章加其法定代表人或者其授权的代理人的签名或盖章。

2. 佳康宝公司承兑票据，会计主管、总经理审核后，在商业承兑汇票第二联"承兑人签章"处加盖预留银行印鉴（图3-156）。

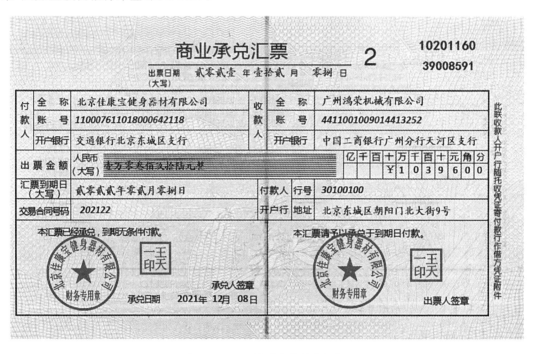

图3-156 承兑后商业承兑汇票

操作指导

商业汇票可以由付款人签发，也可以由收款人签发。商业汇票可以在出票时向付款人提示承兑后使用，也可以在出票后先使用再向付款人提示承兑。付款人承兑商业汇票，应当在汇票正面记载承兑字样和承兑日期并签章。定日付款或者出票后定期付款的商业汇票，持票人应当在汇票到期日前向付款人提示承兑。见票后定期付款的汇票，持票人应当自出票日起1个月内向付款人提示承兑。汇票未按照规定期限提示承兑的，持票人丧失对其前手的追索权。

商业汇票的付款人接到出票人或持票人向其提示承兑的汇票时，自收到提示承兑的汇票之日起3日内承兑或者拒绝承兑。付款人拒绝承兑的，必须出具拒绝承兑的证明。付款人承兑商业汇票，不得附有条件；承兑附有条件的，视为拒绝承兑。

3. 商业承兑汇票交对方单位支付材料采购款。
4. 制单会计根据采购发票、商业承兑汇票编制购买材料的记账凭证（图3-157）。
5. 会计主管审核记账凭证。审核完毕的记账凭证交记账会计登记应付票据等明细账，出纳人员登记应付票据备查簿（表3-8）。

记账凭证

转 字第××号

2021 年 12 月 08 日

摘要	总账科目	明细科目	借方金额 亿千百十万千百十元角分	贷方金额 亿千百十万千百十元角分	√
采购原材料	原材料	行程开关限位片	9 2 0 0 0 0		
	应交税费	应交增值税（进项税额）	1 1 9 6 0 0		
	应付票据	广州鸿荣		1 0 3 9 6 0 0	
合计			¥1 0 3 9 6 0 0	¥1 0 3 9 6 0 0	

附件 2 张

会计主管：　　　记账：　　　复核：　　　出纳：　　　制单：米乐

图 3-157　记账凭证

表 3-8　应付票据备查簿

出票人	票据号码	汇票签发日	汇票到期日	票面金额	收款人/被背书人	备注
北京佳康宝	39008591	2021.12.08	2022.02.08	10 396.00	广州鸿荣	

6. 2022 年 2 月 9 日，佳康宝公司收到银行转来的商业承兑汇票托收凭证付款通知联（图 3-158），确认无误，通知银行付款。

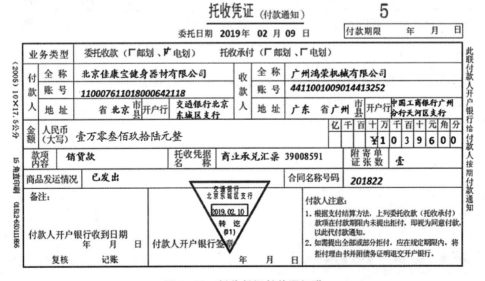

图 3-158　托收凭证付款通知联

> **操作指导**

商业承兑汇票的付款人开户银行收到通过委托收款寄来的商业承兑汇票及托收凭证，将商业承兑汇票留存，并及时通知付款人。付款人收到开户银行的付款通知，应在当日通知银行付款。付款人在接到通知日的次日起3日内（遇法定休假日顺延）未通知银行付款的，视同付款人承诺付款，银行应于付款人接到通知日的次日起第4日（遇法定休假日顺延）上午开始营业时，将票款划给持票人。银行办理划款时，付款人存款账户不足支付的，应填制付款人未付票款通知书，连同商业承兑汇票邮寄持票人开户银行转交持票人。付款人存在合法抗辩事由拒绝支付的，应自接到商业汇票的次日起3日内，将拒绝付款证明送交开户银行，银行将拒绝付款证明连同商业银行承兑汇票邮寄持票人开户银行转交持票人。

7. 银行付款后，制单会计根据托收凭证付款通知编制记账凭证（图3-159）。

付款凭证

出纳编号：_____

贷方科目：**银行存款**　　2022年02月09日　　制单编号：略

对方单位	摘要	借方科目		金额	记账符号	附凭证
		总账科目	明细科目	千百十万千百十元角分		
	商业汇票到期付款	应付票据	广州鸿荣	1039600		1张
	合　计			1039600		

会计主管：　　　记账：　　　稽核：　　　出纳：　　　制单：米乐

图3-159　付款凭证

8. 会计主管审核记账凭证。审核完毕的记账凭证交记账会计登记应付票据明细账，交出纳人员登记银行存款日记账（图3-160）及应付票据备查簿（表3-9）。主管会计、记账会计、出纳分别在记账凭证上签字（签字后记账凭证略）。

银行存款日记账

2022年		凭证		对方科目	摘要	借方	贷方	借或贷	余额	√
月	日	种类	号			亿千百十万千百十元角分	亿千百十万千百十元角分		亿千百十万千百十元角分	
2	1				期初余额			借	89753200	
					……					
2	9	银付	略	应付票据	商业汇票到期付款		1039600	借	略	

图3-160　银行存款日记账

表 3-9　应付票据备查簿

出票人	票据号码	汇票签发日	汇票到期日	票面金额	收款人/被背书人	备注
北京佳康宝	39008591	2021.12.08	2022.02.08	10 396.00	广州鸿荣	2022.02.09 付款

任务 4：商业承兑汇票收款

【作业场景】

2021年12月10日，佳康宝公司向上海富康按摩椅有限公司销售一批整机芯，销售价款12 678.6元，开具了增值税专用发票，商品已发出。双方协商以商业承兑汇票结算货款，收到对方开具的2个月到期的商业承兑汇票。

【工作流程】

商业承兑汇票收款业务处理流程如图 3-161 所示，具体程序如下。

岗位	业务员	制单会计	会计主管	记账会计	出纳	会计主管	总经理	银行柜员	制单会计	会计主管	记账会计	出纳
工作任务	传递单证	填制凭证	审核凭证	登记账簿	到期办理托收	审核签章	审核签章	办理托收	填制凭证	审核凭证	登记账簿	登记账簿
典型凭证记录	销售发票 商业承兑汇票	销售发票等 记账凭证	记账凭证	应收票据明细账	托收凭证 商业承兑汇票	托收凭证 商业承兑汇票	托收凭证 商业承兑汇票	托收凭证 商业承兑汇票	托收凭证 收账通知联	记账凭证	应收票据明细账	银行存款日记账

图 3-161　商业承兑汇票收款业务处理流程

1. 收到上海富康按摩椅有限公司交来的商业承兑汇票，制单会计依据增值税发票记账联（图 3-162）和商业承兑汇票（图 3-163）编制记账凭证（图 3-164）。

图 3-162　增值税发票

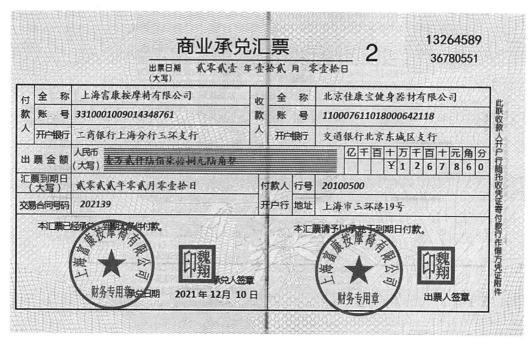

图 3-163　商业承兑汇票

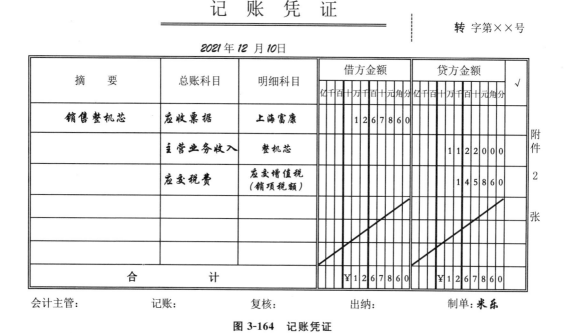

图 3-164　记账凭证

2. 会计主管审核记账凭证。审核完毕的记账凭证交记账会计登记应收票据等明细账，出纳人员登记应收票据备查簿（表 3-10）。

表 3-10　应收票据备查簿

出票人	票据号码	汇票签发日	汇票到期日	票面金额	收款人/被背书人	贴现金额	备　注
上海富康	36780551	2021.12.10	2022.02.10	12 678.60	北京佳康宝		

3. 2022 年 2 月 10 日票据到期。2 月 11 日出纳填写商业承兑汇票背面(图 3-165)及托收凭证(图 3-166),会计主管、总经理审核委托收款托收凭证,确认无误后在商业承兑汇票背面及托收凭证贷方凭证联次上分别加盖财务专用章及法定代表人名章。出纳到银行办理商业承兑汇票到期收款。

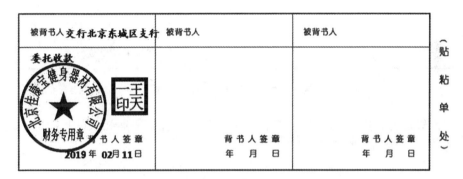

图 3-165　商业承兑汇票背面

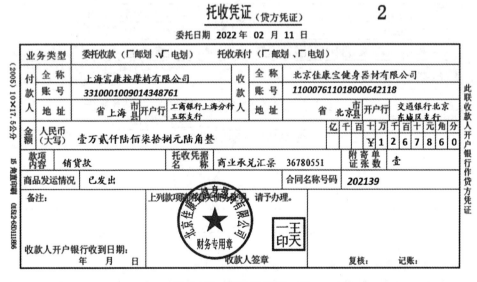

图 3-166　托收凭证第一联

4. 出纳人员去银行办理委托收款业务,银行受理托收业务并加盖银行业务受理章(图 3-167)。

托收凭证（受理回单）　　1

委托日期 2022 年 02 月 11 日

业务类型	委托收款（□邮划、☑电划）　托收承付（□邮划、□电划）					
付款人	全称	上海富康按摩椅有限公司	收款人	全称	北京佳康宝健身器材有限公司	
	账号	3310001009014348761		账号	110007611018000642118	
	地址	省上海市/县　开户行 工商银行上海分行玉环支行		地址	省 北京市/县　开户行 交通银行北京东城区支行	
金额	人民币（大写）壹万贰仟陆佰柒拾捌元陆角整				亿千百十万千百十元角分：¥12678 60	
款项内容	销货款	托收凭据名称	商业承兑汇票 36780551	附寄单证张数	壹	
商品发运情况	已发出		合同名称号码	202139		
备注： 复核　记账		年　月　日		收款人开户银行签章（交通银行北京东城区支行 业务受理章）年　月　日		

此联作收款人开户银行给收款人的受理回单

图 3-167　托收凭证受理回单联

5. 开户银行收取款项后，出纳将银行转来的托收凭证收账通知联（图 3-168）交给制单会计，由制单会计编制记账凭证（图 3-169）。

托收凭证（汇款依据或收账通知）　　4

委托日期 2022 年 02 月 11 日　　付款期限　年　月　日

业务类型	委托收款（□邮划、☑电划）　托收承付（□邮划、□电划）					
付款人	全称	上海富康按摩椅有限公司	收款人	全称	北京佳康宝健身器材有限公司	
	账号	3310001009014348761		账号	110007611018000642118	
	地址	省上海市/县　开户行 工商银行上海分行玉环支行		地址	省 北京市/县　开户行 交通银行北京东城区支行	
金额	人民币（大写）壹万贰仟陆佰柒拾捌元陆角整				亿千百十万千百十元角分：¥12678 60	
款项内容	销货款	托收凭据名称	商业承兑汇票 36780551	附寄单证张数	壹	
商品发运情况	已发出		合同名称号码	202139		
备注： 复核　记账		上列款项已划回收入你方账户内。（交通银行北京东城区支行 2022.02.14 转讫（01））收款人开户银行签章 年　月　日				

此联付款人开户行凭以汇款或收款人开户银行作收账通知

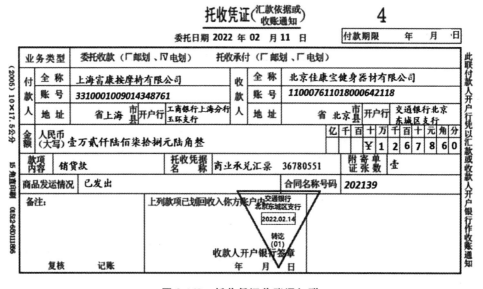

图 3-168　托收凭证收账通知联

6. 制单会计将编制的记账凭证交由会计主管审核。审核完毕的记账凭证交记账会计登记应收票据明细账，交出纳人员登记银行存款日记账（图 3-170）及应收票据备查簿（表 3-11）。记账会计、出纳人员分别在记账凭证上签字（签字后记账凭证略）。

收 款 凭 证

借方科目：**银行存款**　　2022 年 02 月 14 日　　出纳编号 _____
　　　　　　　　　　　　　　　　　　　　　　　制单编号 **略**

对方单位	摘 要	贷方科目		金　额	记账符号
		总账科目	明细科目	千百十万千百十元角分	
	收到商业承兑汇票款	应收票据	上海富康	12 678 60	
	合　计			¥12 678 60	

附凭证 **1** 张

会计主管：　　记账：　　稽核：　　出纳：　　制单：**米乐**

图 3-169　收款凭证

银行存款日记账

2022年		凭证		对方科目	摘　要	借　方	贷　方	借或贷	余　额	√
月	日	种类	号数			亿千百十万千百十元角分	亿千百十万千百十元角分		亿千百十万千百十元角分	
2	1				期初余额			借	89 753 200	
					……					
2	9	银付	略	应付票据	商业汇票到期付款		10 396 00	借	略	
					……					
2	14	银收	略	应收票据	收到商业汇票款	12 678 60		借	略	

图 3-170　银行存款日记账

表 3-11　应收票据备查簿

出票人	票据号码	汇票签发日	汇票到期日	票面金额	收款人/被背书人	贴现金额	备　注
上海富康	36780551	2021.12.10	2022.02.10	12 678.60	北京佳康宝		2022.02.14 收款

任务 5：商业汇票贴现

【作业场景】

2021 年 12 月 14 日，佳康宝公司因经营需要将到期日为 2022 年 1 月 15 日，3 个月期限的银行承兑汇票到银行贴现,年贴现率为 4.8%(异地结算贴现期加算 3 天)。

【工作流程】

商业汇票贴现业务处理流程如图 3-171 所示,具体程序如下。

岗位	出纳	出纳	出纳	会计主管	总经理	银行	制单会计	会计主管	记账会计	出纳
工作任务	准备资料	背书票据	填制票据	审核签章	审核签章	办理贴现	填制凭证	审核凭证	登记账簿	登记账簿
典型凭证记录	银行承兑汇票等	银行承兑汇票	贴现凭证 贴现合同	银行承兑汇票等 贴现凭证、贴现合同	银行承兑汇票等 贴现凭证、贴现合同	贴现凭证 收账通知等 记账凭证	记账凭证	应收票据明细账	银行存款日记账

图 3-171 商业汇票贴现业务处理流程

1. 佳康宝公司出纳人员准备申请办理银行承兑汇票贴现的相关资料如下。

(1) 银行承兑汇票及其复印件(图 3-172)。

(2) 营业执照复印件。

(3) 税务登记证复印件。

(4) 组织机构代码证复印件。

(5) 法定代表人身份证明、经办人身份证明及其复印件。

(6) 股东会决议。

(7) 购销合同及其复印件。

(8) 增值税专用发票及其复印件。

(9) 银行要求提供的其他资料。

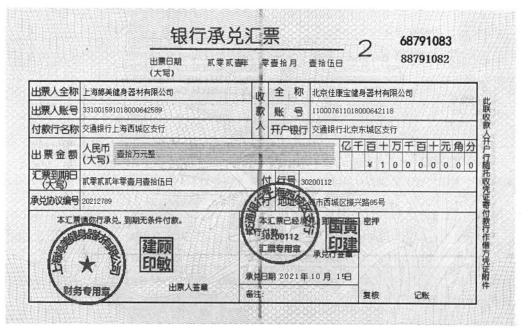

图 3-172 银行承兑汇票

操作指导

商业汇票的持票人向银行办理贴现必须具备下列条件。
（1）在银行开立存款账户的企业法人及其他组织。
（2）与出票人或者直接前手之间具有真实的商品交易关系。
（3）提供与其直接前手之间的增值税发票和商品发运单据复印件。

2. 出纳人员对银行承兑汇票背书（图 3-173）并填写贴现凭证及贴现合同（图 3-174、图 3-175）。出纳将填好的银行承兑汇票、贴现合同、贴现凭证等资料交财务经理和总经理审核完毕，加盖单位公章及法定代表人名章。

图 3-173　银行承兑汇票背面

图 3-174　商业汇票贴现凭证

 操作指导

商业汇票的收款人或被背书人需要资金时，可持承兑汇票向其开户银行申请贴现，填制贴现凭证。票据贴现凭证共有五联，第一联银行作贴现的借方凭证；第二联银行作持票人账户贷方凭证；第三联银行作贴现利息贷方凭证；第四联银行给持票人的收账通知；第五联由

银行承兑汇票贴现合同

贴字〔2021〕第000186号

贴现人：交通银行北京东城区支行 （以下称甲方）

贴现申请人：北京佳康宝健身器材有限公司 （以下称乙方）

乙方因生产或生活需要，持下列壹张未到期的银行承兑汇票金额人民币 100000.00 ，向甲方申请贴现，银行承兑汇票的具体内容如下：

收款人	全　称	北京佳康宝健身器材有限公司		
	开户银行	交通银行北京东城区支行	账　号	110007611018000642118
出票人	全　称	上海婷美健身器材有限公司		
	开户银行	交通银行上海西城区支行	账　号	331001591018000642589
	承兑汇票	银行承兑汇票	汇票编号	88791082
	出票日期	贰零贰壹年零拾壹月壹拾伍日	到期日期	贰零贰贰年零壹月壹拾伍日

甲方经审查，同意办理乙方上列汇票的贴现。现甲、乙双方依据《中华人民共和国票据法》、中国人民银行《支付结算方法》《贷款通则》等有关规定，经过友好协商，就下列条款达成一致，特订立本合同。

一、贴现利率为：月利率 4‰ 。

二、贴现期限：自 贰零贰壹 年 壹拾贰 月 壹拾肆 日至 贰零贰贰 年 零壹 月 壹拾伍 日止。

三、在上列汇票到期前，甲方依据有关规定及时向汇票承兑人或付款人提示付款。如甲方实际收妥贴现票款的时间超过贴现天数，按照逾期贷款规定计收罚息。甲方有权从乙方存款账户扣收有关金额。

四、本合同有效期间，甲方有权检查乙方的经营活动情况，乙方应予配合并定期向甲方报送真实的会计报表及生产经营计划。

五、保证条款：

1. 乙方将真实、有效并经甲方认可的上列银行承兑汇票交甲方持有；
2. 上列银行承兑汇票应以转让背书方式转至甲方名下；
3. 乙方应将与其直接前手之间的增值税发票原件及复印件、商品交易合同及商品发运单据复印件提供给甲方；
4. 甲方对乙方保留完全的无条件的追索权，一旦甲方及时向汇票付款人提示付款，遭汇票付款人拒付，至本合同项下全部汇票金额不能如期足额收回时，乙方必须无条件承担清偿全部汇票本金、应付利息（包括逾期罚息）及甲方为实现本合同项下债权发生的所有费用的责任。
5. 乙方向甲方郑重声明，贴现项下所依据的"交易合同"是合法的、真实的、绝无任何虚伪或欺诈情形。如甲方发现乙方办理贴现的动机不于套取资金时，乙方自愿承担由此引起的一切法律责任并立即将票金额向甲方全额赎回上述汇票。乙方对此无任何异议。

六、乙方如遇机构调整及经济结构发生变化，危及甲方资金安全时，甲方有权要乙方提前归还贴现款项，以赎回票据。乙方对此无任何异议。

七、贴现凭证（可代申请书）为本合同不可分割的部分，具有同等法律效力。

八、本合同适用中华人民共和国法律，如甲、乙双方发、纠纷争议，应通过协商解决。协商不成的，任一方可以：

向贴现银行所在地人民法院起诉或向 北京 仲裁委员会申请裁决。

本合同经办理赋予强制执行效力的公证后，若本合同项下贴现期限届满，甲方未获汇票付款人支付全额票款，乙方亦未按本合同支付全部汇票金额的，甲方有权直接向有管辖权人民法院申请对乙方的强制执行。

九、如本贴现有保证人的，保证人应对贴现的汇票、本金、应付利息（包括逾期罚息）及甲方为实现本合同下债权发生的所有费用承担连带责任保证。

十、其他约定事项：

十一、本合同正式一式 二 份，甲、乙双方各执一份。本合同自签章之日起生效。

甲方：（签章）　　　　　　　　　　　乙方：（签章）

法定代表人（授权代理人）（签章）　　法定代表人（委权代理人）（签章）

签署日期：　　年　　月　　日　　　　签署日期：　　年　　月　14　日

图3-175　银行承兑汇票贴现合同

银行会计部门按到期日排列保管。贴现凭证主要内容包括以下方面。

——填写票据贴现的日期；

——填写贴现凭证的连续编号，便于审阅与装订；

——填写票据贴现申请人的全称、银行账号及开户银行；

——贴现票据的种类，是商业承兑汇票还是银行承兑汇票；汇票号码，可以判断汇票的真伪；出票日，申请人申请汇票，银行出票的日期；到期日，票据上记载的票据到期的日子，用于判断票据的有效期；

——汇票承兑人，付款人一旦承兑，该付款人则成为承兑人，就负有无条件付款的义务；

——填写承兑人的账号，在银行开立存款账户的，商业承兑汇票必须记载其账号；

——填写承兑人的开户银行名称；

——填写汇票的金额，金额以中文大写和阿拉伯数字同时记载，二者必须一致；

——贴现率是指商业银行办理票据贴现业务时，按一定的利率计算利息；贴现利息＝票据面额×年贴现率×贴现后到期天数/360天；

——实付金额为银行实际支付的价格，其值为汇票金额与贴现利息的差值；

——填写银行付款的日期，并盖银行的专用章；

——填写与贴现有关的补充资料；

——加盖银行预留印鉴。

3. 出纳将审核无误的银行承兑汇票、贴现凭证、银行承兑汇票贴现合同及其他资料送交银行，向银行申请银行承兑汇票贴现。银行办理完毕，将贴现凭证收账通知联（图 3-176）和银行承兑汇票贴现合同第一联（图 3-177）交申请人。

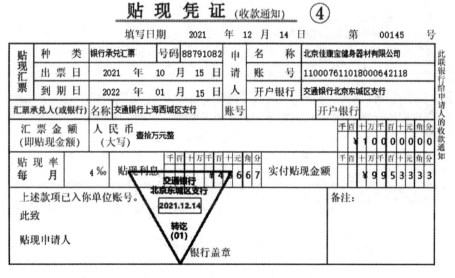

图 3-176　贴现凭证收账通知联

操作指导

符合条件的商业汇票的持票人可持未到期的商业汇票连同贴现凭证向银行申请贴现。贴现银行可持未到期的商业汇票向其他银行转贴现，也可向中国人民银行申请再贴现。贴现、转贴现、再贴现时，应作成转让背书，并提供贴现申请人与其直接前手之间的增值税发票和商品发运单据复印件。

贴现、转贴现和再贴现的期限从贴现之日起至汇票到期日止。实付贴现金额按票面金额扣除贴现日至汇票到期前 1 日的利息计算。承兑人在异地的，贴现、转贴现和再贴现的期限及贴现利息的计算应另加 3 天的划款日期。

银行承兑汇票贴现合同

贴字〔2021〕第000186号

贴现人：交通银行北京东城区支行　　　　　　　　　　　　　（以下称甲方）

贴现申请人：北京佳康宝健身器材有限公司　　　　　　　　　（以下称乙方）

乙方因生产或生活需要，持下列壹张未到期的银行承兑汇票金额人民币 100000.00　　，向甲方申请贴现，银行承兑汇票的具体内容如下：

收款人	全　称	北京佳康宝健身器材有限公司		
	开户银行	交通银行北京东城区支行	账　号	110007611018000642118
出票人	全　称	上海婷美健身器材有限公司		
	开户银行	交通银行上海西城区支行	账　号	331001591018000642589
	承兑汇票	银行承兑汇票	汇票编号	88791082
	出票日期	贰零贰壹年零壹月壹拾伍日	到期日期	贰零贰贰年零壹月壹拾伍日

甲方经审查，同意办理乙方上列汇票的贴现。现甲、乙双方依照《中华人民共和国票据法》、中国人民银行《支付结算方法》《贷款通则》等有关规定，经过友好协商，就下列条款达成一致，特订立本合同。

一、贴现利率为：月利率 4‰　　　　　　。

二、贴现期限：自 贰零贰壹年 壹拾贰 月 壹拾肆 日至 贰零贰贰年 零壹 月 壹拾伍 日止。

三、在上列汇票到期前，甲方依据有关规定及时向汇票承兑人或付款人提示付款。如甲方实际收受贴现票款的时间超过贴现天数，按照逾期贷款规定计收罚息。甲方有权从乙方存款账户扣收有关金额。

四、本合同有效期间，甲方有权检查乙方的经营活动情况，乙方应予配合并定期向甲方报送真实的会计报表及生产经营计划。

五、保证条款：

1. 乙方将真实、有效并经甲方认可的上列银行承兑汇票交甲方持有；

2. 上列银行承兑汇票应以转让背书方式转至甲方名下；

3. 乙方应将与其直接前手之间的增值税发票原件及复印件、商品交易合同及商品发运单据复印件提供给甲方；

4. 甲方对乙方保留完全的无条件的追索权，一旦甲方及时向汇票付款人提示付款，遭汇票付款人拒付，至本合同项下全部汇票金额不能如期足额收回时，乙方必须无条件承担清偿全部汇票本金、应付利息（包括逾期罚息）及甲方为实现本合同项下债权发生的所有费用的责任；

5. 乙方向甲方郑重声明，贴现项下所依据的"交易合同"是合法的、真实的、绝无任何虚伪或欺诈情形。如甲方发现乙方办理贴现的动机在于套取资金时，乙方自愿承担由此引起的一切法律责任并立即按票金额向甲方全额赎回上述汇票。乙方对此无任何异议。

六、乙方如遇机构调整及经济结构发生变化，危及甲方资金安全时，甲方有权要乙方提前归还贴现款项，以赎回票据。乙方对此无任何异议。

七、贴现凭证（可代申请书）为本合同不可分割的部分，具有同等法律效力。

八、本合同适用中华人民共和国法律，如甲、乙双方发生、纠纷争议，应通过协商解决。协商不成的，任一方可以：

向贴现银行所在地人民法院起诉或向 北京　　　　　　　　仲裁委员会申请裁决。

本合同经办理赋予强制执行效力的公证后，若本合同项下贴现期限届满，甲方未获汇票付款人支付全额票款，乙方亦未按本合同支付全部汇票金额的，甲方有权直接向有管辖权人民法院申请对乙方的强制执行。

九、如本贴现有保证人，保证人对贴现的汇票、本金、应付利息（包括逾期罚息）及甲方为实现本合同下债权发生的所有费用承担连带责任保证。

十、其他事项：

十一、本合同正式一式　　　份，甲、乙双方各执一份。本合同自签署签章起生效。

甲方：（签章）　　　　　　　　　　　乙方：（签章）

法定代表人（授权代理人）（签章）　　法定代表人（委权代理人）（签章）

签署日期：2021年 12月 14日　　　　签署日期：　　年　　月　14日

图3-177　银行承兑汇票贴现合同

贴现、转贴现、再贴现到期时，贴现、转贴现、再贴现银行应向付款人收取票款。不获付款的，贴现、转贴现、再贴现银行应向其前手追索票款。贴现、再贴现银行追索票款时可从申请人的存款账户收取票款。

4. 制单会计根据银行承兑汇票正联复印件、银行承兑汇票贴现合同和贴现凭证（收账通知联）编制记账凭证（图3-178）。

收 款 凭 证

出纳编号 _____

借方科目：**银行存款**　　　2021 年 12 月 14 日　　　制单编号 **略**

对方单位	摘要	贷方科目		金额	记账符号
		总账科目	明细科目	千百十万千百十元角分	
	银行承兑汇票贴现	应收票据	上海婷美	100 000 00	
		财务费用	贴现息	466 67	
		合　　计		7995	

会计主管：　　　记账：　　　稽核：　　　出纳：　　　制单：**米乐**

附凭证 3 张

图 3-178　收款凭证

5. 会计主管审核记账凭证。审核完毕的记账凭证交记账会计登记应收票据明细账和财务费用明细账，交出纳人员登记银行存款日记账（图 3-179）及应收票据备查簿（表 3-12）。主管会计、记账会计、出纳分别在记账凭证上签字（签字后记账凭证略）。

银行存款日记账

2021年		凭证		对方科目	摘要	借方	贷方	借或贷	余额	√
月	日	种类	号数			亿千百十万千百十元角分	亿千百十万千百十元角分		亿千百十万千百十元角分	
12	1				期初余额			借	788 000 00	
12	4	银付	略	财务费用	银行承兑汇票手续费		400 00	借	略	
12	11	银收	略	应收票据	收到银行承兑汇票款	300 000 00		借	略	
12	14	银收	略	应收票据	银行承兑汇票贴现	99 533 33		借	略	

图 3-179　银行存款日记账

表 3-12　应收票据备查簿

出票人	票据号码	汇票签发日	汇票到期日	票面金额	收款人/被背书人	贴现金额	备注
北京天健	77701283	2021.08.10	2021.12.10	300 000.00	北京佳康宝		2021.12.11 收款
上海婷美	88791082	2021.10.15	2022.01.15	100 000.00	北京佳康宝	99 533.33	2021.12.14 向银行贴现
上海富康	36780551	2021.12.10	2022.02.10	12 678.60	北京佳康宝		

风险及防范措施

近年来随着我国经济发展,商业汇票的应用日渐增长;但由于票据业务涉及环节多,过程复杂,持有期间相对较长,从而使其风险管理难度较大。

商业汇票常见的风险包括以下方面。

(1) 伪造风险。随着商业汇票的大量使用,伪造、编造、"克隆"汇票的情况越来越多,而且伪造手法和编造手段越来越多,可能造成企业和银行发生重大经济损失。

(2) 保管风险。银行或企业持有汇票期间(纸质汇票有效期为 6 个月,电子汇票有效期为 12 个月),由于没有妥善保管,造成汇票损毁、丢失,电子汇票数据被篡改等情况。

(3) 承兑风险。具体表现为承兑人到期不兑付、超期提示承兑、逾期提示付款等。汇票不承兑就无法得到实际支付,持票人的票据利益便不能得到保障。

(4) 背书转让风险。在汇票发生背书业务时,没有严格按照背书要求进行背书,或者超出汇票有效期,或者汇票有效印鉴使用不规范,造成影响汇票有效性的情况发生。

(5) 贴现风险。贴现风险主要来源于:虚假业务贴现、汇票到期银行不能兑付、票据审查不严格,发生瑕疵票据贴现,以及由于监管不严,将贴现资金转移用途等。

为防范以上风险,单位在商业汇票使用中应注意以下方面。

(1) 履行风险评估程序。票据承兑人直接关系到持票人票据权利的最终实现,在接受商业汇票时,应履行相关风险评估程序,审核承兑企业的资信状况及支付能力,评估对方到期兑付的风险,尽可能只接收有良好商业信用的企业开出的商业承兑汇票。

(2) 谨慎交接、鉴别收取。承兑汇票的交付、接收双方应该建立严格交接制度,确保票据交接的安全,避免票据在交接过程中产生争议,避免在交接环节因保管不善而导致票据遗失、被盗。相关经办人员要提高票据鉴别能力,避免在实际工作中收到伪造、变造、克隆汇票,给企业造成损失。对于签章不合格的票据,应当直接拒收并要求重新签章。

(3) 若发生票据丧失,及时进行权利保全。票据丧失的,失票人可以采取及时通知票据的付款人挂失止付、在通知挂失止付后三日内或票据丧失后直接依法向人民法院申请公示催告、向人民法院提起诉讼等方式来进行救济。

(4) 要求提供担保。接收对方以商业汇票支付时,应核实单位资信情况,若发现单位资信情况不良时,可以要求单位提供担保或者要求第三人担保,以此来确保商业汇票可以承兑或者可以通过其他方式回收票据款。

(5) 积极维护票据权利。在确实因超过票据权利时效而丧失票据权利的,可通过诉讼等途径,向出票人或者承兑人主张返还与未支付的票据金额相当的利益,以维护自身合法权益;对于汇票承兑过程中发生的到期无法付款、被拒绝承兑等问题,持票人可以向背书人、出票人及汇票的其他债务人行使追索权。

对于企业来说,要通过完善内部控制来防范票据使用中的风险。单位内部对票据业务管理人员监督不到位则有可能造成从业人员违规、违法操作,造成经济利益流失;岗位设置不合理,一人多岗或一人多责,形成一人兼职不相容岗位,内部控制制度名存实亡,从而使票据业务内部监控不到位,导致票据使用中风险加大。对于企业负责票据业务的人员来说,也要坚守职业操守并及时更新票据知识和专业能力,从个人层面杜绝票据差错和舞弊的发生。

任务附注

1. 规范性引用文件

电子商业汇票业务管理办法　　票据法　　票据管理实施办法　　支付结算办法

2. 任务使用表单模板

3.6　表单模板

同步练习

一、单项选择题

1. 以下关于承兑的表述中,正确的是( )。
   A. 汇票、本票和支票都有承兑
   B. 商业承兑汇票只能由付款人签发并承兑
   C. 商业承兑汇票只能由收款人签发交由付款人承兑
   D. 承兑是指汇票付款人承诺在汇票到期日支付汇票金额的票据行为
2. 商业汇票的付款期限,最长为( )。
   A. 1个月　　　　B. 2个月　　　　C. 6个月　　　　D. 1年
3. 商业汇票的签发人为( )。
   A. 收款人　　　　　　　　　　B. 付款人
   C. 收款人开户行　　　　　　　D. 付款人或收款人
4. 以下银行结算方式,仅可以同城结算的是( )。
   A. 银行本票　　B. 银行汇票　　C. 银行承兑汇票　　D. 商业承兑汇票
5. 下列结算方式要求银行开立存款账户的法人及其他组织之间必须具有真实的交易关系或债权债务关系的是( )。
   A. 银行汇票　　B. 银行本票　　C. 商业汇票　　D. 转账支票
6. 根据支付结算法律制度的规定,持票人取得的下列票据中,须向付款人提示承兑的是( )。

A. 戊公司向Q银行申请签发的一张银行汇票

B. 丙公司取得的由P银行签发的一张银行本票

C. 丁公司收到的一张见票后定期付款的商业汇票

D. 乙公司收到的由甲公司签发的一张支票

7. 根据支付结算法律制度的规定,下列票据中,可以办理贴现的是(　　)。

　　A. 银行本票　　　B. 银行承兑汇票　　C. 转账支票　　　D. 银行汇票

8. 甲公司向乙企业购买一批原材料,开出一张票面金额为30万元的银行承兑汇票。出票日期为2月10日,到期日为5月10日。4月6日,乙企业持此汇票及有关发票和原材料发运单据复印件向银行办理了贴现。已知同期银行年贴现率为3.6%,一年按360天计算,贴现银行与承兑银行在同一城市。根据票据法律制度的有关规定,银行实付乙企业贴现金额为(　　)元。

　　A. 301 680　　　B. 298 980　　　C. 298 950　　　D. 298 320

9. 下列票据中,不属于我国《票据法》所称票据的是(　　)。

　　A. 本票　　　　B. 支票　　　　C. 汇票　　　　D. 股票

10. 根据支付结算法律制度的规定,电子承兑汇票付款期限自出票日至到期日不得超过一定期限,该期限为(　　)。

　　A. 6个月　　　B. 1年　　　　C. 3个月　　　D. 2年

二、多项选择题

1. 我国《票据法》所规定的票据包括(　　)。

　　A. 银行汇票　　B. 银行本票　　C. 商业汇票　　D. 支票

2. 单位和个人都可以采用的结算方式有(　　)。

　　A. 支票　　　　B. 银行本票　　C. 银行汇票　　D. 商业汇票

3. 商业汇票按承兑人不同,可划分为(　　)。

　　A. 商业承兑汇票　B. 银行承兑汇票　C. 现金银行汇票　D. 转账银行汇票

4. 下列属于商业汇票结算方式优点的有(　　)。

　　A. 付款人费用低　　　　　　　　B. 信誉度高,支付能力强

　　C. 提示付款期时间长　　　　　　D. 同城异地都可使用

5. 关于商业汇票贴现的下列表述中,正确的有(　　)。

　　A. 贴现是一种非票据转让行为

　　B. 贴现申请人与出票人或直接前手之间具有真实的商品交易关系

　　C. 贴现申请人是在银行开立存款账户的企业法人及其他组织

　　D. 贴现到期不获付款的,贴现银行可从贴现申请人的存款账户直接收取票款

6. 根据支付结算法律制度的规定,下列各项中,属于商业汇票持票人向银行办理贴现必须具备的条件有(　　)。

　　A. 票据未到期

　　B. 持票人与出票人或者直接前手之间具有真实的商品交易关系

　　C. 持票人是在银行开立存款账户的企业法人或者其他组织

　　D. 票据未记载"不得转让"事项

7. 根据支付结算法律制度的规定,下列关于商业汇票出票的表述中,正确的有(　　)。

A. 商业承兑汇票可以由收款人签发
B. 签发银行承兑汇票必须记载付款人名称
C. 银行承兑汇票应由承兑银行签发
D. 商业承兑汇票可以由付款人签发

8. 甲公司持有一张出票人为乙公司,金额为 100 万元,到期日为 2017 年 12 月 12 日,承兑人为 P 银行的银行承兑汇票。甲公司于 12 月 12 日去 P 银行提示付款,P 银行发现乙公司账户只有存款 20 万元。P 银行拟采取的下列做法中,正确的有(　　)。

A. 于 2017 年 12 月 12 日起对乙公司欠款 80 万元开始计收利息
B. 于 2017 年 12 月 12 日向甲公司付款 20 万元
C. 于 2017 年 12 月 12 日拒绝付款并出具拒绝付款证明
D. 于 2017 年 12 月 12 日向甲公司付款 100 万元

9. 根据支付结算法律制度的规定,下列关于商业汇票付款期限记载形式的表述中,正确的有(　　)。

A. 见票后定期付款　　　　　B. 定日付款
C. 出票后定期付款　　　　　D. 见票即付

10. 根据支付结算法律制度的规定,下列关于票据提示付款期限的表述中,正确的有(　　)。

A. 银行本票的提示付款期限自出票日起最长 10 日
B. 银行汇票的提示付款期限自出票日起 10 日
C. 远期商业汇票的提示付款期限自到期日起 10 日
D. 支票的提示付款期限自出票日起 10 日

三、判断题

1. 付款人承兑商业汇票,不得附有条件;承兑附有条件的,视为拒绝承兑。(　　)
2. 付款人对向其提示承兑的汇票,应当自收到提示承兑的汇票之日起 5 日内承兑或者拒绝承兑。(　　)
3. 商业承兑汇票信誉度高,使用、转让、贴现都非常方便,流通性强。(　　)
4. 商业汇票的背书,是指以转让商业汇票权利或者将一定的商业汇票权利授予他人行使为目的,按照法定的事项和方式在商业汇票背面或者粘单上记载有关事项并签章的票据行为。(　　)
5. 银行承兑汇票由承兑银行签发。(　　)
6. 银行承兑汇票的出票人于汇票到期日未能足额交存票款的,承兑银行可以向持票人拒绝付款。(　　)
7. 持票人申请办理商业汇票贴现,汇票必须未到期。(　　)
8. 汇票被拒绝承兑、拒绝付款或超过付款提示期限的,不得背书转让。(　　)
9. 单张出票金额在 300 万元以上的银行承兑汇票,出票人可根据实际需求,自由选择纸质汇票或电子汇票。(　　)
10. 商业汇票未按规定期限提示承兑的,持票人丧失对前手的追索权。(　　)

四、案例分析题

2021 年 3 月 3 日,甲公司为支付工程款,向乙公司签发并交付一张银行承兑汇票,出票人为甲公司,收款人为乙公司,金额为 100 万元,出票日为 2016 年 3 月 3 日,出票后 6 个月付款。该汇票由 P 银行承兑并收取手续费。4 月 1 日乙公司将该汇票背书转让给了丙公司。4 月 11 日丙公司因资金需求在 Q 银行办理了票据贴现,汇票到期后,Q 银行向 P 银行提示付款。

要求:根据上述资料,不考虑其他因素,回答以下问题。

(1) 甲公司签发银行承兑汇票应具备哪些条件?

(2) 丙公司向 Q 银行办理贴现应当具备哪些条件?

(3) Q 银行向 P 银行提示付款最后期限是什么时间?

3.7 非票据结算方式业务操作

作业场景

2021 年 12 月 3 日,佳康宝公司办理普通电汇业务向广州鸿荣机械有限公司支付材料款 702 元。

2021 年 12 月 4 日,采用托收承付结算方式(合同规定采用验货付款)向上海万达实业有限公司采购布套提手一批,价税合计 7 797 元。收到增值税专用发票,材料尚未到达,货款未支付。

12 月 5 日,开户银行收到上海万达实业有限公司托收凭证,向佳康宝公司询问是否支付款项。12 月 8 日,材料运达,佳康宝公司因产品不符合合同规定拒绝支付。

2021 年 12 月 7 日,佳康宝公司收到上海富康按摩椅有限公司汇来的购买整机芯的货款 10 000 元。

2021 年 12 月 8 日,佳康宝公司销售给上海婷美健身器材有限公司按摩垫一批,价款为 77 744 元;双方约定以委托收款方式进行结算。商品已发出,合同编号 202128。

佳康宝公司向上海万达实业有限公司购入海绵垫一批,价税合计共 61 189.50 元,双方约定采用委托收款方式结算。2021 年 12 月 14 日,佳康宝公司收到万达实业公司的销售发票及托收凭证。

2021 年 12 月 16 日,佳康宝公司销售给广州奥特健身器材有限公司整机芯一批,商品已发出,根据销售单和销售发票确认销货款价税合计共 4 972 元,款项尚未收取,合同编号 202149,双方约定采用托收承付方式进行结算。

任务目标

➢ 能正确填写和使用结算业务申请书。

➢ 能正确填写委托收款托收凭证。

➢ 能正确填写拒绝付款理由书。

➢ 能按规定流程和方法办理汇兑、委托收款及托收承付结算收付款业务。

➢ 能正确进行汇兑、委托收款及托收承付业务的会计处理。

术语和定义

1. 非票据结算

非票据结算是客户间以结算凭证为依据来清结债权债务关系的行为,如汇兑、托收承付和委托收款结算等。

2. 汇兑

汇兑是汇款人委托银行将款项汇往收款人的一种结算方式。

3. 委托收款

委托收款是收款人向银行提供收款依据,委托银行向付款人收取款项的结算方式。

4. 托收承付

托收承付是根据购销合同由收款人发货后委托银行向异地付款人收取款项,由付款人向银行承认付款的结算方式。

任务分析

1. 汇兑业务的特点及基本规定

（1）汇兑业务的特点

汇兑按照划转款项方法及传递方式的不同,可以分为信汇和电汇两种。信汇是以邮寄方式划转款项的结算方式,费用较低,到账速度较慢,目前许多银行已经取消了信汇业务,企业较少使用这种方式进行划款。电汇是以银行电子汇划系统联系的方式划转款项的结算方式,费用较高,到账速度快,是企业常用的结算方式。电汇按照款项到账的时间,可以分为普通电汇和实时电汇。实时电汇又称为加急电汇,可保证汇款人所汇款项在 2 小时内到账。汇兑结算方式的特点如下。

① 汇兑结算不受金额起点的限制,即不论汇款金额多少均可以办理信汇和电汇结算。

② 汇兑结算手续简便易行,单位或个人很容易办理。

③ 汇兑结算具有款项直接到账,到账速度快的特点。电汇是目前支付速度最快的结算方式,尤其体现在异地支付上。因此,汇兑常用于异地上下级单位之间的资金调剂、清理旧欠及往来款项的结算等。

④ 汇兑结算方式除了适用于单位之间的款项划拨外,也可用于单位对异地的个人支付有关款项,如退休工资、医药费、各种劳务费、稿酬等,还可适用于个人对异地单位所支付的有关款项,如邮购商品、书刊等。

签发汇兑凭证必须记载下列事项:表明"信汇"或"电汇"的字样;无条件支付的委托;确定的金额;收款人名称;汇款人名称;汇入地点、汇入行名称、汇出地点、汇出行名称;委托日期;汇款人签章。汇兑凭证记载的汇款人、收款人在银行开立存款账户的,必须记载其账号。汇兑凭证上欠缺上列记载事项之一的,银行不予受理。

（2）汇兑业务的基本规定

① 支取现金的规定。收款人要在汇入银行支取现金,付款人在填制信汇或电汇凭证

时，应在信（电）汇凭证"汇款金额"大写金额栏中填写"现金"字样。款项汇入异地后，收款人需携带本人的身份证件或汇入地有关单位足以证实收款人身份的证明，到银行一次性办理现金支付手续。信汇或电汇凭证上未注明"现金"字样而需要支取现金的，由汇入银行按现金管理规定审查支付；需部分支取现金的，收款人应填写取款凭证和存款凭证送交汇入银行，办理支取部分现金和转账手续。

② 留行待取的规定。汇款人将款项汇往异地需派人领取的，在办理汇款时，应在签发的汇兑凭证各联的"收款人账号或地址"栏注明"留行待取"字样。留行待取的汇款，需要指定单位的收款人领取汇款的，应注明收款人的单位名称。信汇凭印鉴支取的，应在第四联凭证上加盖预留的收款人印鉴。款项汇入异地后，收款人须携带足以证明本人身份的证件，或汇入地有关单位足以证实收款人身份的证明向银行支取款项。如信汇凭印鉴支取的，收款人必须持与预留印鉴相符的印章，经银行验对无误后，方可办理支款手续。

③ 分次支取的规定。收款人接到汇入银行的取款通知后，若收款人需要分次支取的，要向汇入银行说明分次支取的原因和情况，经汇入银行同意以收款人名义设立临时存款账户，该账户只付不收，结清为止，不计利息。

④ 转汇的规定。收款人如需将汇款转到另一地点，应在汇入银行重新办理汇款手续。转汇时，收款人和用途不得改变，汇入银行必须在信汇或电汇凭证上加盖"转汇"戳记。

⑤ 退汇的规定。汇款人对汇出银行尚未汇出的款项可以申请撤销；对已经汇出的款项可以申请退汇。汇入银行对于收款人拒绝接受的汇款，应立即办理退汇。汇入银行对于向收款人发出取款通知2个月后仍无法交付的汇款，应主动办理退汇。

2. 委托收款业务的特点及基本规定

（1）委托收款业务的特点

单位和个人凭已承兑商业汇票、债券、存单等付款人债务证明办理款项的结算，均可以使用委托收款结算方式。委托收款在同城、异地均可以使用。委托收款结算款项的划回方式，分邮寄和电报两种，由收款人选用。委托收款不受金额起点的限制，凡是收款单位发生的各种应收款项，无论金额大小，只要持有债务证明，均可委托银行进行收款。在银行或其他金融机构开立账户的单位和个体经济户的商品交易，公用事业单位向用户收取水电费、邮电费、煤气费、公房租金等劳务款项及其他应收款项，均可使用委托收款的结算方式。委托收款结算方式是建立在商业信用基础上的结算方式，银行不参与监督，不负责审查付款单位拒付理由，结算中发生的争议由双方自行协商解决。

委托收款的付款期为3天，从付款人开户银行发出付款通知的次日算起（付款期内遇节假日可以顺延）。付款人在付款期内未向银行提出异议的，银行视作同意付款，并在付款期满的次日开始营业，将款项主动划给收款人。若在付款期满前付款人通知银行提前付款，则银行即刻付款。

签发委托收款凭证必须记载下列事项：表明"委托收款"的字样；确定的金额；付款人名称；收款人名称；委托收款凭据名称及附寄单证张数；委托日期；收款人签章。欠缺记载上述事项之一的，银行不予受理。委托收款以银行以外的单位为付款人的，委托收款凭证必须记载付款人开户银行名称；以银行以外的单位或在银行开立存款账户的个人为收款人的，委托收款凭证必须记载收款人开户银行名称；未在银行开立存款账户的个人为收款人的，委托收款凭证必须记载被委托银行名称。欠缺记载的，银行不予受理。

(2) 委托收款业务的基本规定

① 付款的规定。

——以银行为付款人的,银行应在当日将款项主动支付给收款人。

——以单位为付款人的,银行应及时通知付款人,按照有关办法规定,需要将有关债务证明交给付款人的应交给付款人,并签收。

付款人应于接到通知的当日书面通知银行付款。按照有关办法规定,付款人未在接到通知日的次日起3日内通知银行付款的,视同付款人同意付款,银行应于付款人接到通知日的次日起第4日上午开始营业时,将款项划给收款人。

付款人提前收到由其付款的债务证明,应通知银行于债务证明的到期日付款。付款人未于接到通知日的次日起3日内通知银行付款,付款人接到通知日的次日起第4日在债务证明到期日之前的,银行应于债务证明到期日将款项划给收款人。

② 拒绝付款的规定。付款单位审查有关单证后,认为所发货物的品种、规格、质量等与双方签订的合同不符或因其他原因对收款单位委托内部收取的款项需要全部或部分拒绝付款的,可以办理拒绝付款。

——以银行为付款人的,应自收到委托收款及债务证明的次日起3日内出具拒绝证明连同有关债务证明、凭证寄给被委托银行,转交收款人。

——以单位为付款人的,应在付款人接到通知日的次日起3日内出具拒绝证明,持有债务证明的,应将其送交开户银行。银行将拒绝证明、债务证明和有关凭证一并寄给被委托银行,转交收款人。

③ 无款支付的规定。银行在办理划款时,付款人存款账户不足支付的,应通过被委托银行向收款人发出未付款项通知书。按照有关办法规定,债务证明留存付款人开户银行的,应将其债务证明连同未付款项通知书邮寄被委托银行转交收款人。

3. 托收承付业务的特点及基本规定

(1) 托收承付业务的特点

托收承付结算仅限收款人向异地付款人收取款项时使用。使用托收承付结算方式的收款单位和付款单位,必须是国有企业、供销合作社,以及经营管理较好,并经开户银行审查同意的城乡集体所有制工业企业。

托收承付业务使用范围较小,办理托收承付结算的款项必须是商品交易,以及因商品交易而产生的劳务供应的款项。代销、寄销、赊销商品的款项不得办理托收承付结算。收付双方使用托收承付结算必须签有购销合同,并在合同上订明使用托收承付方式结算。

托收承付的监督较为严格且信用度高。从收款单位提出托收到付款单位承付款项,每一个环节都在银行的严格监督下进行。

托收承付结算中托收办理与委托收款业务托收办理基本相同,两者不同的是,托收承付结算业务托收办理必须有商品已发运的证件,即铁路、公路、航运等运输部门签发的运单、运单副本和邮局包裹回执等凭证。

每笔托收金额的起点为10 000元。新华书店系统每笔金额的起点为1 000元。验单承付的承付期为3天;验货承付的承付期为10天。

托收承付结算方式分托收和承付两个阶段。承付方式有两种,即验单承付和验货承付。托收承付结算款项的划回方法分邮寄和电报两种,由收款人选用。

签发托收承付凭证必须记载下列事项：表明托收承付的字样；确定的金额；付款人名称及账号；收款人名称及账号；付款人开户银行名称；收款人开户银行名称；托收附寄单证张数或册数；合同名称、号码；委托日期；收款人签章。托收承付凭证上欠缺记载上列事项之一的，银行不予受理。

（2）托收承付业务的基本规定

① 托收。收款人按照签订的购销合同发货后，委托银行办理托收。

——收款人应将托收凭证并附发运证件或其他符合托收承付结算的有关证明和交易单证送交银行。收款人如需取回发运证件，银行应在托收凭证上加盖已验发运证件戳记。

——收款人开户银行接到托收凭证及其附件后，应当按照托收的范围、条件和托收凭证记载的要求认真进行审查，必要时还应查验收付款人签订的购销合同。凡不符合要求或违反购销合同发货的，不能办理。审查时间最长不得超过次日。

② 承付。付款人开户银行收到托收凭证及其附件后，应当及时通知付款人。通知的方法，可以根据具体情况与付款人签订协议，采取付款人来行自取、派人送达、对距离较远的付款人邮寄等。付款人应在承付期内审查核对，安排资金。承付货款分为验单付款和验货付款两种，由收付双方商量选用，并在合同中明确规定。

——验单付款。验单付款的承付期为3天，从付款人开户银行发出承付通知的次日算起（承付期内遇法定休假日顺延）。付款人在承付期内，未向银行表示拒绝付款，银行即视作承付，并在承付期满的次日（法定休假日顺延）上午银行开始营业时，将款项主动从付款人的账户内付出，按照收款人指定的划款方式划给收款人。

——验货付款。验货付款的承付期为10天，从运输部门向付款人发出提货通知的次日算起。对收付双方在合同中明确规定，并在托收凭证上注明验货付款期限的，银行从其规定。付款人收到提货通知后，应立即向银行交验提货通知。付款人在银行发出承付通知的次日起10天内，未收到提货通知的，应在第10天将货物尚未到达的情况通知银行。在第10天付款人没有通知银行的，银行即视作已经验货，于10天期满的次日上午银行开始营业时，将款项划给收款人；在第10天付款人通知银行货物未到，而以后收到提货通知没有及时送交银行，银行仍按10天期满的次日作为划款日期，并按超过的天数，计扣逾期付款赔偿金。采用验货付款的，收款人必须在托收凭证上加盖明显的验货付款字样戳记。托收凭证未注明验货付款，经付款人提出合同证明是验货付款的，银行可按验货付款处理。

——不论是验单付款还是验货付款，付款人都可以在承付期内提前向银行表示承付，并通知银行提前付款，银行应立即办理划款；因商品的价格、数量或金额变动，付款人应多承付款项的，必须在承付期内向银行提出书面通知，银行据以随同当次托收款项划给收款人。付款人不得在承付货款中扣抵其他款项或以前托收的货款。

③ 逾期付款。付款人在承付期满日银行营业终了时，如无足够资金支付，其不足部分即为逾期未付款项，按逾期付款处理。

——付款人开户银行对付款人逾期支付的款项，应当根据逾期付款金额和逾期天数，按每天万分之五计算逾期付款赔偿金。逾期付款天数从承付期满日算起。

——赔偿金实行定期扣付，每月计算一次，于次月3日内单独划给收款人。赔偿金的扣付列为企业销货收入扣款顺序的首位。付款人账户余额不足全额支付时，应排列在工资之前,并对该账户采取只收不付的控制办法,待一次足额扣付赔偿金后,才准予办理其他款项的支付。因此而产生的经济后果,由付款人自行负责。

——付款人开户银行对不执行合同规定、三次拖欠货款的付款人,应当通知收款人开户银行转告收款人,停止对该付款人办理托收。收款人不听劝告,继续对该付款人办理托收,付款人开户银行对发出通知的次日起1个月之后收到的托收凭证,可以拒绝受理,注明理由,原件退回。

——付款人开户银行对逾期未付的托收凭证,负责进行扣款的期限为3个月(从承付期满日算起)。在此期限内,银行必须按照扣款顺序陆续扣款。期满时,付款人仍无足够资金支付该笔尚未付清的欠款,银行应于次日通知付款人将有关交易单证(单证已做账务处理或已部分支付的,可以填制应付款项证明单)在2日内退回银行。银行将有关结算凭证连同交易单证或应付款项证明单退回收款人开户银行转交收款人,并将应付的赔偿金划给收款人。对付款人逾期不退回单证的,开户银行应当自发出通知的第3天起,按照该笔尚未付清欠款的金额,每天处以万分之五但不低于50元的罚款,并暂停付款人向外办理结算业务,直到退回单证时止。

④ 拒绝付款。对下列情况,付款人在承付期内,可向银行提出全部或部分拒绝付款。

——没有签订购销合同或购销合同未订明托收承付结算方式的款项。

——未经双方事先达成协议,收款人提前交货或因逾期交货付款人不再需要该项货物的款项。

——未按合同规定的到货地址发货的款项。

——代销、寄销、赊销商品的款项。

——验单付款,发现所列货物的品种、规格、数量、价格与合同规定不符,或货物已到,经查验货物与合同规定或发货清单不符的款项。

——验货付款,经查验货物与合同规定或与发货清单不符的款项。

——货款已经支付或计算有错误的款项。

不属于上述情况的,付款人不得向银行提出拒绝付款。

任务指导

任务1:电汇付款业务

【作业场景】

2021年12月3日,佳康宝公司办理普通电汇业务向广州鸿荣机械有限公司支付材料款702元,并支付手续费。

【工作流程】

电汇付款业务处理流程如图3-180所示,具体程序如下。

1. 出纳根据采购员交来的采购材料的增值税专用发票(图3-181),填写电汇结算业务申请书(图3-182);结算业务申请书经会计主管、总经理审核确认无误后加盖财务专用章及法定代表人名章。

岗位	出纳	会计主管	总经理	银行柜员	制单会计	会计主管	记账会计	出纳
工作任务	填制单证	审核签章	审核签章	银行办理	填制凭证	审核凭证	登记账簿	登记账簿
典型凭证记录	电汇结算业务申请书	电汇结算业务申请书	电汇结算业务申请书	电汇结算业务申请书	付款申请书、电汇结算业务申请书、记账凭证	记账凭证	明细账	银行存款日记账

图 3-180 电汇付款业务处理流程

图 3-181 采购材料增值税专用发票

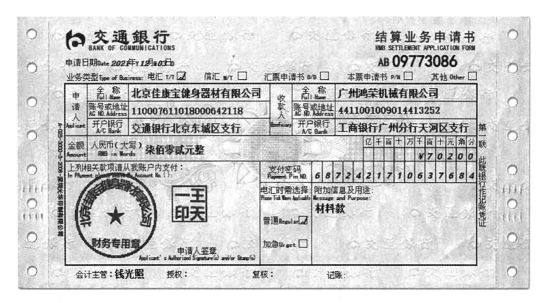

图 3-182 结算业务申请书

操作指导

各地区各金融机构不同时期印制的汇兑结算凭证样式略有差别,但需填写的项目及注意事项基本相同。有些银行将办理电汇、银行汇票、本票等业务的凭证统一样式,称为业务委托书,办理业务时,需要在相应的业务选项中打"√"。本题中结算业务申请书为一式三联,第一联是付款银行作记账凭证;第二联是收款行作记账凭证;第三联是付款行交予付款人的回单联。填写结算凭证时注意以下事项。

(1) 填写委托日期,委托日期是指汇款人向汇出银行提交汇兑凭证的当日。

(2) 填写电汇种类,如果需要加急的,在"□加急"处打"√"。

(3) 填写汇款人信息,汇款人的全称、账号、汇出行名称必须完整,汇出行地点填写明确,不得涂改、多字、漏字。

(4) 填写收款人信息,收款人的全称、账号、汇入行名称必须完整,汇入行地点填写明确,不得涂改、多字、漏字。

(5) 填写结算金额,填写大写金额时应注意顶格,大写前不得留出空白;小写最高位前加"¥",没有"角"或"分"的以 0 补足。

(6) 填写支付密码,与汇款银行签订支付密码协议的企业填写,未签订的不填写。

(7) 填写附加信息及用途,按照付款要求或实际付款用途填写。

(8) 加盖汇款人财务印鉴,在"汇款人签章"处加盖汇款人的财务印鉴。

2. 出纳持电汇结算业务申请书去银行办理电汇业务。银行根据电汇凭证所载信息,将款项从本企业账户划入收款企业账户,并将业务回单(第三联)(图 3-183)退还给企业。同时,按银行收费标准,银行对本笔电汇业务收取邮电费 5 元,手续费 0.5 元,手续费凭证如图 3-184 所示。

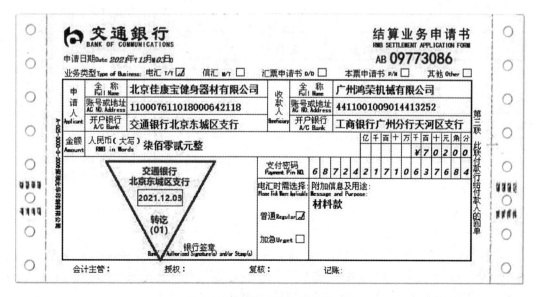

图 3-183 结算业务申请书第三联

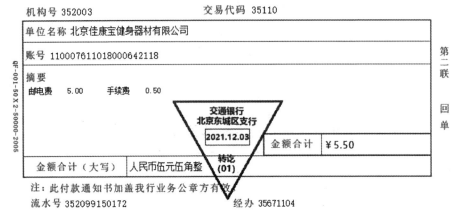

图 3-184 银行手续费收费凭证

3. 出纳将取回的结算业务申请书回单联及付款申请书交制单会计编制支付材料款的记账凭证(图 3-185),将手续费凭证交制单会计编制支付汇兑手续费的记账凭证(图 3-186)。

付 款 凭 证

出纳编号 _____

贷方科目：**银行存款**　　2021 年 12 月 03 日　　制单编号 略

对方单位	摘要	借方科目		金额	记账符号
		总账科目	明细科目	千百十万千百十元角分	
	支付材料款	原材料		62124	
		应交税费	应交增值税（进项税额）	8076	
		合计		￥70200	

会计主管：　　记账：　　稽核：　　出纳：　　制单 米乐

附凭证 2 张

图 3-185 付款凭证

4. 制单会计将记账凭证交会计主管进行审核。审核完毕的记账凭证交记账会计登记材料明细账、税费、财务费用明细账,交出纳人员登记银行存款日记账(图 3-187)。记账会计、出纳分别在记账凭证上签字(签字后记账凭证略)。

图3-186 付款凭证

图3-187 银行存款日记账

任务2：电汇收款业务

【作业场景】

2021年12月7日，佳康宝公司收到上海富康按摩椅有限公司汇来的购买整机芯的货款10 000元。

【工作流程】

电汇收款业务处理流程如图3-188所示，具体程序如下。

1. 出纳将银行转来的银行业务回单（图3-189）交制单会计，制单会计据此编制银行收款凭证（图3-190）。

2. 制单会计将记账凭证交会计主管进行审核。审核完毕的记账凭证交记账会计登记应收账款明细账，交出纳人员登记银行存款日记账（图3-191）。记账会计、出纳分别在记账凭证上签字（签字后的记账凭证略）。

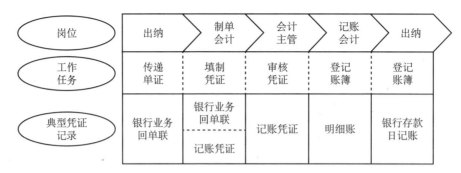

图 3-188 电汇收款业务处理流程

交通银行业务回单

2021 年 12 月 07 日　　　　　凭证编号：251097

付款人	全称	上海富康按摩椅有限公司	收款人	全称	北京佳康宝健身器材有限公司
	账号	3310010090l4348761		账号	110007611018000642118
	开户行	工商银行上海分行玉环支行		开户行	交通银行北京东城区支行

大写金额	人民币（大写）壹万元整	十亿千百十万千百十元角分 ￥1 0 0 0 0 0 0

用途：

备注：
- 业务种类：电汇
- 原凭证种类：
- 原凭证号码：
- 原凭证金额：

交通银行
北京东城区支行
2021.12.07
收讫
(02)

开户行盖章　　年　月　日

图 3-189　银行业务回单

收 款 凭 证

出纳编号：_____

借方科目：**银行存款**　　2021 年 12 月 07 日　　制单编号：**略**

对方单位	摘要	贷方科目		金额	记账符号	附凭证
		总账科目	明细科目	千百十万千百十元角分		
	收整机芯销货款	应收账款	上海富康	1 0 0 0 0 0 0		1张
	合　计			￥1 0 0 0 0 0 0		

会计主管：　　　记账：　　　稽核：　　　出纳：　　　制单：**米乐**

图 3-190　收款凭证

银行存款日记账

2021年		凭证		对方科目	摘要	借方 亿千百十万千百十元角分	贷方 亿千百十万千百十元角分	借或贷	余额 亿千百十万千百十元角分	√
月	日	种类	号数							
12	1				期初余额			借	7 8 8 0 0 0 0 0	
					……					
12	3	银付	略	原材料等	支付材料费		7 0 2 0 0	借	略	
12	3	银付	略	财务费用	支付汇兑手续费		5 5 0	借	略	
12	7	银收	略	应收账款	收整机芯销货款	1 0 0 0 0 0 0		借	略	

图 3-191 银行存款日记账

任务 3：委托收款结算收款方业务

【作业场景】

2021 年 12 月 8 日，佳康宝公司销售给上海婷美健身器材有限公司按摩垫一批，价款为 77 744 元；双方约定以委托收款方式进行结算。商品已发出，合同编号 202128。

【工作流程】

委托收款业务处理流程如图 3-192 所示，具体程序如下。

岗位	出纳	会计主管	总经理	银行柜员	制单会计	会计主管	记账会计	银行柜员	制单会计	会计主管	记账会计	出纳
工作任务	填制单证	审核签章	审核签章	银行办理	填制凭证	审核凭证	登记账簿	收到款项	填制凭证	审核凭证	登记账簿	登记账簿
典型凭证记录	托收凭证	托收凭证	托收凭证	托收凭证	托收凭证、发票等记账凭证	记账凭证	应收账款等明细账	托收凭证收账通知联	托收凭证收账通知联记账凭证	记账凭证	应收票据等明细账	银行存款日记账

图 3-192 委托收款业务处理流程

1. 出纳根据业务员交来的销售单（图 3-193）、增值税专用发票（图 3-194）填写托收凭证（图 3-195）。

销售单

购货单位：上海婷美健身器材有限公司		地址和电话：上海市西城区振兴路835弄39号，021-85236754				单据编号：34567801			
纳税识别号：330101243456567376		开户行及账号：交通银行上海西城区支行 331001591018000642589				制单日期：2021 年 12 月 08 日			
编码	产品名称		规格	单位	单价	数量	金额		备注
0001	按摩垫		JKB101	个	320.00	215	68800.00		不含税
合计	人民币（大写）：陆万捌仟捌佰元整						¥68800.00		
		销售经理：田亮		经手人：李一飞		会计：涛敏	签收人：成吉磊		

图 3-193 销售单

图 3-194 增值税专用发票

图 3-195 托收凭证

操作指导

托收凭证从银行购入，每本 25 份，每份一式五联。第一联是受理回单联，是收款人开户银行给收款人的受理回单；第二联是贷方凭证联，是收款人开户银行作贷方凭证；第三联是借方凭证联，是付款人开户银行作借方凭证；第四联是收账通知联，是付款人开户银行凭以汇款或收款人开户银行作收账通知；第五联是付款通知联，是付款人开户银行给付款人的按期付款通知。托收凭证应用蓝黑色笔填写，凭证要素不能涂改，涂改的凭证无效。具体内容如下。

——委托日期：用小写数字，委托日期是指收款人向银行提交托收凭证的当天的日期；

——业务类型：委托收款（邮划）、委托收款（电划）、托收承付（邮划）、托收承付（电划）；

——付款人全称；

——付款人账号：付款人账号栏不填，由付款银行查询后自行填写；

——付款人地址及开户银行:若票面有付款行详细地址则按地址填写;若没有,需查询该付款行隶属于何省何市(或县)后填写;

——收款人全称:填写汇票权利的最后持有人名称;

——收款人账号:填写汇票权利的最后持有人在托收行(即开户行)开立的账号;

——收款人地址及开户银行信息:填写收款单位隶属省、市(县)名称;开户行填写托收行名称;

——金额:人民币大小写金额,大小写必须一致且不得更改;大写金额数字应紧接"人民币"字样填写,不得留有空白;小写金额前面加人民币符号"￥";

——托收款项内容:如材料款、水电费、货款等;

——托收所附凭据名称:如增值税专用发票、承兑汇票等;

——托收所附寄单证张数:按照托收凭证的实际张数填写;

——商品发运情况:办理托收承付时必须填写;

——合同名称及号码:办理托收承付时必须填写;

——此栏各联次有所不同,主要填写收、付款人开户银行收到的日期及加盖银行经办人员的签章等;

——此栏各联次有所不同,主要填写收、付款人开户银行办理业务的日期及加盖银行的签章;

——此栏各联次有所不同,主要加盖收、付款人开户银行的签章。

2. 会计主管、总经理审核委托收款托收凭证,确认无误后在贷方凭证联次(图 3-196)上分别加盖财务专用章及法定代表人名章。

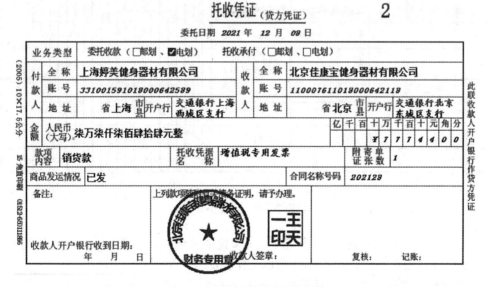

图 3-196　托收凭证贷方凭证联

3. 出纳去银行办理委托收款,银行受理托收业务并加盖银行业务受理章(图 3-197)。

4. 出纳将银行受理托收业务的受理回单、销售单及增值税发票交制单会计编制记账凭证(图 3-198)。

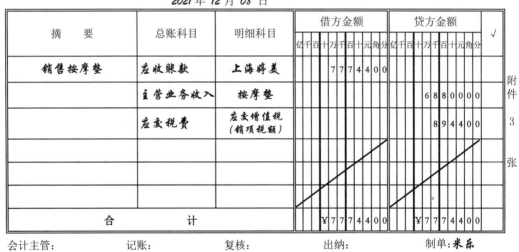

托收凭证（受理回单）　　1

委托日期 2021 年 12 月 08 日

业务类型	委托收款（□邮划、☑电划）　托收承付（□邮划、□电划）					
付款人	全称	上海婷美健身器材有限公司	收款人	全称	北京佳康宝健身器材有限公司	
	账号	331001591018000642589		账号	110007611018000642118	
	地址	上海 省 市/县　开户行 交通银行上海西城区支行		地址	北京 省 市/县　开户行 交通银行北京东城区支行	
金额	人民币（大写）柒万柒仟柒佰肆拾肆元整				亿千百十万千百十元角分	¥777400
款项内容	销货款	托收凭据名称	增值税专用发票	附寄单证张数	1	
商品发运情况	已发		合同名称号码	202128		
备注： 复核　记账		年　月　日		收款人开户银行签章 年　月　日		

（印章：交通银行北京东城区支行 业务受理章）

（2005）10×17.5公分　15角直印制 (0512-6011186)

此联作收款人开户银行给收款人的受理回单

图 3-197　托收凭证受理回单联

记　账　凭　证

转 字第××号

2021 年 12 月 08 日

摘要	总账科目	明细科目	借方金额（亿千百十万千百十元角分）	贷方金额（亿千百十万千百十元角分）	√
销售按摩垫	应收账款	上海婷美	777400		
	主营业务收入	按摩垫		688000	
	应交税费	应交增值税（销项税额）		89400	
合　　计			¥777400	¥777400	

附件 3 张

会计主管：　记账：　复核：　出纳：　制单：米乐

图 3-198　记账凭证

5. 会计主管审核记账凭证，审核完毕的记账凭证交记账会计登记应收账款等相关明细账。记账会计在记账凭证上签字(签字后的记账凭证略)。

6. 开户银行收取款项后，出纳将银行转来的托收凭证收账通知联(图 3-199)交给制单会计，由制单会计编制记账凭证(图 3-200)。

7. 制单会计将编制的记账凭证交会计主管审核。审核完毕的记账凭证交记账会计登记应收账款明细账，交出纳人员登记银行存款日记账(图 3-201)。记账会计、出纳分别在记账凭证上签字(签字后的记账凭证略)。

托收凭证（汇款依据或收账通知） 4

委托日期 2021 年 12 月 08 日　　付款期限 年 11 月 13日

业务类型	委托收款（□邮划、☑电划）　托收承付（□邮划、□电划）						
付款人	全称	上海婷美健身器材有限公司		收款人	全称	北京佳康宝健身器材有限公司	
	账号	331001591018000642589			账号	110007611018000642118	
	地址	省上海市县	开户行 交通银行上海西城区支行		地址	省北京市县	开户行 交通银行北京东城区支行
金额	人民币（大写）柒万柒仟柒佰肆拾肆元整				亿千百十万千百十元角分	¥7774400	
款项内容	销货款	托收凭据名称	增值税专用发票		附寄单证张数	1	
商品发运情况	已发				合同名称号码	202128	
备注： 复核　记账		上列款项已划回收入你方账户内。 收款人开户银行签章 年 月 日					

交通银行北京东城区支行 2021.12.10 转讫 (01)

(2005) 10×17.5公分　15 角直印制　0512-65011886

此联付款人开户行凭以汇款或收款人开户银行作收账通知

图 3-199 托收凭证收账通知

收 款 凭 证

出纳编号

借方科目：银行存款　　2021 年 12 月 10 日　　制单编号 略

对方单位	摘要	贷方科目 总账科目	贷方科目 明细科目	金额 千百十万千百十元角分	记账符号
	收按摩垫销货款	应收账款	上海婷美	7774400	
合计				¥7774400	

附凭证 1 张

会计主管：　记账：　稽核：　出纳：　制单：米乐

图 3-200 收款凭证

任务 4：委托收款结算付款方业务

【作业场景】

佳康宝公司向上海万达实业有限公司购入海绵垫一批，价税合计共 61 189.50 元，双方约定采用委托收款方式结算。2021 年 12 月 14 日，佳康宝公司收到万达实业公司的销售发票及托收凭证。

【工作流程】

委托收款结算付款方业务处理流程如图 3-202 所示，具体程序如下。

银行存款日记账

2021年		凭证		对方科目	摘要	借方									贷方									借或贷	余额									√
月	日	种类	号数			亿	千	百	十	万	千	百	十	元	角	分	亿	千	百	十	万	千	百	十	元	角	分		亿	千	百	十	万	千	百	十	元	角	分	
12	1				期初余额																							借				7	8	8	0	0	0	0	0	
		……																																					
12	3	银付	略	原材料等	支付材料费																	7	0	2	0	0	借								略			
12	3	银付	略	财务费用	支付汇兑手续费																			5	5	0	借								略			
		……																																					
12	7	银收	略	应收账款	收整机芯销货款					1	0	0	0	0	0	0											借								略			
12	10	银收	略	应收账款	收按摩垫销货款						7	7	7	4	4	0	0										借								略			

图 3-201 银行存款日记账

岗位	出纳	会计主管	银行柜员	制单会计	会计主管	记账会计	出纳
工作任务	传递凭证	审核凭证	支付款项	填制凭证	审核凭证	登记账簿	登记账簿
典型凭证记录	托收凭证付款通知联	托收凭证付款通知联	托收凭证付款通知联	托收凭证付款通知联	记账凭证	明细账	银行存款日记账
	采购发票	采购发票		记账凭证			

图 3-202 委托收款结算付款方业务处理流程

1. 2021年12月14日,佳康宝公司出纳收到上海万达实业公司开具的购货发票(图 3-203)及托收凭证的银行付款通知联(图 3-204)。

图 3-203 购货发票

托收凭证（付款通知） 5

委托日期 2021 年 12 月 14 日　　付款期限　　年　月　日

(2005) 10×17.5公分 交15 角直印刷 0E12-6011886

业务类型	委托收款（□邮划、☑电划）　托收承付（□邮划、□电划）				
付款人	全称	北京佳康宝健身器材有限公司	收款人	全称	上海万达实业有限公司
	账号	110007611018000642118		账号	331075010400012168138
	地址	北京 省 市/县　开户行 交通银行北京东城区支行		地址	上海 省 市/县　开户行 农业银行上海分行永定区支
金额	人民币（大写）陆万壹仟壹佰捌拾玖元伍角整		亿千百十万千百十元角分	¥ 6 1 1 8 9 5 0	
款项内容	销货款	托收凭据名称	增值税专用发票	附寄单证张数	1
商品发运情况	已发		合同名称号码	202112	
备注： 付款人开户银行收到日期　年　月　日 复核　记账	付款人开户银行签章 年　月　日		付款人注意： 1. 根据支付结算方法，上列委托收款（托收承付）款项在付款期限内未提出拒付，即视为同意付款，以此代付款通知。 2. 如需提出全部或部分拒付，应在规定期限内，将拒付理由书并附债务证明退交开户银行。		

此联付款人开户银行给付款人按期付款通知

图 3-204　托收凭证银行付款通知联

2. 会计主管审核有关单据，经审核无误，通知开户银行付款。

审核的主要内容包括：

(1) 委托收款凭证是否应由本单位受理。

(2) 凭证内容和所附的有关单证填写是否齐全、正确。

(3) 委托收款金额和实际应付金额是否一致，承付期限是否到期。

审核无误后，应于接到通知的当日书面通知银行付款。

3. 银行付款后，出纳将发票及托收凭证付款通知联（图 3-205）交制单会计编制记账凭证（图 3-206）。

托收凭证（付款通知） 5

委托日期 2021 年 12 月 14 日　　付款期限　　年　月　日

(2005) 10×17.5公分 交15 角直印刷 0E12-6011886

业务类型	委托收款（□邮划、☑电划）　托收承付（□邮划、□电划）				
付款人	全称	北京佳康宝健身器材有限公司	收款人	全称	上海万达实业有限公司
	账号	110007611018000642118		账号	331075010400012168138
	地址	北京 省 市/县　开户行 交通银行北京东城区支行		地址	上海 省 市/县　开户行 农业银行上海分行永定区支
金额	人民币（大写）陆万壹仟壹佰捌拾玖元伍角整		亿千百十万千百十元角分	¥ 6 1 1 8 9 5 0	
款项内容	销货款	托收凭据名称	增值税专用发票	附寄单证张数	1
商品发运情况	已发		合同名称号码	202112	
备注： 付款人开户银行收到日期　年　月　日 复核　记账	付款人开户银行签章 年　月　日		付款人注意： 1. 根据支付结算方法，上列委托收款（托收承付）款项在付款期限内未提出拒付，即视为同意付款，以此代付款通知。 2. 如需提出全部或部分拒付，应在规定期限内，将拒付理由书并附债务证明退交开户银行。		

（印章：交通银行 北京东城区支行 2021.12.14 转讫 (01)）

此联付款人开户银行给付款人按期付款通知

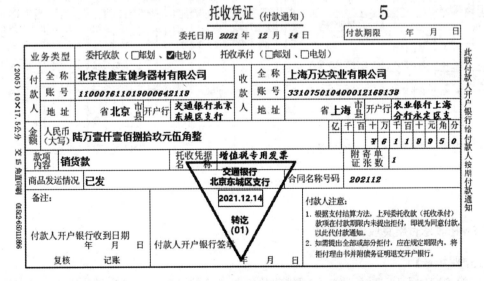

图 3-205　托收凭证付款通知联

付 款 凭 证

贷方科目：**银行存款**　　2021 年 12 月 14 日

出纳编号：_____
制单编号：**略**

对方单位	摘要	借方科目		金额	记账符号
		总账科目	明细科目	千百十万千百十元角分	
	采购原材料	原材料		5 4 1 5 0 0 0	
		应交税费	应交增值税（进项税额）	7 0 3 9 5 0	
	合　计			￥6 1 1 8 9 5 0	

附凭证 2 张

会计主管：　　　记账：　　　稽核：　　　出纳：　　　制单：**米乐**

图 3-206　付款凭证

4. 制单会计将编制的记账凭证交会计主管审核。审核完毕的记账凭证交记账会计登记原材料及税费明细账，交出纳人员登记银行存款日记账（图 3-207）。记账会计、出纳分别在记账凭证上签字（签字后记账凭证略）。

银行存款日记账

2021年		凭证		对方科目	摘要	借方	贷方	借或贷	余额	√
月	日	种类	号数			亿千百十万千百十元角分	亿千百十万千百十元角分		亿千百十万千百十元角分	
12	1				期初余额				7 8 8 0 0 0 0 0	
					……					
12	3	银付	略	原材料等	支付材料费		7 0 2 0 0	借	略	
12	3	银付	略	财务费用	支付汇兑手续费		5 5 0	借	略	
12	7	银收	略	应收账款	收整机芯销货款	1 0 0 0 0 0 0		借	略	
12	10	银收	略	应收账款	收按摩垫销货款	7 7 7 4 4 0 0		借	略	
					……					
12	14	银付	略	原材料等	采购原材料		6 1 1 8 9 5 0	借	略	

图 3-207　银行存款日记账

任务 5：托收承付结算收款方业务

【作业场景】

2021 年 12 月 16 日，佳康宝公司销售给广州奥特健身器材有限公司整机芯一批，商品已发出，根据销售单和销售发票确认销货款价税合计共 4 972 元，款项尚未收取，合同编号为

202149,双方约定采用托收承付方式进行结算。

【工作流程】

托收承付结算收款方业务处理流程如图 3-208 所示,具体程序如下。

岗位	出纳	会计主管	总经理	银行柜员	制单会计	会计主管	记账会计	银行柜员	制单会计	会计主管	记账会计	出纳
工作任务	填制单证	审核签章	审核签章	银行办理	填制凭证	审核凭证	登记账簿	收到款项	填制凭证	审核凭证	登记账簿	登记账簿
典型凭证记录	托收凭证	托收凭证	托收凭证	托收凭证	托收凭证、发票等 记账凭证	记账凭证	应收账款等明细账	托收凭证收款通知联	托收凭证、发票等 记账凭证	记账凭证	应收账款等明细账	银行存款日记账

图 3-208 托收承付结算收款方业务处理流程

1. 出纳根据销售单(图 3-209)、增值税专用发票(图 3-210)填写托收凭证(图 3-211)。

图 3-209 销售单

图 3-210 增值税发票

图 3-211 托收凭证

2. 会计主管、总经理审核委托收款托收凭证,确认无误后在贷方凭证联上分别加盖财务专用章及法定代表人名章(图 3-212)。

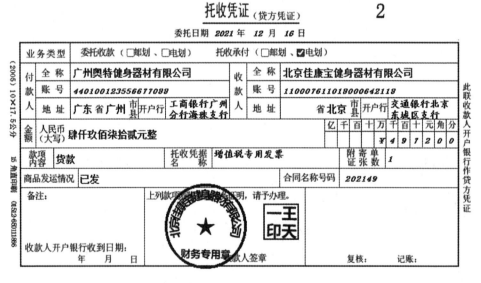

图 3-212 托收凭证贷方凭证联

3. 出纳去银行办理委托收款业务。银行根据托收凭证所载信息,加盖受理业务印章(图 3-213)。

4. 出纳将银行受理托收业务的受理回单、销售单及增值税发票交制单会计编制记账凭证(图 3-214)。

5. 会计主管审核记账凭证。审核完毕的记账凭证交记账会计登记应收账款等相关明细账。记账会计在记账凭证上签字(签字后记账凭证略)。

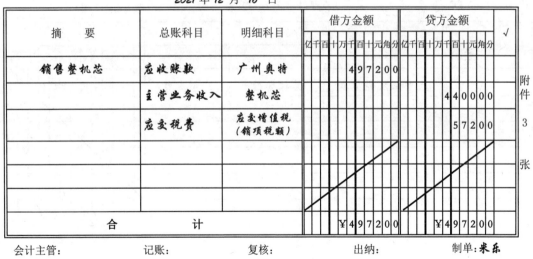

托收凭证（受理回单） 1

委托日期 2021 年 12 月 16 日

业务类型	委托收款（□邮划、☑电划）		托收承付（□邮划、☑电划）			
付款人	全称	广州奥特健身器材有限公司	收款人	全称	北京佳康宝健身器材有限公司	
	账号	440100123556677088		账号	110007611018000642118	
	地址	广东 省 广州 市/县 开户行 工商银行广州分行海珠支行		地址	省 北京 市/县 开户行 交通银行北京东城区支行	
金额	人民币（大写）	肆仟玖佰柒拾贰元整			亿千百十万千百十元角分	¥4972.00
款项内容	货款	托收凭据名称	增值税专用发票	附寄单证张数	1	
商品发运情况	已发		合同名称号码	202149		
备注： 复核 记账		年 月 日		收款人开户银行签章（交通银行北京东城区支行 业务受理章） 年 月 日		

(2005) 10×17.5公分 15 角直印制 0152-65011866

此联作收款人开户银行给收款人的受理回单

图 3-213 托收凭证银行受理回单

记 账 凭 证

转 字第××号

2021 年 12 月 16 日

摘要	总账科目	明细科目	借方金额	贷方金额	√
销售整机芯	应收账款	广州奥特	497200		
	主营业务收入	整机芯		440000	
	应交税费	应交增值税（销项税额）		57200	
合计			¥497200	¥497200	

附件 3 张

会计主管： 记账： 复核： 出纳： 制单：米乐

图 3-214 记账凭证

6. 开户银行收取款项后，出纳将托收凭证收账通知联（图 3-215）交制单会计，由制单会计编制记账凭证（图 3-216）。

7. 制单会计将编制的记账凭证交会计主管审核。审核完毕的记账凭证交记账会计登记应收账款明细账，交出纳人员登记银行存款日记账（图 3-217）。记账会计、出纳分别在记账凭证上签字（签字后记账凭证略）。

托收凭证（汇款依据或收账通知） 4

委托日期 2021 年 12 月 16 日　　付款期限　年　月　日

业务类型	委托收款（□邮划、□电划）　托收承付（□邮划、☑电划）				
付款人 全称	广州奥特健身器材有限公司		收款人 全称	北京佳康宝健身器材有限公司	
付款人 账号	440100123556677088		收款人 账号	110007611018000642118	
付款人 地址	广东省广州市/县	开户行 工商银行广州分行海珠支行	收款人 地址	省北京市/县	开户行 交通银行北京东城区支行
金额	人民币（大写）肆仟玖佰柒拾贰元整			亿千百十万千百十元角分	¥ 4 9 7 2 0 0
款项内容	货款	托收凭据名称	增值税专用发票	附寄单证张数	1
商品发运情况	已发		合同名称号码	202149	
备注： 复核　记账	上列款项已划回收入你方账户内。 收款人开户银行签章 年　月　日				

交通银行 北京东城区支行 2021.12.18 收讫 (02)

(2005) 10×17.5公分

此联付款人开户行凭以汇款或收款人开户银行作收账通知

图 3-215　托收凭证收账通知联

收　款　凭　证

出纳编号

借方科目：银行存款　　2021 年 12 月 18 日　　制单编号 略

对方单位	摘要	贷方科目 总账科目	贷方科目 明细科目	金额（千百十万千百十元角分）	记账符号
	收整机芯销货款	应收账款	广州奥特	4 9 7 2 0 0	
合计				¥ 4 9 7 2 0 0	

附凭证 1 张

会计主管：　记账：　稽核：　出纳：　制单：米乐

图 3-216　收款凭证

任务 6：托收承付结算付款方业务

【作业场景】

2021 年 12 月 4 日，佳康宝公司采用托收承付结算方式（合同规定采用验货付款）向上海万达实业有限公司采购布套提手一批，价税合计 7 797 元。收到增值税专用发票，材料尚未到达，货款未支付。

银行存款日记账

2021年		凭证		对方科目	摘要	借方	贷方	借或贷	余额	√
月	日	种类	号数			亿千百十万千百十元角分	亿千百十万千百十元角分		亿千百十万千百十元角分	
12	1				期初余额			借	78800000	
					……					
12	3	银付	略	原材料等	支付材料费		70200	借	略	
12	3	银付	略	财务费用	支付汇兑手续费		550	借	略	
					……					
12	7	银收	略	应收账款	收整机芯销货款	1000000		借	略	
					……					
12	10	银收	略	应收账款	收按摩垫销货款	7774400		借	略	
					……					
12	14	银付	略	原材料等	采购原材料		6118950	借	略	
					……					
12	18	银收	略	应收账款	收整机芯销货款	497200		借	略	

图 3-217 银行存款日记账

【工作流程】

托收承付结算方式付款方业务处理流程如图 3-218 所示,具体程序如下。

岗位	银行柜员	会计主管	银行柜员	制单会计	会计主管	记账会计	出纳
工作任务	询问企业是否付款	审核凭证	支付款项	填制凭证	审核凭证	登记账簿	登记账簿
典型凭证记录	托收凭证付款通知联、采购发票、运费发票	托收凭证付款通知联、采购发票、运费发票	托收凭证付款通知联	托收凭证付款通知联等 / 记账凭证	记账凭证	明细账	银行存款日记账

图 3-218 托收承付结算方式付款方业务处理流程

1. 12月5日,开户银行收到托收凭证,向佳康宝公司询问是否支付款项。业务原始凭证增值税专用发票如图 3-219 所示,托收凭证付款通知联如图 3-220 所示。

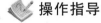操作指导

收款单位办理托收承付应填写托收凭证,托收凭证的样式、联次及填写要求与委托收款中的托收凭证相同。

2. 制单会计根据收到的有关原始凭证编制记账凭证(图 3-221)。

3. 会计主管审核记账凭证,审核完毕的记账凭证交记账会计登记应收账款等相关明细账。记账会计在记账凭证上签字(签字后记账凭证略)。

4. 12月8日,采购的布套到达企业并办理验收入库,通知开户银行支付款项。开户银行支付款项后,出纳将托收凭证付款通知联(图 3-222)交制单会计,由制单会计编制记账凭证(图 3-223)。

3100097120　　上海增值税专用发票　　№ 61074882

3100097120
61074882

发票联

开票日期：2021年12月04日

购买方	名　　称：北京佳康宝健身器材有限公司 纳税人识别号：110101102791985172 地 址、电 话：北京市东城区朝阳门北大街9号,010-23345676 开户行及账号：交通银行北京东城区支行 110007611018000642118	密码区	03*3187<4/+8490<+95-59+7<243 4987<0—>>-6>525<693719->7*7 87*3187<4/+8490<+95708681380 9<712/<1+9016>6906++>84>93/-

货物或应税劳务、服务名称	规格型号	单位	数量	单价	金额	税率	税额
*布套提手*布套提手	KB102	套	15000	0.46	6900.00	13%	897.00
合　　计					¥6900.00		¥897.00
价税合计（大写）	⊗ 柒仟柒佰玖拾柒元整				（小写）¥7797.00		

销售方	名　　称：上海万达实业有限公司 纳税人识别号：310101191234426538 0 地 址、电 话：上海永定区华江路220号，021-21167804 开户行及账号：农业银行上海分行永定区支行，331075010400012168138	备注	上海万达实业有限公司 310101191234426538 0 发票专用章

收款人：　　复核：　　开票人：方成　　销售方：（章）

税总函【XXXX】XXX号 XXXXXXX公司

第三联：发票联　购买方记账凭证

图 3-219　增值税发票

托收凭证（付款通知）　　5

委托日期 2021 年 12 月 04 日　　付款期限　　年　　月　　日

业务类型	委托收款（□邮划、□电划）　托收承付（□邮划、☑电划）					
付款人	全称	北京佳康宝健身器材有限公司	收款人	全称	上海万达实业有限公司	
	账号	110007611018000642118		账号	331075010400012168138	
	地址	省 北京 市/县　开户行 交通银行北京东城区支行		地址	省 上海 市/县　开户行 农业银行上海永定区支行	
金额	人民币（大写）柒仟柒佰玖拾柒元整				亿 千 百 十 万 千 百 十 元 角 分 ¥ 7 7 9 7 0 0	
款项内容	货款	托收凭据名称	增值税专用发票	附寄单证张数	1	
商品发运情况	已发		合同名称号码	202123		
备注： 付款人开户银行收到日期 年　月　日 复核　　记账		付款人开户银行签章 年　月　日		付款人注意： 1. 根据支付结算方法，上列委托收款（托收承付）款项在付款期限内未提出拒付，即视为同意付款，以此代付款通知。 2. 如需提出全部或部分拒付，应在规定期限内，将拒付理由书并附债务证明退交开户银行。		

此联付款人开户银行给付款人按期付款通知

（2005）10×17.5公分　交 15 角昌印刷 0152-6301188

图 3-220　托收凭证付款通知

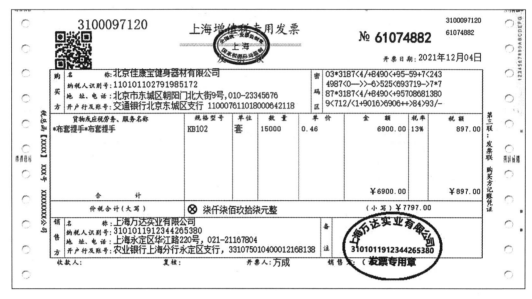

记　账　凭　证

转 字第××号

2021 年 12 月 05 日

摘　要	总账科目	明细科目	借方金额	贷方金额	√
采购布套提手	在途物资	布套提手	690000		
	应交税费	应交增值税（进项税额）	89700		
	应付账款	上海万达		779700	
合　　计			¥779700	¥779700	

附件 1 张

会计主管：　　记账：　　复核：　　出纳：　　制单：米乐

图 3-221　记账凭证

托收凭证（付款通知）　5

委托日期 2021 年 12 月 04 日　　付款期限　年　月　日

业务类型	委托收款（□邮划、□电划）　托收承付（□邮划、☑电划）				
付款人 全称	北京佳康宝健身器材有限公司		收款人 全称	上海万达实业有限公司	
账号	110007611018000642118		账号	331075010400012168138	
地址	省北京市县	开户行 交通银行北京东城区支行	地址	省上海市县	开户行 农业银行上海永建区支行
金额 人民币（大写）	柒仟柒佰玖拾柒元整		亿千百十万千百十元角分	¥779700	
款项内容	货款	托收凭据名称 增值税专用发票	附寄单证张数	1	
商品发运情况	已发		合同名称号码	202123	
备注： 付款人开户银行收到日期　年　月　日 复核　记账	付款人开户银行签章(01) 年　月　日		付款人注意： 1. 根据支付结算方法，上列委托收款（托收承付）款项在付款期限内未提出拒付，即视为同意付款，以此代付款通知。 2. 如需提出全部或部分拒付，应在规定期限内，将拒付理由书并附债务证明退交开户银行。		

交通银行 北京东城区支行 2021.12.08 转讫 (01)

此联付款人开户银行给付款人按期付款通知

(2005) 10×17.5公分　交15角直印刷　0162-6501I1886

图 3-222　托收凭证付款通知

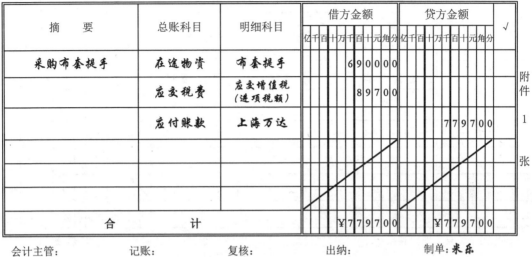

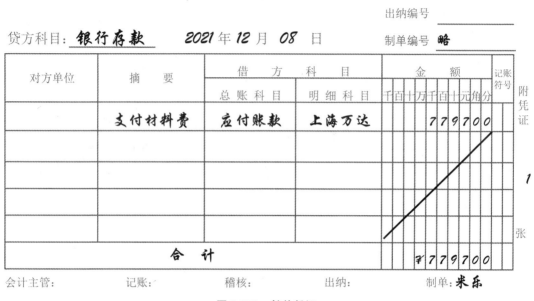

图 3-223 付款凭证

5. 制单会计将编制的记账凭证交会计主管审核。审核完毕的记账凭证交记账会计登记应付账款明细账,交出纳人员登记银行存款日记账(图 3-224)。记账会计、出纳分别在记账凭证上签字(签字后记账凭证略)。

银行存款日记账

2021年		凭证		对方科目	摘要	借方 亿千百十万千百十元角分	贷方 亿千百十万千百十元角分	借或贷	余额 亿千百十万千百十元角分	√
月	日	种类	号数							
12	1				期初余额			借	78800000	
12	3	银付	略	原材料等	支付材料费		70200	借	略	
12	3	银付	略	财务费用	支付汇兑手续费		550	借	略	
12	7	银收	略	应收账款	收整机芯销货款	1000000		借	略	
12	8	银付	略	应付账款	支付材料费		779700	借	略	

图 3-224 银行存款日记账

任务 7:采购业务拒绝支付货款

【作业场景】

12 月 5 日,开户银行收到上海万达实业有限公司托收凭证,向佳康宝公司询问是否支付款项。12 月 8 日,材料运达,佳康宝公司因产品不符合合同规定拒绝支付。

【工作流程】

托收承付结算拒绝支付业务处理流程如图 3-225 所示,具体程序如下。

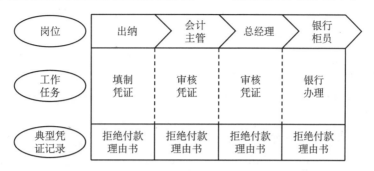

图 3-225　托收承付结算拒绝支付业务处理流程

1. 12 月 8 日,从上海万达实业有限公司采购的布套到达企业,在验收入库时,发现产品质量未达到合同要求,拒付货款。出纳填写拒绝付款理由书(图 3-226)。会计主管、总经理确认无误后在拒绝付款理由书上分别加盖财务专用章及法定代表人名章。

图 3-226　拒绝付款理由书

操作指导

付款人在承付期内,向银行提出全部或部分拒绝付款时需填写"拒绝付款理由书"。"拒绝付款理由书"一式四联:第一联作付款单位的支款通知;第二联作银行付出传票或存查;第三联作银行收入传票或存查;第四联作收款单位收账通知或全部拒付通知书。

"拒绝付款理由书"填写的项目包括以下方面。

(1) 拒付日期,即填写拒付当日的日期。

(2) 原托收号码,即托收凭证的号码。

(3) 收款人、付款人的全称、账号和开户银行,按照托收凭证填写。

(4) 托收金额,按照托收凭证上的金额填写。

(5) 拒付金额,即填写拒付的金额数。

(6)部分付款金额,若为部分拒付,则填写剩余的应付款金额,分别填写大、小写金额;若为全部拒付则不填写。

(7)附寄单证,即填写拒绝付款理由书退回银行的托收单证张数。

(8)拒付理由,即填写拒绝付款的理由。

2. 出纳去开户银行办理拒付业务。银行审查拒付理由后,同意拒付,在拒付理由书上签署意见,将第二联(银行付出传票)、第三联(银行收入传票)留下,将第一联(回单或付款通知)(图3-227)交还付款人,第四联(代通知或收账通知联)及有关单证寄交收款人开户银行。

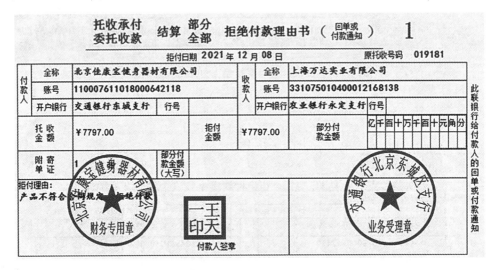

图3-227 拒绝付款理由书第一联

操作指导

付款人拒绝付款时,开户银行必须认真审查拒绝付款理由,查验合同。对于付款人提出拒绝付款的手续不全、依据不足、理由不符合规定,以及超过承付期拒付和应当部分拒付但全部拒付的,银行均不得受理,应实行强制扣款。银行同意部分或全部拒绝付款的,应在拒绝付款理由书上签注意见。部分拒付,除办理部分付款外,还应将拒付款理由书连同拒付证明和拒付商品清单邮寄收款人开户银行转交收款人。全部拒付,应将拒绝付款理由书连同拒付证明和有关单据邮寄收款人开户银行转交收款人。

风险及防范措施

非票据结算方式在我国经济活动中也是不可或缺的重要支付工具,无论汇兑还是委托收款,由于具有手续简单、速度快捷和费用较低等优势,并且不受金额起点的限制,所以被广大单位和个人广泛使用。托收承付由于限制条件较多,所以使用量越来越少。

汇兑结算方式广泛应用于异地钱货不一致(先汇款后发货)的交易结算,或者同城间收款单位对款项到账时间要求很急的结算情况。汇兑是建立在商业信用基础上的一种结算方式,使用不当或稍有不慎会给双方带来很大的风险。特别是对于购货单位来说,通过汇兑先汇款后,可能会面临对方不发货或无货可发的风险。对此,购货单位采用先汇款后发货的交易方式时,应详尽了解销货单位资信情况和供货能力,以免盲目地将款项汇出却收不到货物。如果对销货单位的资信情况和供货能力缺乏了解,可将款项汇到采购地,在采购地开立临时存款户,派人监督支付。

凡是收款单位发生的各种应收款项,无论金额大小,只要持有债务证明,均可委托银行进行收款。单位和个人凭已承兑商业汇票、债券、存单等付款人债务证明办理款项的结算,均可以使用委托收款结算方式。但银行不参与监督,银行对任何单据的格式、完整性、准确性、真实性、虚假性、法律效力或对单据中载明或附加的条款不承担责任,结算中发生的争议由双方自行协商解决。所以,如果办理委托收款的票据存在瑕疵、票据无效或票据未做成委托收款背书,会遇到拒付风险。另外,如果托收凭证关键要素填写不全或错误、托收凭证漏盖章或盖章错误,也会无法收回托收款项。为避免这些风险,办理托收时要加强对票据的审核,确保办理委托收款的票据真实有效。托收业务经办人员应认真填写托收凭证,日期、金额、收款人、付款人、开户行等关键要素必须填写正确完整;业务主管人员要对托收凭证进行认真审核并加盖单位预留银行的印鉴。

任务附注

1. 规范性引用文件

支付结算办法　　　保障中小企业款项支付条例

2. 任务使用表单模板

3.7　表单模板

同 步 练 习

一、单项选择题

1. 在同城范围内,收款单位收取公用事业费或根据国家规定,常使用(　　)进行收款。
　　A. 支票　　　　B. 汇兑　　　　C. 委托收款　　　　D. 托收承付
2. 托收承付中验单承付的承付期为(　　)。
　　A. 3天　　　　B. 5天　　　　C. 10天　　　　D. 1个月

3. 下列各项中,属于根据购销合同由收款人发货后委托银行向异地付款人收取款项,由付款人向银行承认付款的结算方式是(　　)。

　　A. 汇兑　　　　B. 信用证　　　　C. 委托收款　　　　D. 托收承付

4. 可以使用托收承付收款的业务有(　　)。

　　A. 寄销业务　　B. 赊销业务　　C. 现销业务　　D. 代销业务

5. 根据支付结算法律制度的规定,下列以汇兑方式结算的款项中,汇款人可以申请撤销的是(　　)。

　　A. 汇出银行已经汇出的款项　　　　B. 汇入银行已发出收账通知的款项
　　C. 收款人拒绝接受的款项　　　　　D. 汇出银行尚未汇出的款项

二、多项选择题

1. 签发汇兑凭证时,必须记载的事项有(　　)。

　　A. 收款人名称　　　　　　　　B. 无条件支付的委托
　　C. 确定的金额　　　　　　　　D. 委托日期

2. 办理汇兑业务需要缴纳(　　)。

　　A. 工本费　　　B. 邮电费　　　C. 手续费　　　D. 加急邮电费

3. 电汇结算的优点包括(　　)。

　　A. 款项直接到账　　　　　　　B. 付款单位费用较低
　　C. 款项到账速度快　　　　　　D. 可多留存款余额

4. 委托收款结算的优点包括(　　)。

　　A. 使用地域广　　　　　　　　B. 费用低
　　C. 到账速度快　　　　　　　　D. 收款业务无限制

5. 使用托收承付结算方式的收款方和付款方,必须是(　　)。

　　A. 国有企业　　　　　　　　　B. 供销合作社
　　C. 集体所有制工业企业　　　　D. 私营企业

6. 托收承付结算方式的缺点包括(　　)。

　　A. 仅限异地使用
　　B. 对收付款企业性质有限制
　　C. 对使用托收承付的款项有业务限制
　　D. 信誉度低

7. 根据支付结算法律制度的规定,下列关于办理汇兑业务的表述中,正确的有(　　)。

　　A. 汇款回单可以作为该笔汇款已转入收款人账户的证明
　　B. 汇兑凭证记载的汇款人、收款人在银行开立存款账户的,必须记载其账号
　　C. 汇款回单是汇出银行受理汇款的依据
　　D. 收账通知是银行将款项确已转入收款人账户的凭据

8. 根据支付结算法律制度的规定,关于委托收款结算方式的下列表述,正确的有(　　)。

　　A. 以银行以外的单位为付款人的,委托收款凭证必须记载付款人开户银行名称
　　B. 银行在为单位办理划款时,付款人存款账户不足支付的,应通知付款人交足存款
　　C. 单位凭已承兑的商业汇票办理款项结算,可以使用委托收款结算方式
　　D. 委托收款仅限于异地使用

9. 根据支付结算法律制度的规定,下列关于办理支付结算的表述中,正确的有(　　)。
   A. 结算凭证的金额以中文大写和阿拉伯数字同时记载,二者必须一致
   B. 票据上出票金额、收款人名称不得更改
   C. 票据的出票日期可以使用阿拉伯数字记载
   D. 票据上的签章为签名、盖章或者签名加盖章

10. 下列债务证明中,办理款项结算可以使用委托收款结算方式的有(　　)。
    A. 已承兑的商业汇票　　　　　　B. 支票
    C. 到期的债券　　　　　　　　　D. 到期的存单

三、判断题

1. 结算凭证金额以中文大写和阿拉伯数字同时记载,二者必须一致;二者不一致的,银行不予受理。(　　)
2. 委托收款以单位为付款人的,银行收到委托收款凭证及债务证明,审查无误后应于当日将款项主动支付给收款人。(　　)
3. 未在银行开立存款账户的个人,不能办理委托收款业务。(　　)
4. 在办理汇兑业务时,汇款人对汇出银行尚未汇出的款项可以申请撤销。(　　)
5. 汇兑结算方式仅适用于单位之间的款项划拨。(　　)
6. 汇兑按照划转款项方法及传递方式的不同,可划分为信汇和电汇。(　　)
7. 汇兑结算方式只适用于同城结算。(　　)
8. 委托收款不受金额起点的限制,收款单位发生的各种应收款项只要持有债务证明,均可委托银行进行收款。(　　)
9. 委托收款结算方式的付款期为 10 天。(　　)
10. 托收承付结算方式的金额起点是 10 000 元,新华书店是 1 000 元。(　　)

四、案例分析题

2019 年 3 月 1 日,甲公司销售给乙公司一批化肥,双方协商采取托收承付、验货付款方式办理货款结算。3 月 4 日,运输公司向乙公司发出提货单。乙公司在承付期内未向其开户银行表示拒绝付款。已知 3 月 7 日、8 日、14 日和 15 日为法定休假日。

要求:乙公司开户银行向甲公司划拨货款的日期应该是哪一天?

3.8　网上银行业务操作

> 作业场景

2021 年 12 月 5 日,因业务需要,出纳员范青青去银行开通网上银行业务。

2021 年 12 月 10 日,佳康宝公司通过网上银行向广州鸿荣机械有限公司支付材料款 230 257.11 元。

2021 年 12 月 13 日,佳康宝公司通过网上银行预收上海富康按摩椅有限公司货款 10 000 元。

任务目标

> 能按规定流程和方法办理网上银行收付款业务。
> 能正确进行网上银行业务的会计处理。

术语和定义

1. 网上银行

网上银行是指银行通过信息网络提供的金融服务，包括传统银行业务和因信息技术应用带来的新兴业务。

2. B2B 网上支付

B2B(business to business)网上支付是指商业机构之间的商业往来活动，是企业与企业之间进行的电子商务活动。

任务分析

1. 网上银行分类

近年来，随着互联网技术的发展，网上银行、第三方支付等电子化支付方式得到快速发展。网上银行就是银行在互联网上设立虚拟银行柜台，使传统的银行服务不再通过物理的银行分支机构来实现，而是借助于网络与信息技术手段在互联网上实现。因此，网上银行也称网络银行。网上银行又被称为"3A 银行"，因为它不受时间、空间限制，能够在任何时间（Anytime）、任何地点（Anywhere）、以任何方式（Anyway）为客户提供金融服务。按照不同的标准，网上银行可以分为不同的类型。

按主要服务对象分为企业网上银行和个人网上银行。企业网上银行主要适用于企事业单位，企事业单位可以通过企业网络银行实时了解财务运作情况，及时调度资金，轻松处理大批量的网络支付和工资发放业务。

按经营组织分为分支型网上银行和纯网上银行。分支型网上银行是指现有的传统银行利用互联网作为新的服务手段，建立银行站点，提供在线服务而设立的网上银行；纯网上银行本身就是一家银行，是为提供在线银行服务而专门成立的，因而也被称为只有一个站点的银行。

2. 企业网上银行的主要业务功能

目前，网上银行利用互联网和 HTML 技术，能够为客户提供综合、统一、安全、实时的银行服务，包括提供对私、对公的全方位银行业务，还可以为客户提供跨国支付与清算等其他贸易和非贸易的银行业务服务。

企业网上银行子系统目前能够支持所有的对公企业客户，能够为客户提供网上账务信息服务、资金划拨、网上 B2B 支付和批量支付等服务，使集团公司总部能对其分支机构的财务活动进行实时监控，随时获得其账户的动态情况，同时还能为客户提供 B2B 网上支付。其主要业务功能包括以下方面。

(1) 账户信息查询。能够为企业客户提供账户信息的网上在线查询、网上下载和电子邮件发送账务信息等服务,包括账户的昨日余额、当前余额、当日明细和历史明细等。

(2) 支付指令。支付指令业务能够为客户提供集团、企业内部各分支机构之间的账务往来,同时也能提供集团、企业之间的账务往来,并且支持集团、企业向他行账户进行付款。

(3) B2B 网上支付。B2B 网上支付能够为客户提供网上 B2B 支付平台。

(4) 批量支付。能够为企业客户提供批量付款(包括同城、异地及跨行转账业务)、代发工资、一付多收等批量支付功能。企业客户负责按银行要求的格式生成数据文件,通过安全通道传送给银行,银行负责系统安全及业务处理,并将处理结果反馈给客户。

任务指导

任务 1:网上银行业务申请

【作业场景】

2021 年 12 月 5 日,因业务需要,出纳员范青青去银行开通网上银行业务。

【工作流程】

开通网上银行业务流程如图 3-228 所示,具体流程如下。

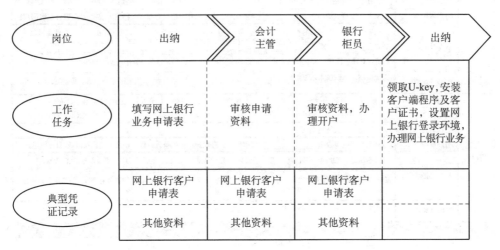

图 3-228 开通网上银行业务流程

1. 出纳员准备开办企业网上银行需要的材料,填写网上银行业务申请表(图 3-229、图 3-230);会计主管和总经理对申请表进行审核,确认无误后,加盖企业印鉴。

一般来说,开通对公账户企业网上银行需要有以下材料。

(1) 开户许可证原件或企业基本存款账户编号;

(2) 营业执照正、副本原件;

(3) 税务登记证正本原件;

(4) 组织机构代码证正本原件;

交通银行企业网银客户新增（变更）申请表

2021年 12 月 05日   编号：

客户名称	北京佳康宝健身器材有限公司			账号/客户号	110007611018000642118
申请项目	☑注册 ☐变更（包含注销网银账户等） ☐注销（网银客户号） ☐恢复（网银客户号）				
	网银客户号（变更/注销必填）：				

是否新增或变更网银信息： ☑是 ☐否				
客户类型（单选）	☑普通网银客户 ☐联合在线客户 ☐e通理财客户 ☐银银平台客户 ☐其他_____			
授权顺序（单选）	☑有序授权 ☐无序授权	企业付款复核（单选）	☑开通 ☐不开通	
财务发放复核（单选）	☑开通，复核人数（1）人 ☐不开通	证书类型	☐交行CA ☐CFCA	
向下兼容授权（单选）	☐开通 ☑不开通（注：开通此选项后，级别高的授权员可以代替比其等级低的授权员进行授权操作）			
网银综合服务费付费账号	北京佳康宝健身器材有限公司	付费账号户名	110007611018000642118	
网银汇划手续费付费账号	北京佳康宝健身器材有限公司	付费账号户名	110007611018000642118	
付费周期	☐逐笔收费 ☐按日汇总收费 ☐按月汇总收费 ☐人工收费			

☑新增用户信息 ☐变更用户信息 ☐注销用户信息

用户1	姓名：范青青	登录名：范青青	性别：☐男 ☑女	手机号：13812345678
	编号：001	证件种类：身份证	号码：110112199608191422	证件有效期2035年08月30日
	登录方式：☐密码 ☐证书 USBKey序号：			国籍：
	用户权限	☑录入 ☐授权级别_____ ☐审批 ☐直联操作 ☐管理权限 ☐法人授权权限（联合在线用户）		
	业务功能	☐账务查询 ☐网银交易查询 ☐企业付款 ☐财务通 ☐国际业务 ☐电子商业汇票 ☐收益通宝 ☐电子商务 ☐配置服务 ☐票据查询 ☐对账单管理 ☐定期/通知存款 ☐同业存款 ☐同业理财 ☐离岸汇款业务 ☐离岸代发业务 ☐离岸存款业务 ☐离岸理财业务 ☐离岸资金池业务 ☐离岸查询业务 ☐离岸对账单管理 ☐离岸贷款业务 ☐离岸信用证业务 ☐离岸客户服务 ☐其他_____		
	可操作账户	☐无限制 ☐仅限以下账户：		

用户2	姓名：钱光照	登录名：钱光照	性别：☑男 ☐女	手机号：13987654321
	编号：002	证件种类：身份证	号码：110105199007075317	证件有效期2030年06月30日
	登录方式：☐密码 ☐证书 USBKey序号：			国籍：
	用户权限	☐录入 ☐授权级别_____ ☑审批 ☐直联操作 ☐管理权限 ☐法人授权权限（联合在线用户）		
	业务功能	☐账务查询 ☐网银交易查询 ☐企业付款 ☐财务通 ☐国际业务 ☐电子商业汇票 ☐收益通宝 ☐电子商务 ☐配置服务 ☐票据查询 ☐对账单管理 ☐定期/通知存款 ☐同业存款 ☐同业理财 ☐离岸汇款业务 ☐离岸代发业务 ☐离岸存款业务 ☐离岸理财业务 ☐离岸资金池业务 ☐离岸查询业务 ☐离岸对账单管理 ☐离岸贷款业务 ☐离岸信用证业务 ☐离岸客户服务 ☐其他_____		
	可操作账户	☐无限制 ☐仅限以下账户：		

用户3	姓名：王天一	登录名：王天一	性别：☑男 ☐女	手机号：15011115678
	编号：003	证件种类：身份证	号码：110112198602111511	证件有效期2028年12月01日
	登录方式：☐密码 ☐证书 USBKey序号：			国籍：
	用户权限	☐录入 ☐授权级别_____ ☐审批 ☐直联操作 ☑管理权限 ☐法人授权权限（联合在线用户）		
	业务功能	☐账务查询 ☐网银交易查询 ☐企业付款 ☐财务通 ☐国际业务 ☐电子商业汇票 ☐收益通宝 ☐电子商务 ☐配置服务 ☐票据查询 ☐对账单管理 ☐定期/通知存款 ☐同业存款 ☐同业理财 ☐离岸汇款业务 ☐离岸代发业务 ☐离岸存款业务 ☐离岸理财业务 ☐离岸资金池业务 ☐离岸查询业务 ☐离岸对账单管理 ☐离岸贷款业务 ☐离岸信用证业务 ☐离岸客户服务 ☐其他_____		
	可操作账户	☐无限制 ☐仅限以下账户：		

是否新增或变更业务功能：☐是 ☐否

注销业务功能	☐账务查询 ☐网银交易查询 ☐企业付款 ☐财务通 ☐国际业务 ☐电子商业汇票 ☐收益通宝 ☐电子商务 ☐配置服务 ☐票据查询 ☐对账单管理 ☐定期/通知存款 ☐同业存款 ☐同业理财 ☐离岸汇款业务 ☐离岸代发业务 ☐离岸存款业务 ☐离岸理财业务 ☐离岸资金池业务 ☐离岸查询业务 ☐离岸对账单管理 ☐离岸贷款业务 ☐离岸信用证业务 ☐离岸客户服务 ☐其他_____
新增业务功能（注：新增的账务类功能请设置授权模式）	☐账务查询 ☐网银交易查询 ☐企业付款 ☐财务通 ☐国际业务 ☐电子商业汇票 ☐收益通宝 ☐电子商务 ☐配置服务 ☐票据查询 ☐对账单管理 ☐定期/通知存款 ☐同业存款 ☐同业理财 ☐离岸汇款业务 ☐离岸代发业务 ☐离岸存款业务 ☐离岸理财业务 ☐离岸资金池业务 ☐离岸查询业务 ☐离岸对账单管理 ☐离岸贷款业务 ☐离岸信用证业务 ☐离岸客户服务 ☐其他_____ 以上业务的用户限额：☐无限制 ☐有限制：单笔限额_____（万元）单日累计_____（万元） ☐账务查询 ☐网银交易查询 ☐企业付款 ☐财务通 ☐国际业务 ☐电子商业汇票 ☐收益通宝 ☐电子商务 ☐配置服务 ☐票据查询 ☐对账单管理 ☐定期/通知存款 ☐同业存款 ☐同业理财 ☐离岸汇款业务 ☐离岸代发业务 ☐离岸存款业务 ☐离岸理财业务 ☐离岸资金池业务 ☐离岸查询业务 ☐离岸对账单管理 ☐离岸贷款业务 ☐离岸信用证业务 ☐离岸客户服务 ☐其他_____ 以上业务的用户限额：☐无限制 ☐有限制：单笔限额_____（万元）单日累计_____（万元）

图 3-229　企业网银申请表第一部分

是否新增或变更业务授权模式: □是 □否											
□企业付款 □财务通 □电子商业汇票 □同业存款 □同业理财 □其他_____											
以上功能统一使用以下业务授权模式											
金额区间	元至	元	授权模式	一级( )人	二级( )人	三级( )人	四级( )人	五级( )人			
金额区间	元至	元	授权模式	一级( )人	二级( )人	三级( )人	四级( )人	五级( )人			
金额区间	元至	元	授权模式	一级( )人	二级( )人	三级( )人	四级( )人	五级( )人			
金额区间	元至	元	授权模式	一级( )人	二级( )人	三级( )人	四级( )人	五级( )人			
超过以上限额			授权模式	一级( )人	二级( )人	三级( )人	四级( )人	五级( )人			
□企业付款 □财务通 □电子商业汇票 □同业存款 □同业理财 □其他_____											
以上功能统一使用以下业务授权模式											
金额区间	元至	元	授权模式	一级( )人	二级( )人	三级( )人	四级( )人	五级( )人			
金额区间	元至	元	授权模式	一级( )人	二级( )人	三级( )人	四级( )人	五级( )人			
金额区间	元至	元	授权模式	一级( )人	二级( )人	三级( )人	四级( )人	五级( )人			
金额区间	元至	元	授权模式	一级( )人	二级( )人	三级( )人	四级( )人	五级( )人			
超过以上限额			授权模式	一级( )人	二级( )人	三级( )人	四级( )人	五级( )人			
是否新增或变更账户: □是 □否											
注销网银账户	账号1:				户名:						
	账号2:				户名:						
添加/变更网银账户	账号1				户名1						
	账户类型				□开通付款权限 □开通到账通知						
	账号2				户名2						
	账户类型				□开通付款权限 □开通到账通知						
	账号3				户名3						
	账户类型				□开通付款权限 □开通到账通知						
非柜面转帐控制: 当日累计限额( )万元 当日累计笔数( )笔 当年累计限额( )万元											
注: 账户类型栏填写对应的编号,包括企业结算账户、财政零余额账户、离岸账户等,具体参见填表说明。											
企业公章:		企业预留印鉴:				受理银行盖章:					
						网点经办员: 网点业务主管:					

图 3-230 企业网银申请表第二部分

(5) 法人、操作员的身份证原件;

(6) 公司行政公章、法定代表人章、财务专用章,操作员代办的需要授权委托书。

操作指导

申请网上银行业务,一般需要在银行柜台办理。不同银行对申请企业网上银行业务要求的资料不完全一样,填写的表格也有所不同,在此以交通银行申请企业网上银行业务为例。

2. 出纳员携带资料到银行柜台办理企业网上银行业务,银行受理,确认开通企业网上银行业务。

3. 出纳人员领取 U-key,登录银行网站下载并安装 U-key 驱动程序和网上银行管理工具,正确设置网上银行登录环境;登录后,设置 B2B 操作员权限。完成后即可进行网上银行收付款操作了。银行受理后企业网上银行申请表第二部分如图 3-231 所示。

是否新增或变更业务授权模式: □是 □否							
□企业付款 □财务通 □电子商业汇票 □同业存款 □同业理财 □其他_____							
以上功能统一使用以下业务授权模式							
金额区间	元至 元	授权模式	一级( )人	二级( )人	三级( )人	四级( )人	五级( )人
金额区间	元至 元	授权模式	一级( )人	二级( )人	三级( )人	四级( )人	五级( )人
金额区间	元至 元	授权模式	一级( )人	二级( )人	三级( )人	四级( )人	五级( )人
金额区间	元至 元	授权模式	一级( )人	二级( )人	三级( )人	四级( )人	五级( )人
超过以上限额		授权模式	一级( )人	二级( )人	三级( )人	四级( )人	五级( )人
□企业付款 □财务通 □电子商业汇票 □同业存款 □同业理财 □其他_____							
以上功能统一使用以下业务授权模式							
金额区间	元至 元	授权模式	一级( )人	二级( )人	三级( )人	四级( )人	五级( )人
金额区间	元至 元	授权模式	一级( )人	二级( )人	三级( )人	四级( )人	五级( )人
金额区间	元至 元	授权模式	一级( )人	二级( )人	三级( )人	四级( )人	五级( )人
金额区间	元至 元	授权模式	一级( )人	二级( )人	三级( )人	四级( )人	五级( )人
超过以上限额		授权模式	一级( )人	二级( )人	三级( )人	四级( )人	五级( )人

是否新增或变更账户: □是 □否				
注销网银账户	账号1:		户名:	
	账号2:		户名:	
添加/变更网银账户	账号1		户名1	
	账户类型		□开通付款权限	□开通到账通知
	账号2		户名2	
	账户类型		□开通付款权限	□开通到账通知
	账号3		户名3	
	账户类型		□开通付款权限	□开通到账通知
非柜面转账控制: 当日累计限额( )万元 当日累计笔数( )笔 当年累计限额( )万元				
注: 账户类型栏填写对应的编号,包括企业结算账户、财政零余额账户、离岸账户等,具体参见填表说明。				
企业公章:	企业预留印鉴:		受理银行盖章:	
			网点经办员:	
			网点业务主管:	

图 3-231　银行受理后企业网上银行申请表第二部分

操作指导

申请企业网上银行业务时,一般银行会给企业几个不同权限的 U-key,不同的 U-key 分配了不同的权限,企业使用 U-key 进行网上银行支付,既减少了网络交易给企业带来的资金风险,又可以防止企业内部工作人员挪用资金。企业在使用网上银行支付业务时,不同岗位的人员应根据自己的权限进行相关操作。

一般情况下,U-key 主要有 3 个角色:操作员、复核员和管理员。操作员权限一般是出纳拥有,主要职责是信息的录入。复核员的权限一般是财务经理或主管拥有,主要负责审核出纳提交的付款信息。管理员权限一般是总经理拥有,主要负责对操作员和复核员的权限控制及复核。

任务 2：网上银行支付业务

【作业场景】

2021 年 12 月 10 日，佳康宝公司通过网上银行向广州鸿荣机械有限公司支付前欠的材料款 230 257.11 元。

【工作流程】

网上银行支付业务流程如图 3-232 所示，具体流程如下。

岗位	出纳	会计主管	总经理	银行	制单会计	会计主管	记账会计	出纳
工作任务	网上银行信息录入	网上银行录入信息复核	网上银行业务授权	办理网上银行付款业务	填制凭证	审核凭证	登记账簿	登记账簿
典型凭证记录				网上银行电子回单凭证	记账凭证	记账凭证	明细账	银行存款日记账

图 3-232 网上银行支付业务处理流程

1. 出纳人员根据批准的付款申请书（图 3-233），登录网上银行进行付款信息的录入（图 3-234）。

付款申请书

2021 年 12 月 10 日

用途及情况	金　额									收款单位(人)：广州鸿荣机械有限公司
	亿	千	百	十	万	千	百	十	元	角	分	
支付货款				￥	2	3	0	2	5	7	1	1	账　号：4431001009014413252
													开户行：工商银行广州分行天河区支行
金额（大写）合计：	人民币 贰拾叁万零贰佰伍拾柒元壹角壹分												结算方式：网银
总经理	王天一	财务部门	经理	钱光照	业务部门	经　理	戚宝凤
			会计	郑敏		经办人	戚吉蕊

图 3-233 付款申请书

2. 出纳人员检查录入信息，确认无误后，提交付款信息（图 3-235），等待会计主管进行审核（图 3-236）。

3. 会计主管登录网上银行，选择需要复核的付款指令，单击"复核"按钮，系统显示等待复核付款指令的详细信息（图 3-237）。录入转账金额、转入账户后，单击"复核"按钮，复核授权通过，系统显示复核授权结果信息（图 3-238）。

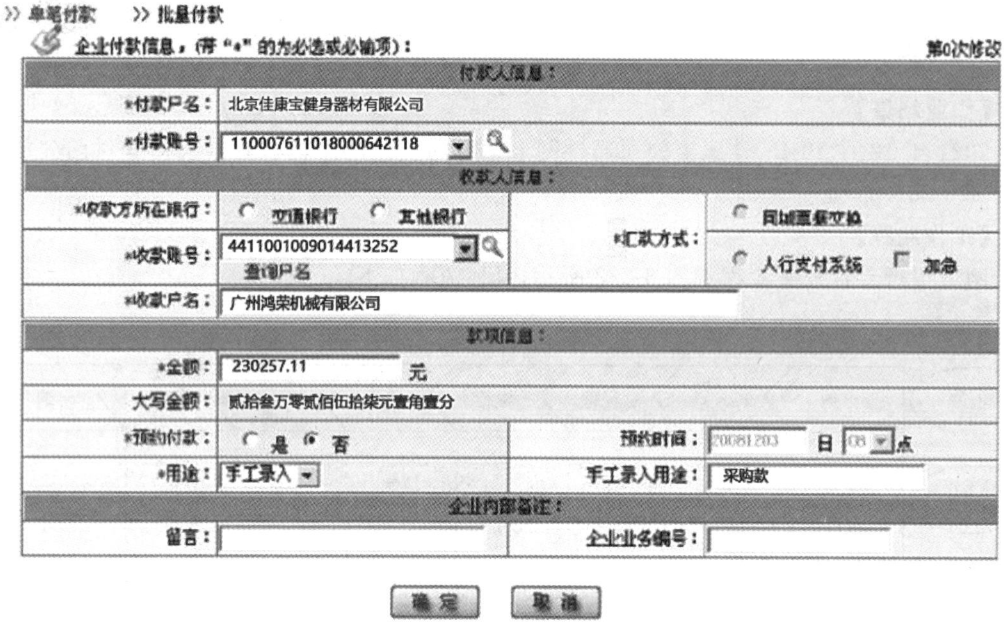

图 3-234 网上银行支付信息录入界面

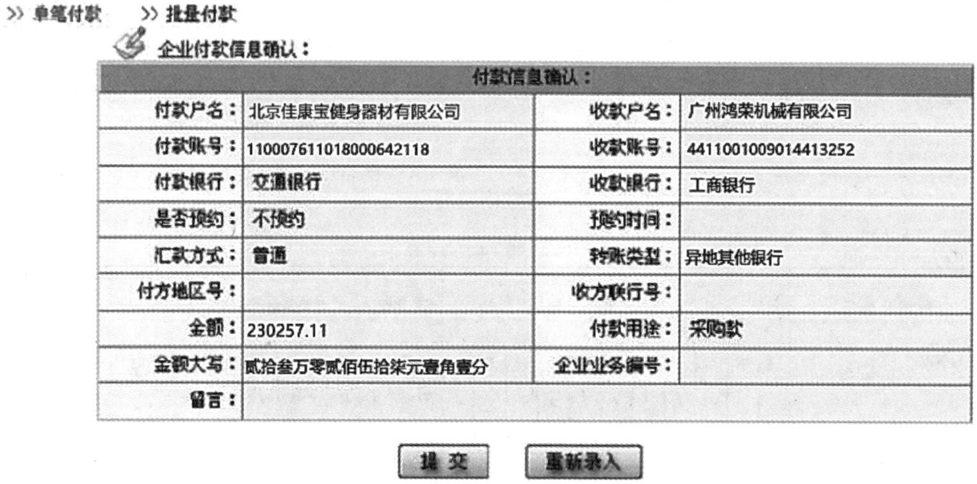

图 3-235 付款信息确认界面

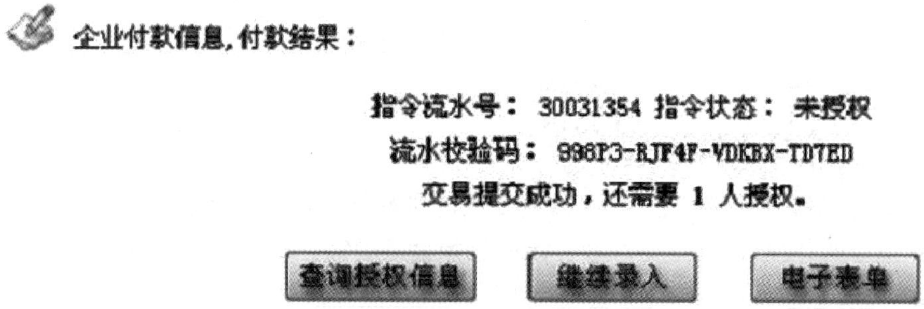

图 3-236 付款信息录入提交成功界面

等待复核付款指令详细信息：

指令详细信息：			
指令序号：	30030946	指令状态：	未复核
提交时间：	2021-12-10 10:12:47	转账金额（元）：	230257.11
转出账号：	110007611018000642118	转入账号：	4411001009014413252
转出账号户名：	北京佳康宝健身器材有限公司	转入账号户名：	12321
转出账号开户行：	交通银行	转入账号开户行：	工商银行广州分行天河区支行
转账类型：	异地其他银行	转账用途：	采购款
是否预约：	不预约	是否加急：	普通
企业业务编号：		流水校验码：	MCA3T-UV4LA-JGRL7-3HEAU
授权人留言：			

查询授权信息　复核　拒绝　返回

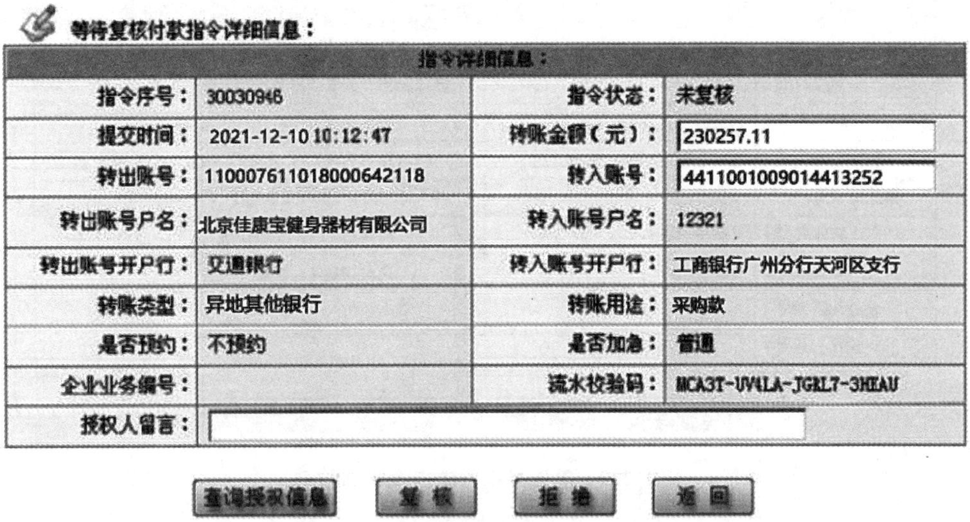

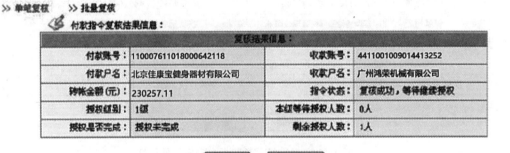

图 3-237　等待复核付款指令详细信息

>> 单笔复核　>> 批量复核

付款指令复核结果信息：

复核结果信息：			
付款账号：	110007611018000642118	收款账号：	4411001009014413252
付款户名：	北京佳康宝健身器材有限公司	收款户名：	广州鸿荣机械有限公司
转账金额(元)：	230257.11	指令状态：	复核成功，等待继续授权
授权级别：	1级	本级等待授权人数：	0人
授权是否完成：	授权未完成	剩余授权人数：	1人

返回　电子票单

图 3-238　系统显示复核授权结果信息

操作指导

复核是业务授权的一种形式。如果企业选用此功能，它将被设置在业务授权流程的第一个环节上，要求授权人对付款交易的关键要素进行再次录入并确认。一笔交易经一次复核授权后，其余授权人员只需目视确认授权，无须再次录入。在申请企业网上银行时，企业可选择是否使用复核功能。如果选择不开通此功能，则企业在处理付款业务时无须进行复核操作。

4. 总经理登录网上银行，查看金融待授权指令列表，选择待授权的指令信息，查看待授权指令详细信息(图 3-239)；核对无误后，单击“批准”按钮，授权该笔交易，系统显示付款指令授权结果信息(图 3-240)。

5. 出纳人员通过网上银行查看交易的电子回单(图 3-241)。

图 3-239　等待授权付款指令详细信息

图 3-240　系统显示付款指令授权结果信息

图 3-241　网上银行电子回单

6. 确认交易完成后,出纳取回银行提供的正式回单(图 3-242、图 3-243),交制单会计编制记账凭证(图 3-244、图 3-245)。

交通银行电子回单凭证

回单编号:	818422356691	回单类型:	网银业务		业务名称:	
凭证种类:		凭证号码:		借贷标志:借记	回单格式码:	S
账号:	1100076110180000642118	开户行名称:	交通银行北京东城区支行			
户名:	北京佳康宝健身器材有限公司					
对方账号:	4411001009014413252	开户行名称:	工商银行广州分行天河区支行			
对方户名:	广州鸣荣机械有限公司					
币种: CNY		金额: 230257.11		金额大写:贰拾叁万零贰佰伍拾柒元壹角壹分		
兑换信息:		币种:	金额:	牌价:	币种:	金额:
摘要:						
附加信息:						
打印次数: 0001		记账日期: 20211210		会计流水号: 30031354		
记账机构: 010120003999		经办柜员: EBB001		记账柜员: EEZ000	复核柜员:	授权柜员:
打印机构: 010120003999		打印柜员: 201900557519222		批次号:		

图 3-242 支付货款的回单凭证

交通银行电子回单凭证

回单编号:	818422357013	回单类型:	网银业务		业务名称:	
凭证种类:		凭证号码:		借贷标志:借记	回单格式码:	S
账号:	1100076110180000642118	开户行名称:	交通银行北京东城区支行			
户名:	北京佳康宝健身器材有限公司					
对方账号:		开户行名称:				
对方户名:						
币种: CNY		金额: 50.00		金额大写:伍拾元整		
兑换信息:		币种:	金额:	牌价:	币种:	金额:
摘要: 手续费						
附加信息:						
打印次数: 0001		记账日期: 20211210		会计流水号: 30031354		
记账机构: 010120003999		经办柜员: EBB001		记账柜员: EEZ000	复核柜员:	授权柜员:
打印机构: 010120003999		打印柜员: 201900557519222		批次号:		

图 3-243 支付手续费的回单凭证

7. 会计主管审核记账凭证。审核完毕的记账凭证交出纳登记银行存款日记账(图 3-246)。会计主管、出纳分别在记账凭证上签字(签字后记账凭证略)。

任务3:网上银行收款业务

【作业场景】

2021年12月13日,佳康宝公司通过网上银行预收上海富康按摩椅有限公司货款10 000元。

【工作流程】

网上银行收款业务处理流程如图3-247所示。

具体流程如下。

付 款 凭 证

出纳编号 _____

贷方科目：**银行存款**　　　2021 年 12 月 10 日　　　制单编号：**银付xx**

对方单位	摘要	借方科目		金额（千百十万千百十元角分）	记账符号	附凭证
		总账科目	明细科目			
	支付采购款	应付账款	广州鸿荣	2 3 0 2 5 7 1 1		1 张
	合　计			¥ 2 3 0 2 5 7 1 1		

会计主管：　　　记账：　　　稽核：　　　出纳：　　　制单：**米乐**

图 3-244　支付货款的记账凭证

付 款 凭 证

出纳编号 _____

贷方科目：**银行存款**　　　2021 年 12 月 10 日　　　制单编号：**银付xx**

对方单位	摘要	借方科目		金额（千百十万千百十元角分）	记账符号	附凭证
		总账科目	明细科目			
	网银手续费	财务费用	手续费	5 0 0 0		1 张
	合　计			¥ 5 0 0 0		

会计主管：　　　记账：　　　稽核：　　　出纳：　　　制单：**米乐**

图 3-245　支付手续费的记账凭证

1. 出纳人员取回银行提供的网上银行业务电子回单凭证（图 3-248）。
2. 制单会计根据电子回单凭证，编制预收货款的记账凭证（图 3-249）。
3. 会计主管审核记账凭证，审核完毕的记账凭证交出纳登记银行存款日记账（图 3-250）。会计主管、出纳分别在记账凭证上签字（签字后记账凭证略）。

银行存款日记账

2021年		凭证		对方科目	摘要	借方											贷方											借或贷	余额											√
月	日	种类	号数			亿	千	百	十	万	千	百	十	元	角	分	亿	千	百	十	万	千	百	十	元	角	分		亿	千	百	十	万	千	百	十	元	角	分	
12	1				期初余额																								借				7	8	8	0	0	0	0	0	
					略																																			
					……																																			
12	10	银付	略	应付账款	支付采购款																	2	3	0	2	5	7	1	1	借						略					
	10	银付	略	财务费用	手续费																					5	0	0	0	借						略					
					……																																			

图 3-246 银行存款日记账

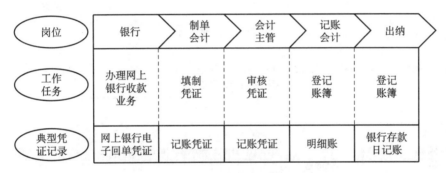

图 3-247 网上银行收款业务处理流程

交通银行电子回单凭证

回单编号: 818422357012　　　　回单类型: 网银业务　　　　业务名称:
凭证种类:　　　　　　　　　　　凭证号码:　　　　借贷标志: 贷记　　回单格式码: S
账号: 110007611018000642118　　开户行名称: 交通银行北京东城区支行
户名: 北京佳康宝健身器材有限公司
对方账号: 3310001009014348761　开户行名称: 工商银行上海分行玉环支行
对方户名: 上海富康按摩椅有限公司
币种: CNY　　　　　　金额: 10000.00　　　　　　　金额大写: 壹万元整
兑换信息:　　　　　　 币种:　　　 金额:　　　 牌价:　　　　　 币种:　　　 金额:
摘要: 预收货款
附加信息:

打印次数: 0001　　　　　　　记账日期: 20211213　　　会计流水号: 30031354
记账机构: 010120003999　　　 经办柜员: EBB001　　　　记账柜员: EEZ000　　 复核柜员:　　　 授权柜员:
打印机构: 010120003999　　　 打印柜员: 201900557519222　　　　　　　　　　　 批次号:

图 3-248 网上银行收款电子回单凭证

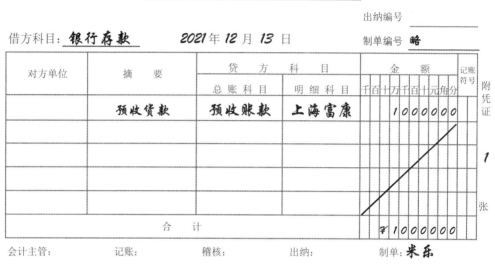

图 3-249 收款凭证

银行存款日记账

2021年		凭证		对方科目	摘要	借方									贷方									借或贷	余额									√
月	日	种类	号数			亿	千	百	十	万	千	百	十	元	角	分	亿	千	百	十	万	千	百	十	元	角	分		亿	千	百	十	万	千	百	十	元	角	分	
12	1				期初余额																							借				7	8	8	0	0	0	0	0	
					……																																		
12	10	银付	略	应付账款	支付采购款																2	3	0	2	5	7	1	1	借									略		
	10	银付	略	财务费用	手续费																			5	0	0	0	借									略		
	13	银收	略	预收账款	预收货款					1	0	0	0	0	0	0												借									略		
					……																																		

图 3-250 银行存款日记账

风险及防范措施

网上银行业务与传统银行业务比较,具有方便快捷、成本低、效率高的优势。网上银行交易实现了无纸化管理,使客户可以足不出户管理银行存款账户并办理收付款等各项业务,大大降低了资金管理的各项成本;另外,网上银行又被称为"3A 银行",可以在任何时间、任何地点、以任何方式为客户提供金融服务,有利于提高工作效率,提升财务管理水平,有利于实现企业管理的统一筹划,实现资源的优化配置。当然,网上银行业务也存在着明显的缺点,主要体现在安全性的缺陷或人员操作问题带来的诸多风险。

网上银行业务的风险主要体现在以下方面。

(1) 系统风险。网络安全始终是网上银行业务面临的重要问题。由于计算机软硬件设施的陈旧落后、缺少必要的专业网络维护人员等因素,不法分子有可能利用木马程序或系统漏洞,入侵企业或银行电脑,从而使企业蒙受损失。

(2)企业风险。主要体现在企业内部财务管理不健全,职责分工不明确,重要岗位不能实现相互牵制和制约,从而为不法员工通过网上银行进行资金非法转出创造了机会,使企业资金安全留下隐患。

(3)员工风险。网上银行操作人员往往都是企业财务人员,由于他们的计算机、网络知识及技能水平有限,可能因为操作不熟练或错误造成资金损失;网上银行操作人员风险意识淡薄、责任心不强,也会给网上银行业务留下安全隐患。

针对网上银行业务的这些风险,企业首先要重视信息化建设、提高信息化管理水平及网络安全等级。互联网时代,企业信息化管理是必要的手段;每一家企业都应重视企业内部信息化水平的提高,完善软硬件建设、配备专职网络维护人员,对各岗位员工进行信息化管理的培训,提升员工信息化水平;由此为网上银行的应用打下良好的基础。其次,企业要完善内部管理制度,建立系统维护制度、人员管理制度、风险预警制度、信息保密制度、数据备份制度等规范,并保证规范的严格执行,以确保网上银行系统的有序正常运行。最后,对网上银行操作人员来说,企业要聘任合格会计人员,并注意加强对会计人员的后续教育及职业评估;强化网上银行业务中的分级管理、分人操作,通过相互制约机制提高风险防范水平。对会计人员来说,要加强风险意识和责任心,提高自己的职业素养,通过不断在职业操守及专业能力上的提升来适应时代对会计人员提出的新要求。

任务附注

1. 规范性引用文件

支付结算办法

电子银行业务管理办法

2. 任务使用表单模板

3.8 表单模板

同步练习

案例分析题

2021年6月6日,甲公司在P银行开立公司基本存款账户,并与其签订协议,开通网上银行业务。8月28日,因借款200万元,在Q银行又开通一个银行结算账户。10月发生以下几笔业务:从银行提取现金3万元,向银行缴存现金4万元,偿还Q银行借款利息1万元。已知:甲公司各银行结算账户余额充足。

要求:根据上述资料,不考虑其他因素,分析回答下列小题。

(1) 甲公司在P银行开立的银行存款账户可以办理哪些业务?

(2) 甲公司在Q银行开立的银行存款账户可以办理哪些业务?

(3) 甲公司10月发生的几笔业务应通过哪个银行账户办理?

(4) 甲公司开通网上银行业务的主要功能有哪些?

3.9 期末处理业务操作

作业场景

2021年12月31日下班后,财务经理钱光照对出纳员范青青经管的现金进行盘点。

盘点后,针对盘点结果进行处理。

2021年12月31日,财务经理钱光照对出纳员经管的银行存款进行核对,并编制银行存款余额调节表。

2021年12月31日,全年经济业务结束,出纳员对库存现金日记账和银行存款日记账进行结账。

为方便公司总经理更清楚地了解企业资金情况,出纳员编制2021年12月的资金报表。

任务目标

- 熟练进行现金盘点。
- 正确编制现金盘点表。
- 正确进行盘点结果的账务处理。
- 熟练进行银行存款日记账与银行对账单的核对。
- 正确编制银行存款余额调节表。
- 填制现金日记账和银行存款日记账。
- 正确进行日记账的日结。
- 正确进行日记账的月结。

- 正确进行日记账的年结。
- 会编制资金报表。

术语和定义

1. 现金清查

现金清查是指将盘点的现金和库存现金日记账的余额进行核对,保证无误。库存现金清查包括出纳人员每日的清查核对和清查小组定期和不定期的清查。

2. 现金盘点表

现金盘点表兼有"盘存单"和"实存账存对比表"的作用,是反映现金实有数和调整账簿记录的重要原始凭证。

3. 银行对账单

银行对账单是指银行客观记录企业资金流转情况的记录单,是银行和企业核对账务的联系单,也是证实企业业务往来的记录。

4. 未达账项

未达账项是指由于企业与银行取得凭证的实际时间不同,导致记账时间不一致,而发生的一方已取得结算凭证且已登记入账,而另一方未取得结算凭证尚未入账的款项;不包括遗失结算凭证、发现的待补结算凭证。

5. 银行存款余额调节表

银行存款余额调节表是由企业编制,可作为银行存款科目的附列资料保存,该表主要目的是在于核对银行存款科目、企业账目与银行账目的差异,也用于检查企业与银行账目的差错。

6. 日记账

日记账是按照经济业务的发生或完成时间的先后顺序逐日逐笔登记的账簿。设置日记账的目的是将经济业务按时间顺序清晰地反映在账簿记录中。

7. 日清月结

日清月结即出纳员办理现金出纳业务,必须做到按日清理,按月结账。

8. 资金报表

资金报表是反映企业在一段时间内包含库存现金、银行存款等形式下所有资金收付的总体情况的报表。

任务分析

1. 现金清查的要求

单位应当定期和不定期地进行现金盘点,确保现金账面余额与实际库存相符。现金清查一般采用实地盘点法,清查结果应当编制现金盘点报告单。如发现有挪用现金、白条抵库等情况,应及时予以纠正;如有超限额留存的现金,应及时送存银行;如发现账款不符,应及时查明原因,作出处理。

如在现金清查中发现有待查明原因的现金短缺或溢余,应先通过"待处理财产损溢"科目核算,按管理权限经批准后,分别按以下情况处理。

(1) 现金短缺,属于应有责任人赔偿或保险公司赔偿的部分,计入"其他应收款"科目;若无法查明原因,计入"管理费用"科目。

(2) 现金溢余,属于应支付给有关人员或单位的,计入"其他应付款"科目;若无法查明原因,计入"营业外收入"科目。

2. 银行存款核对的要求

单位应当指定专人定期核对银行账户,每月至少核对一次,编制银行存款余额调节表,使银行存款账面余额与银行对账单调节相符。如调节不符,应查明原因,及时处理。

银行作为国家金融机构,一方面要保证企业资金的正常流转,同时,要客观地记录下企业发生的每笔资金流转情况,并定期将企业在银行的资金流转情况打印出来,即银行对账单,以此为依据和企业的银行存款日记账进行核对。因此,银行对账单是银行和企业两个完全独立经济实体对同一事项进行核对的直接凭单,从其客观的存在和发生来说,银行对账单具有普遍的客观性。

单位一般应于每月末对银行存款日记账记录和银行对账单进行核对,并根据双方记录的差额编制"银行存款余额调节表"。如没有记账错误,调节后的双方余额应相等。

导致银行和企业的银行存款记录余额不一致的原因一般有两个:一是双方可能存在记账错误,单位出错的概率较大;二是存在未达账项。所谓未达账项,是由于结算凭证在企业与银行之间或收付款银行之间传递需要时间,造成企业与银行入账的时间差,一方收到凭证并已入账,另一方未收到凭证因而未能入账由此形成的账款。发生未达账项的具体情况有四种:一是企业已收款入账,银行尚未收款入账;二是企业已付款入账,银行尚未付款入账;三是银行已收款入账,企业尚未收款入账;四是银行已付款入账,企业尚未付款入账。

银行存款余额调节表,是在银行对账单余额与企业账面余额的基础上,各自加上对方已收、本单位未收的未达账项数额,减去对方已付、本单位未付的未达账项数额,以调整双方余额使其一致的一种调节方法。如果调节后余额相等,表明企业和银行的账目没有差错,调节后的余额就是该企业对账日银行实际可用的存款数额;反之,说明记账有错误,应进一步查明原因,予以更正。

银行存款余额调节表是一种对账记录的工具,并不是凭证,只能起到核对账目的作用,不得用于调整银行存款账面余额,可作为银行存款科目的附列资料保存。

3. 登记日记账的要求

在日常经济业务的核算中,为加强货币资金的管理,企业需要设立库存现金日记账和银行存款日记账,根据现金收付款凭证和银行存款收付款凭证,按经济业务发生的顺序逐日逐笔地登记现金和银行存款的日常收支业务。

现金日记账和银行存款日记账必须采用订本式账簿,并要做到"日清月结"。登记账簿要用蓝黑墨水或者碳素墨水书写,不得使用圆珠笔或者铅笔书写。按照红字冲账的记账凭证,冲销错误记录时,可以用红色墨水记账。

实行会计电算化的单位发生收款和付款业务的,在输入收款凭证和付款凭证的当天必须将现金日记账和银行存款日记账与库存现金核对无误。

4. 期末结账的要求

结账前,必须将本期内所发生的各项经济业务全部登记入账。由于库存现金日记账和银行存款日记账要做到"日清月结",因此其结账工作涉及以下几个方面。

(1) 日结。在记完当日发生的经济业务后,最后一笔业务的下一行摘要栏注明"本日合计",借贷金额栏结出当日发生额合计数并计算当日余额(当日余额＝上一日余额＋本日借方发生额合计－本日贷方发生额合计)。

(2) 月结。月结在当月最后一天日结的下一行进行。在摘要栏内注明"本月合计"字样,借贷金额栏分别结出当月发生额合计数并计算当月余额(当月余额＝上月末余额＋本月借方发生额合计－本月贷方发生额合计)。

(3) 年结。年结在当年最后一月月结之后进行,12月末的本年累计是全年累计发生额,就相当于年结。

5. 错账更正的要求

已经登记入账的记账凭证,在当年内发现填写错误时,可以用红字填写一张与原内容相同的记账凭证,在摘要栏注明"注销某月某日某号凭证"字样,同时再用蓝字重新填制一张正确的记账凭证,注明"订正某月某日某号凭证"字样。如果会计科目没有错误,只是金额错误,也可以将正确数字与错误数字之间的差额,另编一张调整的记账凭证,调增金额用蓝字,调减金额用红字。发现以前年度记账凭证有错误的,应当用蓝字填制一张更正的记账凭证。

记账凭证没有错误,登记账簿时发生错误的,不准涂改、挖补、刮擦或者用药水消除字迹,不准重新抄写,必须按照下列方法进行更正:将错误的文字或者数字划红线注销,但必须使原有字迹仍可辨认;然后在划线上方填写正确的文字或者数字,并由记账人员在更正处盖章。对于错误的数字,应当全部划红线更正,不得只更正其中的错误数字。对于文字错误,可只划去错误的部分。

6. 编制资金报表的要求

资金报表最大的作用在于反映企业在一段时间内库存现金及银行存款的整体收付情况,并以此向企业管理层提供整体的资金信息。编制并提供资金报表是出纳一项必不可少的重要工作。

资金报表又分为日报、月报、季报等,具体可根据企业实际需求来编制。资金报表编制完成后,将库存现金收入合计数与同一时段的库存现金日记账借方合计数比较,库存现金支出合计数与同一时段的库存现金日记账贷方合计数比对,期末余额与同一时段库存现金日记账的余额比对,而且还需将现金月与实际现金比对。同样,银行存款也应进行以上比对,以保证资金报表正确反映本期资金收支情况。

任务指导

任务1:现金盘点

【作业场景】

2021年12月31日,全年经济业务结束,出纳人员对库存现金日记账和银行存款日记账进行结账。

【工作流程】

库存现金盘点业务处理流程如图3-251所示,具体程序如下。

1. 出纳人员将现金业务全部计入库存现金日记账(图3-252)并结出库存现金余额。

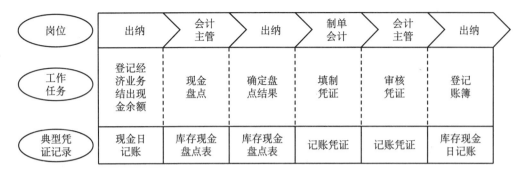

图 3-251 库存现金盘点业务处理流程

库存现金日记账

2021年		凭证		对方科目	摘要	借方									贷方									借或贷	余额									√
月	日	种类	号数			亿	千	百	十	万	千	百	十	元	角	分	亿	千	百	十	万	千	百	十	元	角	分		亿	千	百	十	万	千	百	十	元	角	分	
12	1				期初余额																								借					2	3	5	6	8	0	0	
12	1	银付	1	银行存款	提取备用金					5	0	0	0	0	0													借					7	3	5	6	8	0	0	
12	1	现付	1	其他应收款	成吉巍出差借款																1	0	0	0	0	0		借					6	3	5	6	8	0	0	
12	1	现付	2	管理费用	采购办公用品																	5	0	0	0	0		借					6	3	0	6	8	0	0	
					……略																																			
12	31	现收	XX	其他应收款	收回职工出差借款余款						5	0	0	0	0													借					1	8	8	4	6	0	0	

图 3-252 库存现金日记账

2. 会计主管对出纳人员经管的现金进行盘点,实际盘点现金为 18 726 元,根据盘点情况编制库存现金盘点表(表 3-13)。出纳人员在库存现金盘点表上确认签字。

表 3-13 库存现金盘点表

2021 年 12 月 31 日

账存金额	实存金额	盘盈	盘亏	备注
18 846.00	18 726.00		120	原因待查

盘点人员:钱光照　　　　　　　　出纳人员:范青青

3. 制单会计根据库存现金盘点表编制记账凭证(图 3-253)。
4. 会计主管审核记账凭证,审核完毕的记账凭证交出纳登记库存现金日记账(图 3-254)。会计主管、出纳分别在记账凭证上签字(签字后记账凭证略)。

任务 2:盘点结果的处理

【作业场景】

因现金短缺无法查明原因,经公司研究决定追究出纳人员保管不当的责任,让其个人赔偿 50 元,其余部分由企业承担。

付款凭证

出纳编号
贷方科目：库存现金　　2021年12月31日　　制单编号 现付××

对方单位	摘要	借方科目		金额	记账符号
		总账科目	明细科目	千百十万千百十元角分	
	现金盘亏	待处理财产损溢	待处理流动资产损溢	1 2 0 0 0	
	合　计			￥1 2 0 0 0	

附凭证 1 张

会计主管：　　记账：　　稽核：　　出纳：　　制单：米乐

图 3-253　付款凭证

库存现金日记账

2021年		凭证		对方科目	摘要	借方	贷方	借或贷	余额	√
月	日	种类	号数			亿千百十万千百十元角分	亿千百十万千百十元角分		亿千百十万千百十元角分	
12	1				期初余额			借	2 3 5 6 8 0 0	
12	1	银付	1	银行存款	提取备用金	5 0 0 0 0 0		借	7 3 5 6 8 0 0	
12	1	现付	1	其他应收款	成吉巍出差借款		1 0 0 0 0 0	借	6 3 5 6 8 0 0	
12	1	现付	2	管理费用	采购办公用品		5 0 0 0 0	借	6 3 0 6 8 0 0	
					……					
					略					
12	31	现收	××	其他应收款	收回职工出差借款余款	5 0 0 0 0		借	1 8 8 4 6 0 0	
12	31	现付	××	待处理财产损溢	现金盘亏		1 2 0 0 0	借	1 8 7 2 6 0 0	

图 3-254　库存现金日记账

【工作流程】

现金盘点结果业务处理流程如图 3-255 所示，具体程序如下。

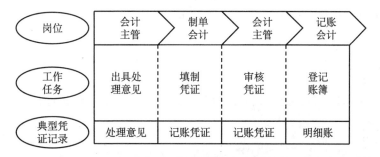

图 3-255　现金盘点结果业务处理流程

1. 公司出具对现金短缺的处理意见(图 3-256)。

库存现金盘亏的处理意见

2021 年 12 月 31 日在现金盘点中发现现金盘亏 120 元,经公司研究决定:因出纳员保管不当,由其个人承担 50 元;其余 70 元由本公司承担,计入管理费用。

部门负责人签字: **钱光照**

总经理签字: **王天一**

图 3-256 库存现金盘亏的处理意见

2. 制单会计根据处理意见编制记账凭证(图 3-257)进行账务处理。

记 账 凭 证

转 字第××号

2021 年 12 月 31 日

摘 要	总账科目	明细科目	借方金额 亿千百十万千百十元角分	贷方金额 亿千百十万千百十元角分	√
转销现金盘亏	其他应收款	范青青	5000		
	管理费用		7000		
	待处理财产损溢	待处理流动资产损溢		12000	
合 计			¥12000	¥12000	

会计主管: 记账: 复核: 出纳: 制单:**米乐**

附件 1 张

图 3-257 记账凭证

3. 会计主管审核记账凭证,审核完毕的记账凭证交记账会计登记相关明细账。会计主管、记账会计分别在记账凭证上签字(签字后的记账凭证略)。

任务 3:核对银行存款

【作业场景】

2021 年 12 月 31 日财务经理钱光照对出纳人员经管的银行存款进行核对,并编制银行存款余额调节表。

【工作流程】

核对银行存款业务处理流程如图 3-258 所示,具体程序如下。

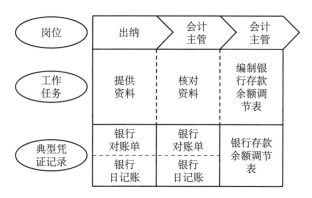

图 3-258 核对银行存款业务处理流程

1. 出纳人员自银行取回本月的银行对账单(图 3-259)。

操作指导

各金融机构对账单的格式不完全相同。需注意的是,银行的记账方向与企业的记账方向相反,核对时需将银行对账单的借方发生额与企业日记账的贷方发生额核对。

2. 会计主管根据上月的银行存款余额调节表(表 3-14)、本月银行日记账(图 3-260、图 3-261)及本月银行对账单,进行银行存款的核对。

表 3-14 银行存款余额调节表

单位:佳康宝健身器材有限公司　　2021 年 11 月 30 日　　　　　　　　单位:元

项 目	金 额	项 目	金 额
企业银行存款日记账余额	788 000.00	银行对账单余额	852 400.00
加:银行已收,企业未收款	10 000.00	加:企业已收,银行未收款	5 600.00
减:银行已付,企业未付款		减:企业已付,银行未付款	60 000.00
调节后银行存款余额	798 000.00	调节后银行存款余额	798 000.00

操作指导

2021 年 11 月的银行存款余额调节表存在三笔未达账项,具体情况如下。

2021 年 11 月 29 日企业开出转账支票 60 000 元支付材料款,并已登记银行存款减少,但持票单位尚未到银行办理转账,银行尚未记账。

2021 年 11 月 30 日企业销售商品,收到转账支票一张,金额 5 600 元,企业已登记银行存款增加,但银行尚未记账。

2021 年 11 月 30 日企业申请的一笔生产经营借款 10 000 元到账,存入企业账户,银行已登记入账,但企业尚未收到通知,未记账。

经核对调节后,佳康宝公司 2021 年 11 月末银行存款余额相符。

交通银行（北京东城区）对账单

户名：佳康宝健身器材有限公司　　　　　　　　　　　　第 1 页

账号：11000761101800064211８　　币种：人民币　　　上月余额：852400.00

2021年		摘要	凭证种类	凭证号	借方发生额	贷方发生额	余额	流水号
月	日							
12	1	提取备用金	略	略	50000.00		802400.00	
12	1	收销货款	略	略		5600.00	808000.00	
12	2	申请银行汇票	略	略	35000.00		773000.00	
12	2	银行汇票收款	略	略		20000.00	793000.00	
12	2	支付材料款	略	略	60000.00		733000.00	
12	3	支付材料费	略	略	702.00		732298.00	
12	3	汇兑手续费	略	略	5.50		732292.50	
12	3	申请银行本票	略	略	5000.00		727292.50	
12	3	银行本票收款	略	略		1000000.00	1727292.50	
12	3	退还本票余款	略	略	15000.00		1712292.50	
12	4	承兑手续费	略	略	400.00		1711892.50	
12	7	购买转账支票	略	略	25.00		1711867.50	
12	7	收销货款	略	略		10000.00	1721867.50	
12	8	收取货款	略	略		230000.00	1951867.50	
12	8	支付材料款	略	略	7797.00		1944070.50	
12	10	收销货款	略	略		77744.00	2021814.50	
12	10	支付广告费	略	略	2600.00		2019214.50	
12	10	收回汇票余款	略	略		5913.80	2025128.30	
12	10	支付采购款	略	略	230257.11		1794871.19	
12	10	手续费	略	略	50.00		1794821.19	
12	11	收承兑汇票款	略	略		300000.00	2094821.19	
12	13	预收销货款	略	略		10000.00	2104821.19	
12	14	采购原材料	略	略	61189.50		2043631.69	
12	14	汇票贴现	略	略		99533.33	2143165.02	
12	18	收销货款	略	略		4972.00	2148137.02	
12	23	现金存入银行	略	略		3450.00	2151587.02	
12	13	支付材料款	略	略	35100.00		2116487.02	
12	13	收销货款	略	略		5800.00	2122287.02	
12	13	支付电话费	略	略	18000.00		2104287.02	

图 3-259　银行对账单

银行存款日记账

2021年		凭证		对方科目	摘要	借方	贷方	借或贷	余额	√
月	日	种类	号数			亿千百十万千百十元角分	亿千百十万千百十元角分		亿千百十万千百十元角分	
12	1				期初余额			借	7 8 8 0 0 0 0 0	
12	1	银付	1	库存现金	提取备用金		5 0 0 0 0 0 0			
12	1	银收	略	短期借款	取得银行贷款	1 0 0 0 0 0 0				
12	1				本日合计	1 0 0 0 0 0 0	5 0 0 0 0 0 0	借	7 4 8 0 0 0 0 0	
12	2	银付	略	其他货币资金	申请银行汇票		3 5 0 0 0 0 0			
12	2	银收	略	应收账款	银行汇票收款	2 0 0 0 0 0 0				
12	2				本日合计	2 0 0 0 0 0 0	3 5 0 0 0 0 0	借	7 3 3 0 0 0 0 0	
12	3	银付	略	原材料等	支付材料费		7 0 2 0 0			
12	3	银付	略	财务费用	支付汇兑手续费		5 5 0			
12	3	银付	略	其他货币资金	申请银行本票		5 0 0 0 0			
12	3	银收	略	应收账款	银行本票收款	1 0 0 0 0 0 0 0 0				
12	3	银付	略	应收账款	退还本票多余款		1 5 0 0 0 0 0			
12	3				本日合计	1 0 0 0 0 0 0 0 0	2 0 7 0 7 5 0	借	1 7 1 2 2 9 2 5 0	
12	4	银付	略	财务费用	承兑汇票手续费		4 0 0 0 0			
12	4				本日合计		4 0 0 0 0	借	1 7 1 1 8 9 2 5 0	
12	7	银付	略	财务费用	购买转账支票		2 5 0 0			
12	7	银收	略	应收账款	收整机芯销货款	1 0 0 0 0 0 0				
12	7				本日合计	1 0 0 0 0 0 0	2 5 0 0	借	1 7 2 1 8 6 7 5 0	
12	8	银收	略	应收账款	收取货款	2 3 0 0 0 0 0 0				
12	8	银付	略	应付账款	支付材料费		7 7 9 7 0 0			
12	8				本日合计	2 3 0 0 0 0 0 0	7 7 9 7 0 0	借	1 9 4 4 0 7 0 5 0	
12	10	银收	略	应收账款	收按摩垫销货款	7 7 7 4 4 0 0				
12	10	银付	略	销售费用	支付广告费		2 6 0 0 0 0			
12	10	银付	略	应付账款	支付采购款		2 3 0 2 5 7 1 1			
12	10	银付	略	财务费用	手续费		5 0 0 0			
12	10	银收	略	其他货币资金	收回汇票余款	5 9 1 3 8 0				
12	10				本日合计	8 3 6 5 7 8 0	2 3 2 9 0 7 1 1	借	1 7 9 4 8 2 1 1 9	
12	11	银收	略	应收票据	收银行承兑汇票款	3 0 0 0 0 0 0 0				
12	11				本日合计	3 0 0 0 0 0 0 0		借	2 0 9 4 8 2 1 1 9	
12	13	银收	略	预收账款	预收账款	1 0 0 0 0 0 0				
12	13				本日合计	1 0 0 0 0 0 0		借	2 1 0 4 8 2 1 1 9	
12	14	银付	略	原材料等	采购原材料		6 1 1 8 9 5 0			
12	14	银收	略	应收票据	银行承兑汇票贴现	9 9 5 3 3 3 3				
12	14				本日合计	9 9 5 3 3 3 3	6 1 1 8 9 5 0	借	2 1 4 3 1 6 5 0 2	
12	18	银收	略	应收账款	收整机芯销货款	4 9 7 2 0 0				
12	18				本日合计	4 9 7 2 0 0		借	2 1 4 8 1 3 7 0 2	
					过次页	9 2 0 4 9 6 3 1 3	8 9 8 5 6 8 2 1 1	借	2 1 4 8 1 3 7 0 2	

图 3-260　银行存款日记账第一部分

操作指导

在日常核算中要注意：每一账页登记完毕结转下页时，应当结出本页合计数及余额，写在本页最后一行和下页第一行有关栏内，并在摘要栏内注明"过次页"和"承前页"字样；也可以将本页合计数及金额只写在下页第一行有关栏内，并在摘要栏内注明"承前页"字样。对需要结计本月发生额的账户，结计"过次页"的本页合计数应当为自本月初起至本页末止的发生额合计数；对库存现金、银行存款这类需要结计本年累计发生额的账户，结计"过次页"的本页合计数应当为自年初起至本页末止的累计数；对既不需要结计本月发生额，也不需要结计本年累计发生额的账户,可以只将每页末的余额结转次页。

本例中,佳康宝公司2021年年初银行存款余额为1 928 850元,1至11月累计借方发生额为7 436 800元,累计贷方发生额为8 577 650元。

银行存款日记账

2021年		凭证		对方科目	摘要	借方（亿千百十万千百十元角分）	贷方（亿千百十万千百十元角分）	借或贷	余额（亿千百十万千百十元角分）	√
月	日	种类	号数							
					承前页	9 2 0 4 9 6 3 1 3	8 9 8 5 6 8 2 1 1	借	2 1 4 8 1 3 7 0 2	
12	23	现付	略	库存现金	现金存入银行	3 4 5 0 0 0				
12	23				本日合计	3 4 5 0 0 0		借	2 1 5 1 5 8 7 0 2	
12	30	银付	略	管理费用	采购办公用品		7 0 0 0 0 0			
12	30	银付	略	原材料等	采购原材料		3 5 1 0 0 0 0			
12	30				本日合计		4 2 1 0 0 0 0	借	2 1 0 9 4 8 7 0 2	
12	31	银收	略	应收账款	收取货款	5 8 5 0 0 0				
12	31	银付	略	管理费用	支付租金		5 0 0 0 0 0 0			
12	31				本日合计	5 8 5 0 0 0	5 0 0 0 0 0 0	借	2 0 6 5 3 3 7 0 2	

图3-261　银行存款日记账第二部分

操作指导

一般银行存款对账的具体操作如下。

(1)核对上月。上月未达账项中已经入账的项目,在本月相应的企业对账单和银行对账单上勾去,不再记入调节表。

(2)核对本月。将两账单中的相同数额勾去(企业银行存款日记账借方对应银行对账单贷方)。

3．会计主管根据银行存款对账情况编制银行存款余额调节表(表3-15)。

表3-15　银行存款余额调节表

单位:佳康宝健身器材有限公司　　　2021年12月31日　　　　　　　单位:元

项目	金额	项目	金额
企业银行存款日记账余额	2 065 337.02	银行对账单余额	2 104 287.02
加:银行已收,企业未收款	5 800.00	加:企业已收,银行未收款	5 850.00
减:银行已付,企业未付款	18 000.00	减:企业已付,银行未付款	57 000.00
调节后银行存款余额	2 053 137.02	调节后银行存款余额	2 053 137.02

操作指导

一般编制银行存款余额调节表具体操作如下。

(1)修改错误。将找出的未达账项录入调节表,之后检查企业银行存款日记账记账时是否有银行存款入错行、科目记录颠倒、数额误差等错误。如果有错误,则在企业银行存款日记账中进行修改。

(2)调节余额。在银行存款余额调节表中分别计算银行对账单调节后余额和企业银行存款日记账调节后余额,并将双方余额进行核对。若调节后双方余额不符,应进一步查明原因。

调节后余额相等,表明企业和银行的账目没有差错,调节后的余额 2 053 137.02 元,就是该企业对账日银行实际可用的存款数额。

任务 4：年末结账

【作业场景】

2021 年 12 月 31 日,全年经济业务结束,出纳人员对库存现金日记账和银行存款日记账进行结账。

【工作流程】

期末账项结转的工作程序如下。

1. 出纳人员进行库存现金日记账（图 3-262）和银行存款日记账（图 3-263）的月结。

库存现金日记账

2021年		凭证		对方科目	摘要	借方	贷方	借或贷	余额	√
月	日	种类	号数			亿千百十万千百十元角分	亿千百十万千百十元角分		亿千百十万千百十元角分	
12	1				期初余额			借	2 3 5 6 8 00	
12	1	银付	1	银行存款	提取备用金	5 0 0 0 00				
12	1	现付	1	其他应收款	成吉巍出差借款		1 0 0 0 00			
12	1	现付	2	管理费用	采购办公用品		5 0 0 00			
12	1	现付	3	其他应收款	王天一出差借款		5 0 0 00			
12	1				本日合计	5 0 0 0 00	1 5 5 0 00	借	5 8 0 6 800	
12	3	现付	4	原材料等	支付材料费		6 7 0 200			
12	3				本日合计		6 7 0 200	借	5 1 3 6 600	
12	5	现付	5	其他应收款	李静出差借款		8 0 0 00			
12	5	现收	1	营业外收入	罚款收入	8 0 0 00				
12	5				本日合计	8 0 0 00	8 0 0 00	借	4 4 1 6 600	
12	9	现收	2	其他业务收入等	销售边角废料	5 0 0 00				
12	9				本日合计	5 0 0 00		借	4 4 6 6 600	
12	11	现收	3	其他应收款	收回成吉巍预借款余款	9 0 00				
12	11				本日合计	9 0 00		借	4 4 7 5 600	
12	13	现付	6	其他应收款	吴东出差借款		8 0 0 00			
12	13	现付	7	周转材料	采购劳保用品		5 8 5 00			
12	13				本日合计		1 3 8 5 00	借	3 0 9 0 600	
12	17	现收	4	其他应收款	收回李静预借款余款	6 0 0 00				
12	17	现收	5	其他应收款	收回王天一预借款余款	4 8 0 00				
12	17	现收	6	其他业务收入等	销售边角废料	5 5 0 00				
12	17				本日合计	6 5 8 0 00		借	3 7 4 8 600	
12	23	现付	8	管理费用	采购办公用品		6 6 0 00			
12	23	现收	7	其他应收款	收回吴东预借款余款	2 8 0 00				
12	23	现付	9	银行存款	现金存入银行		3 4 5 0 00			
12	23				本日合计	2 8 0 00	1 0 0 5 000	借	2 7 7 1 600	
12	29	现付	10	其他应收款	李威出差借款		5 0 0 0 00			
12	29	现付	11	其他应收款	张庆东出差借款		3 0 0 0 00			
12	29				本日合计		8 0 0 0 00	借	1 9 7 1 600	
12	30	现付	12	委托加工物资	支付加工费		1 3 7 0 00			
12	30				本日合计		1 3 7 0 00	借	1 8 3 4 600	
12	31	现收	8	其他应收款	收回职工出差借款余款	5 0 0 00				
12	31	现付	13	待处理财产损溢	现金盘亏		1 2 0 00			
12	31				本日合计	5 0 0 00	1 2 0 00	借	1 8 7 2 600	
12	31				本月合计	5 8 7 5 0 00	6 3 5 9 2 00	借	1 8 7 2 600	
12	31				本年累计	5 5 2 5 5 0 00	7 6 5 1 9 2 00	借	1 8 7 2 600	
					结转下年				1 8 7 2 600	

图 3-262　库存现金日记账

2. 出纳人员进行库存现金日记账(图 3-262)和银行存款日记账(图 3-263)的年结。

银行存款日记账

2021年		凭证		对方科目	摘要	借方									贷方									借或贷	余额									√
月	日	种类	号数			亿	千	百	十	万	千	百	十	元	角	分	亿	千	百	十	万	千	百	十	元	角	分		亿	千	百	十	万	千	百	十	元	角	分	
					承前页			9	2	0	4	9	6	3	1	3			8	9	8	5	6	8	2	1	1	借			2	1	4	8	1	3	7	0	2	
12	23	现付	1略	库存现金	现金存入银行						3	4	5	0	0	0																								
12	23				本日合计						3	4	5	0	0	0												借			2	1	5	1	5	8	7	0	2	
12	30	银付	略	管理费用	采购办公用品																	7	0	0	0	0	0													
12	30	银付	略	原材料等	采购原材料																3	5	1	0	0	0	0													
12	30				本日合计																4	2	1	0	0	0	0	借			2	1	0	9	4	8	7	0	2	
12	31	银收	略	应收账款	收取货款						5	8	5	0	0	0																								
12	31	银付	略	管理费用	支付租金																5	0	0	0	0	0	0													
12	31				本日合计						5	8	5	0	0	0					5	0	0	0	0	0	0	借			2	0	6	5	3	3	7	0	2	
12	31				本月合计			1	7	7	4	6	3	1	3						5	0	0	1	2	6	1	1	借			2	0	6	5	3	3	7	0	2	
12	31				本年累计			9	2	1	4	2	6	3	1	3			9	0	7	7	7	7	6	1	1	借			2	0	6	5	3	3	7	0	2	
					结转下年																										2	0	6	5	3	3	7	0	2	

图 3-263 银行存款日记账

操作指导

月结完毕,在月结上下各画一条通栏单红线,表示本月经济业务结束。

需要结出本年累计发生额的,在月结下方摘要栏内注明"本年累计"字样,在借贷金额栏分别汇总年初到本月末的借贷方发生额合计并计算余额,全年累计发生额下面应当通栏划双红线,表示本年经济业务结束。

年度终了,要把各账户的余额结转到下一会计年度,并在摘要栏注明"结转下年"字样;在下一会计年度新建有关会计账簿的第一行余额栏内填写上年结转的余额,并在摘要栏注明"上年结转"字样。

任务5:编制资金报表

【作业场景】

为方便公司总经理更清楚了解企业资金情况,出纳人员编制 2021 年 12 月的资金报表。

【工作流程】

出纳人员根据 2021 年 12 月库存现金日记账和银行存款日记账编制 2021 年 12 月的资金报表。

资金报表可根据各公司或使用者需要进行格式或内容等的编制,以保证能够满足资金管理和分析的需要。一般来说,资金报表包括库存现金和银行存款两部分,主要包括收入、支出和余额等几个项目。现金部分体现在库存现金日记账上面,银行存款部分体现在银行存款日记账上面,见表 3-16。

表 3-16　资金收支月报表

2021 年 12 月 1 日—2021 年 12 月 31 日

编制单位:佳康宝健身器材有限公司　　　　　　　　　　　　　　　　　　　　　单位:元

库存现金		银行存款	
上月结存	23 568.00	上月结存	788 000.00
本月收入	58 750.00	本月收入	1 777 463.13
本月支出	63 592.00	本月支出	500 126.11
本月结存	18 726.00	本月结存	2 065 337.02
本月收入总计	1 826 213.13	本月支出总计	563 721.11
项　　目	现金收入金额	银行收入金额	现金支出金额	银行支出金额
资金形式转换	50 000.00	3 450.00	3 450.00	50 000.00
个人借款	1 950.00		39 000.00	
日常支出			12 950.00	7 000.00
采购支出			8 072.00	375 045.61
销售费用支出				2 600.00
财务费用支出				480.50
租金支出				50 000.00
其他支出			120.00	15 000.00
销售收入	6 000.00	1 648 566.00		
其他收入	800.00	105 447.13		
银行贷款		10 000.00		
预收货款		10 000.00		

编制人:范青青　　　　　　　　　　　　　　　　　复核人:钱光照

 操作指导

年度终了,对于会计档案的保管可分为两种情况:永久保存和定期保存,定期保存的期限一般为 10 年和 30 年。会计档案的保管期限为最低保管期限,从会计年度终了后的第一天算起,具体规定如表 3-17 所示。

表 3-17　会计档案保管期限表

序号	档 案 名 称	保管期限	备　　注
一	会计凭证		
1	原始凭证	30 年	出纳保管当年的资金收付凭证
2	记账凭证	30 年	出纳保管当年的资金收付凭证

续表

序号	档案名称	保管期限	备注
二	会计账簿		
3	总账	30年	
4	明细账	30年	出纳保管当年的其他货币资金明细账
5	日记账	30年	出纳保管当年的日记账
6	固定资产卡片		固定资产报废清理后保管5年
7	其他辅助性账簿	30年	
三	财务会计报告		
8	月度、季度、半年度财务会计报告	10年	
9	年度财务会计报告	永久	
四	其他会计资料		
10	银行存款余额调节表	10年	
11	银行对账单	10年	
12	纳税申报表	10年	
13	会计档案移交清册	30年	
14	会计档案保管清册	永久	
15	会计档案销毁清册	永久	
16	会计档案鉴定意见书	永久	

注：财政总预算、行政单位、事业单位和税收会计档案保管期限另有规定。

风险及防范措施

由于货币资金是企业流动性最强的资产，又容易出现挪用、贪污、偷盗等不法行为，所以货币资金的内部控制显得尤为重要。其中，日清月结是出纳员办理现金出纳工作的基本原则和要求，也是避免出现长款、短款的重要措施。单位应当定期和不定期地进行现金盘点，确保现金账面余额与实际库存相符。发现不符，应及时查明原因，进行处理。单位还应当指定专人定期核对银行账户（每月至少核对一次），编制银行存款余额调节表，使银行存款账面余额与银行对账单调节相符。如调节不符，应查明原因，及时处理。有条件的单位，还应当建立对货币资金业务的监督检查制度，明确监督检查机构或人员的职责权限，定期和不定期地对货币资金的使用、保管等环节进行检查，对监督检查过程中发现的货币资金内部控制中的薄弱环节，应当及时采取措施，加以纠正和完善。

任务附注

1. 规范性引用文件

会计基础工作规范

货币资金内部控制

2. 任务使用表单模板

3.9　表单模板

同步练习

一、单项选择题

1. 银行日记账的登记方法是(　　)。
   A. 每日汇总登记　　B. 定期汇总登记　　C. 逐日逐笔登记　　D. 月末一次登记
2. 对银行存款进行清查时,应将(　　)与银行编制的对账单进行逐笔核对。
   A. 银行存款总账　　　　　　　　B. 银行存款日记账
   C. 银行存款结算单据　　　　　　D. 支票簿
3. 现金清查中无法查明原因的现金溢余经批准后应计入(　　)。
   A. 其他应收款　　B. 其他应付款　　C. 管理费用　　D. 营业外收入
4. 现金盘点时发现现金短缺,无法查明原因的,经批准后计入(　　)。
   A. 营业外支出　　B. 管理费用　　C. 财务费用　　D. 其他业务成本
5. 企业银行存款日记记账余额与银行对账单不符,企业银行日记账余额150万元,企业日记账和银行对账单差异包括:企业收到贷款10万元,银行未入账,企业开出支票5万元,对方尚未到银行办理收款,银行代扣水电费2万元,企业尚未入账,调节之后的企业银行存款余额为(　　)万元。
   A. 160　　　　　B. 165　　　　　C. 152　　　　　D. 148

二、多项选择题

1. 应由出纳人员登记的账簿是(　　)。
   A. 库存现金日记账　　　　　　　B. 银行存款日记账
   C. 其他货币资金明细账　　　　　D. 银行存款总账
2. 下列未达账项中,会导致企业银行存款日记账余额大于银行对账单余额的是(　　)。
   A. 企业送存支票,银行尚未入账　　B. 企业开出支票,银行尚未入账
   C. 银行代付电话费,企业尚未收到通知　　D. 银行代收货款,企业尚未收到通知
3. 库存现金日记账和银行存款日记账的结账工作涉及以下几个方面(　　)。

  A. 日结   B. 月结   C. 年结   D. 结转下年

4. 对于现金日记账,下列说法正确的有( )。

  A. 应采用订本式账簿   B. 应由出纳人员登记

  C. 必须逐日结出余额   D. 通常采用三栏式账簿

5. 以下关于银行存款余额调节表的说法中,正确的是( )。

  A. 编制银行存款余额调节表的主要目的是核对企业账目与银行账目的差异

  B. 如果调节后余额相等,表明企业和银行的账目没有差错,调节后的余额就是该企业对账日银行实际可用的存款数额

  C. 银行存款余额调节表是一种对账记录的工具,并不是凭证,只能起到核对账目的作用,不得用于调整银行存款账面余额

  D. 未达账项是企业没记账的业务,就是记账错误

三、判断题

1. 核对银行存款时,需将银行对账单借方发生额与企业日记账贷方发生额核对。( )
2. 企业应依据银行存款余额调节表的内容进行账务处理,以达到账实相符。( )
3. 银行存款或库存现金日记账"过次页"的借方发生额合计和贷方发生额合计数应当为自本月起至本页末止的累计数。( )
4. 单位应由会计主管或指定的会计人员对出纳人员经管的库存现金进行定期和不定期的盘点,以保证账实相符。( )
5. 未入账的记账凭证发现错误,可以重新填制。( )

四、案例分析题

  宏宇公司 2021 年 12 月 31 日银行存款日记账的余额为 1 240 万元,银行转来对账单的余额为 1 530 万元。经逐笔核对,发现以下未达账项。

  (1) 企业送存转账支票 600 万元,并已登记银行存款增加,但银行尚未记账。

  (2) 企业开出转账支票 450 万元,并已登记银行存款减少,但持票单位尚未到银行办理转账,银行尚未记账。

  (3) 企业委托银行代收某公司购货款 480 万元,银行已收妥并登记入账,但企业尚未收到收款通知,尚未记账。

  (4) 银行代企业支付电话费 40 万元,银行已登记减少企业银行存款,但企业未收到银行付款通知,尚未记账。

  要求:根据以上资料编制宏宇公司 2021 年 12 月的银行存款余额调节表,验证银行存款余额正确性。

银行存款余额调节表

单位: 年 月 日   单位:万元

项目	金额	项目	金额
企业银行存款日记账余额		银行对账单余额	
加:银行已收,企业未收款		加:企业已收,银行未收款	
减:银行已付,企业未付款		减:企业已付,银行未付款	
调节后银行存款余额		调节后银行存款余额	

3.10 出纳工作交接业务操作

作业场景

2022年1月1日一早,财务经理钱光照召开部门会议,布置2022年财务工作的要求。按部门轮岗的要求,出纳工作由范青青移交给米乐负责。会议后,双方办理了工作移交手续。

任务目标

> 能正确进行出纳工作的交接。
> 会填写出纳工作交接书。

术语和定义

出纳工作交接

出纳工作交接是指企业的出纳因离职、调动、长时间请假等不能在原出纳岗位工作时,由原出纳人员将有关的工作和资料票证交给新任出纳人员的工作过程。

任务分析

1. 出纳工作交接基本要求

我国《会计法》第四十一条规定:会计人员调动工作或者离职,必须与接管人员办清交接手续。会计工作交接制度,是会计工作的一项重要制度,也是会计基础工作的重要内容。办理好会计工作交接,有利于保持会计工作的连续性,有利于明确责任。

(1) 会计人员工作调动或因故离职,必须将本人所经管的会计工作在规定期限内全部移交接替人员,没有办清交接手续的,不得调动或离职。临时离职或者因病暂时不能工作,需要有人接替或者代理工作的,也应当按照《会计基础工作规范》的规定办理交接手续。

(2) 会计人员在办理移交手续前必须及时办理完毕未了的会计事项;接替人员应认真接管移交的工作,并继续办理移交前的未了事项。

(3) 在办理会计工作交接时,交接双方要按照移交清册列明的内容,进行逐项交接。

(4) 专人负责监交。一般会计人员办理交接手续,由单位的会计机构负责人、会计主管人员负责监交;会计机构负责人、会计主管人员办理交接手续,由单位领导人负责监交,必要时可由上级主管部门派人会同监交。

(5) 移交人对自己经办且已经移交的会计资料的合法性、真实性承担法律责任,不能因为会计资料已经移交而推脱责任。

出纳人员交接应按照会计人员交接的要求进行。未办清交接手续的，不得调动或离职。

2. 出纳工作交接内容

（1）出纳凭证：包括库存现金、银行存款及与其他与货币资金有关的原始凭证和记账凭证。

（2）出纳账簿：包括库存现金日记账和银行存款日记账。

（3）出纳报告：包括库存现金日报表、银行存款日报表和出纳月度报表等。

（4）现金：包括库存的人民币和外币。

（5）有价证券：包括债券、股票等。

（6）重要票据：包括空白支票、支票领用备查登记簿、银行汇票、商业汇票、银行本票、收款收据、已用或作废的存根联等。

（7）印章：包括财务专用章、银行预留印鉴及"现金收讫""现金付讫""银行收讫""银行付讫"和"作废"等业务专用章。

（8）会计文件和其他资料：由出纳人员保管的相关文件，包括银行对账单、合同、协议、报销单据、借据等。

（9）其他用品：包括出纳办公室、办公桌、保险柜的钥匙、各种保密号码、会计工具、用具。

（10）实行会计电算化的单位，交接内容还应包括会计软件及与会计软件有关的密码或口令，以及存储会计数据的介质，包括磁带、磁盘和光盘等。

（11）移交待办事项。移交人应将所负责的业务进行具体说明，对于经办未了事项及历史遗留问题应写出书面材料，或者在移交说明书上详细说明。

任务指导

任务：出纳工作交接

【作业场景】

2022年1月1日一早，财务经理钱光照召开部门会议，布置2022年财务工作的要求。按部门轮岗的要求，出纳工作由范青青移交给米乐负责。会议后，双方办理了工作移交手续。

【工作流程】

出纳工作交接业务处理流程如图3-264所示。

1. 出纳人员整理应移交的各种资料。出纳人员办理移交手续前，必须做好以下各项准备工作。

（1）现金、银行存款日记账应登记完毕，并在最后一笔余额后加盖出纳人员名章。

（2）现金、银行存款日记账与总账核对相符；现金日记账余额要与库存现金实有数核对相符；银行存款日记账余额与银行对账单核对无误。

（3）在出纳账簿启用表上填写移交日期，并加盖名章。

（4）整理应移交的各种资料，对未了事项要写出书面说明。

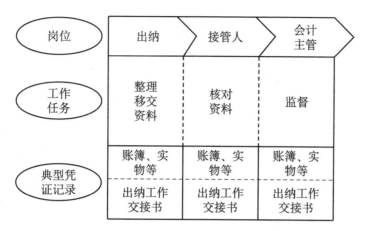

图 3-264　出纳交接业务处理流程

（5）编制"出纳工作交接书"（图 3-265），列明移交的账簿、凭证、现金、有价证券、支票簿、文件资料、印鉴和其他物品的具体名称及数量。

2. 交接双方要按照移交清册列明的内容，进行逐项交接。接交人员应当按照移交清册当面点收。会计主管对交接过程进行监督。

（1）现金、有价证券要根据日记账和备查账簿余额进行点交，库存现金、有价证券必须与账簿余额一致；不一致时，移交人员必须限期查清。

（2）出纳账和其他会计资料必须完整无缺。如有短缺，必须查清原因，并在移交清册中注明，由移交人员负责。

（3）银行存款账户余额要与银行对账单核对相符，各种财产物资和债权债务的明细账户余额要与总账有关账户余额核对相符；必要时，要抽查个别账户的余额，与实物核对相符，或者与往来单位、个人核对清楚。

（4）移交人除经管账簿外还兼管其他会计工作的，应一并交接清楚。包括：经管的公章、有价证券、空白支票、文件资料、收据、发票及其他物品。保险柜密码、重要工作台（室）的钥匙交接完毕，应更换保险柜密码和重要工作台（室）的锁具。

（5）实行会计电算化的单位，对有关电子数据应当在电子计算机上进行实际操作，以检查电子数据的运行和有关数字的情况。

（6）对接管出纳人员进行有关业务介绍，以保证后任出纳工作的顺利进行。业务介绍主要包括：工作职责和工作范围，每期固定办理的业务介绍，复杂业务的具体说明，历史遗留问题，以及其他需要说明的事项。

3. 交接完毕填妥"出纳工作交接书"，移交人、接管人和监交人三方要在"出纳工作交接书"和日记账的"账簿启动交接表"（图 3-266）上签名或盖章。为保证会计记录的连续完整，接管人员应继续使用移交前的账簿，不得自行另立新账。

操作指导

移交清册（或出纳工作交接书）必须具备：

（1）单位名称；

（2）交接日期；

出纳工作交接书

原出纳范青青，因财会岗位定期轮岗，将出纳工作移交给米乐接管。现办理如下交接。

一、交接日期

2022年1月1日

二、具体业务的移交

1.库存现金1月1日账面余额18 726.00元，与实存相符，日记账余额与总账相符；

2.银行存款1月1日账面余额2 065 337.02元，与银行对账单余额核对相符，已编行存款余额调节表。

三、移交的会计凭证、账簿、文件

1.本年度现金日记账一本；

2.本年度银行存款日记账一本；

3.空白现金支票3张（67930023号至67930025号）；

4.空白转账支票16张（23097110号至23097125号）；

5.支票领用登记簿一本；

6.收据一本；

7.保险柜一个，点钞机一个。

四、印鉴

1.财务转讫印章一枚。

2.财务现金收讫印章一枚。

3.财务现金付讫印章一枚。

五、交接前后工作责任的划分

2022年1月1日前的出纳责任事项由范青青负责，2022年1月1日起的出纳工作由米乐负责。以上事项均经交接双方认定无误。

六、本交接书一式三份，双方各持一份，存档一份。

移交人：范青青

接管人：米乐

监交人：钱光照

北京佳康宝健身器材有限公司

2022年1月1日

图 3-265　出纳工作交接书

（3）交接双方和监交人的职务及姓名；

（4）移交清册页数、份数和其他需要说明的问题和意见。

移交清册一般一式三份，其中交接双方各执一份，另一份作为会计档案，在交接结束后归档保管。

账簿启动交接表

单位名称	佳康宝健身器材有限公司							单位公章	
账簿名称	银行存款日记账								
账簿编号	002								
账簿页数	100								
启动日期	2021年1月1日								
单位负责人	毛天一			财务负责人		钱光照			
交接记录	经管人员		接管			交出		监交人员	
	职务	姓名	年	月	日	盖章	年	月	日	盖章	姓名	盖章
		范青青	2021	1	1	范青青	2022	1	1	范青青	钱光照	钱光照
		米乐	2022	1	1	米乐						

图3-266 账簿启动交接表

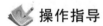操作指导

移交清册(或出纳工作交接书)必须具备:

(1) 单位名称;

(2) 交接日期;

(3) 交接双方和监交人的职务及姓名;

(4) 移交清册页数、份数和其他需要说明的问题和意见。

移交清册一般一式三份,其中交接双方各执一份,另一份作为会计档案,在交接结束后归档保管。

风险及防范措施

为防止财务舞弊行为的出现,企业对财务工作都进行了明确的岗位分工,确保办理货币资金业务的不相容岗位相互分离、制约和监督。同时,为防止部分员工长期处于某些重要岗位,从而产生岗位舞弊的可能性,许多企业在内部管理中都规定了轮岗制度。对于企业来说,轮岗制度既可以预防员工营私舞弊,又有利于培养更为全面的员工,为企业各项工作储备后备人员;对于员工个人来说,轮岗制度可以使个人能够接触到更多的岗位工作,锻炼了工作技能,提升了业务水平,对个人发展有利。

但是轮岗制度也有弊端。因为轮岗初期,刚开始接手的工作人员对新工作不熟悉,出错的概率会增加;频繁轮岗,增加了工作交接的工作量;业务人员素质有差异,可能轮换的岗位并不胜任。以上情况,都有可能降低企业工作的效率,影响企业管理工作实施的效果。

为保证轮岗制度的效果,企业应合理设置轮岗的间隔时间,注重日常对员工专业能力的培养,轮岗中根据岗位要求选择胜任的员工进行轮岗。对财务人员来说,要不断拓展知识面,勇于接受新鲜事物,保持工作的激情与新鲜感,通过努力和锻炼使自己能成为单位财务的全能型人才。

任务附注

1. 规范性引用文件

会计法

会计基础工作规范

2. 任务使用表单模板

3.10 表单模板

同步练习

一、单项选择题

1. 出纳人员应调动工作或离职办理交接手续时,负责监交的人员是( )。
   A. 其他会计人员　B. 会计机构负责人　C. 单位负责人　D. 财政部门派出人员

2. 甲在丙的监督下将出纳资料移交给乙。事后,乙发现该资料存在严重错误,甲以资料已移交为由不予理睬。则应对该资料承担法律责任的是( )。
   A. 甲　　　　　B. 乙　　　　　C. 丙　　　　　D. 甲、乙和丙

3. 出纳人员可以兼任的工作是( )。
   A. 稽核　　　　　　　　　　B. 会计档案管理
   C. 收入、费用的登记　　　　D. 固定资产登记卡的填制

4. 2021年9月出纳郑某调离,与接替其工作的王某办理了会计工作交接。下列关于郑

某与王某交接会计工作的表述中,错误的是( )。
  A. 移交完毕,王某可自行另立新账进行会计记录
  B. 郑某与王某应按移交清册逐项移交、核对点收
  C. 应由会计机构负责人张某监交
  D. 移交完毕,郑某与王某及监交人应在移交清册上签名或盖章
 5. 出纳工作交接书应一式( )份。
  A. 一   B. 二   C. 三   D. 四

二、多项选择题

1. 根据会计法律制度的规定,会计人员工作交接完毕,下列人员中,应当在移交清册上签名或者盖章的有( )。
  A. 监交人员   B. 交出方
  C. 接受方   D. 单位会计档案管理人员
2. 需要办理出纳工作交接手续的情形有( )。
  A. 出纳人员调动工作   B. 出纳人员轮岗
  C. 出纳人员因病临时离职 D. 临时离职出纳人员恢复工作
3. 根据会计法律制度的规定,下列关于会计工作交接的表述中,正确的有( )。
  A. 会计人员办理交接手续的,无须监交
  B. 会计人员没有办清交接手续的,不得离职
  C. 移交人员因病不能亲自移交的,经单位领导人批准可由移交人员委托他人代办移交
  D. 移交人员在办理移交时,要按移交清册逐项移交
4. 下列各项工作出纳不得兼任的有( )。
  A. 会计档案保管   B. 稽核
  C. 收入费用账目的登记工作 D. 债权债务账目的登记工作
5. 出纳交接时需交接的是( )。
  A. 财务专用章 B. 法人名章 C. 个人名章 D. 财务转讫章

三、判断题

1. 出纳人员不得兼任收入、费用账目的登记工作。( )
2. 接管人员在交接时因疏忽没有发现所接会计资料存在问题的,应由接管人员对该资料承担相应的法律责任。( )
3. 出纳人员可以兼管会计档案保管工作。( )
4. 没有办清交接手续的会计人员,一律不得调动或离职。( )
5. 现金日记账和银行存款日记账一般应保存10年。( )

四、案例分析题

2021年1月,市财政部门到信阳公司进行例行检查的时候发现以下问题:出纳员李某因病住院半个月,在其离职期间由负责总账工作的赵某临时代替其工作;因是临时代替,所以双方未办理交接手续,赵某一直以李某的名义完成出纳的工作。
 要求:请指出信阳公司以上做法是否存在问题。

模块 4 综合技能训练

4.1 训练任务

北京佳康宝健身器材有限公司 2021 年 12 月初库存现金及银行存款账面资料如表 4-1 所示。

表 4-1 北京佳康宝健身器材有限公司 12 月初库存现金及银行存款账面资料

总账科目	12 月 1 日期初余额	1—11 月借方累计发生额	1—11 月贷方累计发生额
库存现金	11 070.00	125 000.00	125 730.00
银行存款	835 000.00	8 418 040.00	12 025 200.00

2021 年 12 月发生以下经济业务。

业务 1：2021 年 12 月 3 日，把当日员工还款获得的现金 2 000 元，存入银行，并登记相关账簿。

业务 2：2021 年 12 月 4 日，收到业务员交来的一张转账支票，为应收的北京天健健身器材有限公司货款，办理进账并据此登记相关账簿。

业务 3：2021 年 12 月 5 日，签发现金支票提取备用金 10 000 元并登记账簿。

业务 4：2021 年 12 月 5 日，收到银行代扣代缴上月增值税回单并登记账簿。

业务 5：2021 年 12 月 7 日，购买转账支票一本（每本 25 元）并登记账簿。

业务 6：2021 年 12 月 8 日，支付员工柳菲菲借款并登记相关账簿。

业务 7：2021 年 12 月 8 日，管理部门报销业务招待费，以现金支付并登记相关账簿。

业务 8：2021 年 12 月 10 日，销售部门申请支付广告费，以支票支付并登记相关账簿。

业务 9：2021 年 12 月 10 日，收到业务员交来的一张转账支票，转让给北京华丽金属制品有限公司以抵付货款。

业务 10：2021 年 12 月 14 日，通过汇兑方式支付前欠的上海新锐工艺有限公司货款并登记相关账簿。

业务 11：2021 年 12 月 14 日，收到北京天恒贸易有限公司签发的银行本票用于支付前欠的货款 9 800 元，开具支票退还多余款项，并登记相关账簿。

业务 12：2021 年 12 月 14 日，柳菲菲报销办公费，以现金支付并登记相关账簿。

业务 13：2021 年 12 月 17 日，去银行取回收账通知，并据此登记相关账簿。

业务 14：2021 年 12 月 17 日，申请银行汇票 10 000 元，用于支付上海伟龙五金有限公司采购货款。

业务 15：2021 年 12 月 17 日，银行汇票结算货款后，收回多余款项。

业务 16：2021 年 12 月 18 日，审核采购员成吉巍的借款单，并据此登记相关账簿。

业务 17：2021 年 12 月 21 日，收到银行存款利息清单。

业务 18：2021 年 12 月 21 日，收到采购员成吉巍交来的报销单及剩余现金 290 元，并据以登记相关账簿。

业务 19：2021 年 12 月 25 日，签发一份 3 个月的银行承兑汇票，用以支付货款。

业务 20：2021 年 12 月 30 日，银行承兑汇票到期委托开户银行办理邮划托收；款项收妥后登记相关账簿。

业务 21：2021 年 12 月 30 日，将到期日为 2022 年 2 月 22 日，3 个月期限的银行承兑汇票到银行贴现，年贴现率为 4.8%，并据此登记相关账簿（异地结算贴现期加算 3 天）。

业务 22：2021 年 12 月 31 日，收到付款通知书，支付银行手续费，据此登记相关账簿。

业务 23：2021 年 12 月 31 日，对库存现金进行盘点，现金实存数为 3 570 元，填制库存现金盘点表并登记账簿。

业务 24：2021 年 12 月 31 日，对银行存款日记账进行结账。

业务 25：2021 年 12 月 31 日，对现金日记账进行结账。

4.2 训练目的

掌握出纳岗位日常业务的会计处理及业务处理流程，能准确填制或审核原始凭证，会编制记账凭证，能正确登记库存现金和银行存款日记账。

4.3 训练要求

请担任北京佳康宝健身器材公司出纳人员，处理以上经济业务。以上业务相关的原始凭证记录见背景资料中各业务的附件（记账凭证可自行准备）。

4.4 背景资料

业务 1-1　现金解款单

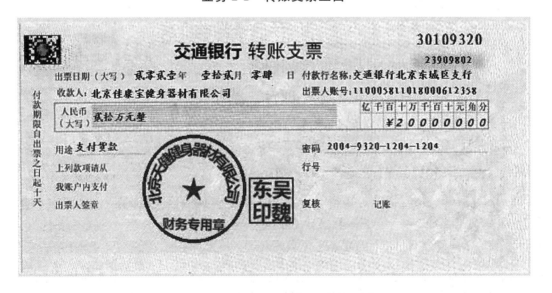

业务 2-1　转账支票正面

业务 2-2　转账支票背面

附加信息：	被背书人	被背书人
	背书人签章 年　月　日	背书人签章 年　月　日

上海金达证券印制有限公司·2011年印制

业务 2-3　进账单

交通银行　进账单（收账通知）　3

年　月　日

出票人	全　称		收款人	全　称	
	账　号			账　号	
	开户银行			开户银行	
金额	人民币（大写）				亿 千 百 十 万 千 百 十 元 角 分
票据种类		票据张数			
票据号码					
复核　　记账			收款人开户银行签章		

此联是收款人开户银行交给收款人的收账通知

业务 3-1　提现申请单

提现申请单

2021 年 12 月 05 日

收款单位	北京佳康宝健身器材有限公司		
地址	北京市东城区朝阳门北大街9号	联系电话	010—83847491
收款人开户行	交通银行北京东城区支行	开户账号	110007611018000642118
内容	提取备用金		
大写	人民币 壹万元整	¥ 10000.00	

审批:王天一　　审核:钱光照　　经办人:范青青

业务 3-2　现金支票正面

业务 3-3　现金支票背面

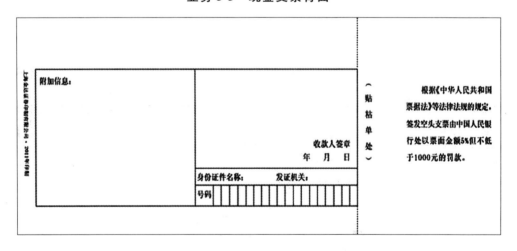

业务 4-1　电子缴税付款凭证

交通银行（北京东城区支行）分行电子缴税付款凭证

转账日期：2021年 12月 05日　　　　　　　凭证字号：201803008743740

纳税人全称及纳税人识别号：北京佳康宝健身器材有限公司　110101102791985172
付款人全称：北京佳康宝健身器材有限公司
付款人账号：11000761101800064 2118　　征收机关名称：国家税务总局北京市东城区税务局
付款人开户银行：交通银行北京东城区支行　收款国库（银行）名称：国家金库北京东城区支库
小写（合计）金额：¥195022.90　　　　　　缴款书交易流水号：690230095143500
大写（合计）金额：人民币壹拾玖万伍仟零贰拾贰元玖角整　税票号码：02530091

税（费）种名称	所属日期	实缴金额
增值税	2021.11.01-2021.11.30	¥195022.90

交通银行
北京东城区支行
2021.12.05
转讫
(01)

第二联　作付款回单（无银行收讫章无效）

打印时间：2021.12.05

会计流水号：　　　　　复核：　　　　　记账：

业务 5-1　空白凭证领用单

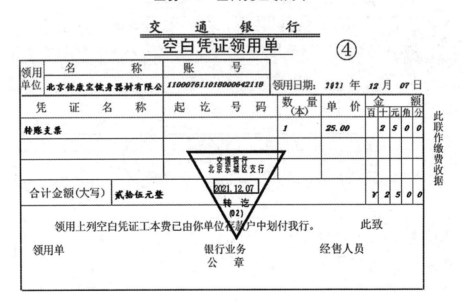

业务 6-1　借款单

借　款　单

2021 年 12 月 08 日　　　　　第 079 号

借款部门	行政部	姓名	柳菲菲	事由	预借办公费	
借款金额（大写）		零万 肆仟 零佰 零拾 零元 零角 零分				￥4000.00
部门负责人签署	唐文芳	借款人签章	柳菲菲	注意事项	一、凡借用公款必须使用本单 二、出差返回后三天内结算	
单位领导批示	王天一	财务经理审核意见	钱光照	现金付讫		

业务 7-1　餐饮费发票

业务 7-2 餐饮费报销单

报销申请单

填报日期：2021年 12 月 08 日

姓名	唐文芳	所属部门	行政部	
报销项目	摘要		金额	备注：行政部唐文芳来报销支付客户往来业务招待费。
业务招待费			6000.00	
		现金付讫		
合计			￥6000.00	

金额大写：零拾零万陆仟零佰零拾零元零角零分

报销人：唐文芳   部门审核：唐文芳   财务审核：钱光照   审批：王天一

业务 8-1 发票

业务 8-2 付款申请书

付款申请书

2021年12月10日

用途及情况	金额										收款单位(人): 北京未来广告有限公司
广告宣传费	亿	千	百	十	万	千	百	十	元	角	账号: 11000761101800064220
					¥	2	6	0	0	0	开户行: 中国工商银行北京分行
金额(大写)合计: 人民币 贰仟陆佰元整											结算方式: 转账
总经理 王天一	财务部门	经理 钱光照					业务部门	经理 林凯哲			
		会计 郑敏						经办人 蓝水山			

业务 8-3 转账支票

（转账支票图，票号 10201120 / 23010901，交通银行，空白未填写）

业务 9-1 转账支票正面

（交通银行转账支票，票号 30109320 / 23909808）
- 出票日期(大写): 贰零贰壹年 壹拾贰月 零壹拾日
- 收款人: 北京佳康宝健身器材有限公司
- 付款行名称: 交通银行北京东城区支行
- 出票人账号: 11000581101800061235 8
- 人民币(大写): 壹拾陆万壹仟肆佰壹拾柒元肆角整 ¥161417.40
- 用途: 支付货款
- 密码: 2004-9320-1204-1204
- 出票人签章: 北京天健健身器材有限公司 财务专用章
- 记账: 东吴印魏

业务 9-2　转账支票背面

<table>
<tr><td rowspan="2">附加信息：</td><td>被背书人</td><td>被背书人</td></tr>
<tr><td>背书人签章
年　月　日</td><td>背书人签章
年　月　日</td></tr>
</table>

上海金达证券印制有限公司 · 2011年印制

业务 10-1　付款申请书

付款申请书

2021 年 12 月 14 日

<table>
<tr><td>用途及情况</td><td colspan="11">金额</td><td>收款单位(人)：上海新锐工艺有限公司</td></tr>
<tr><td rowspan="2">材料款</td><td>亿</td><td>千</td><td>百</td><td>十</td><td>万</td><td>千</td><td>百</td><td>十</td><td>元</td><td>角</td><td>分</td><td>账 号：14020027150104008765l</td></tr>
<tr><td></td><td></td><td></td><td></td><td>¥</td><td>6</td><td>1</td><td>5</td><td>4</td><td>4</td><td>4</td><td>开户行：中国建设银行上海分行永定区支行</td></tr>
<tr><td>金额（大写）合计：</td><td colspan="11">人民币 陆仟壹佰伍拾肆元肆角肆分</td><td>结算方式：电汇</td></tr>
</table>

<table>
<tr><td rowspan="2">总经理</td><td rowspan="2">王天一</td><td rowspan="2">财务部门</td><td>经 理</td><td>钱光照</td><td rowspan="2">业务部门</td><td>经　理</td><td>戚宝凤</td></tr>
<tr><td>会 计</td><td>郑敏</td><td>经 办 人</td><td>戚吉巍</td></tr>
</table>

业务 10-2　结算业务申请书

业务 11-1　银行本票正面

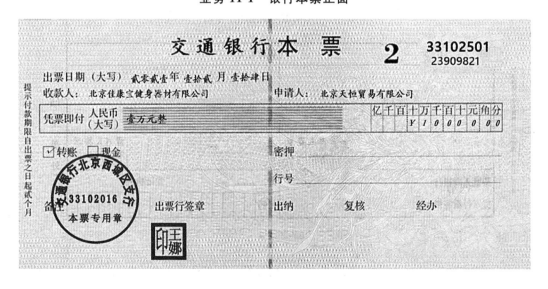

业务 11-2　银行本票背面

被背书人	被背书人
背书人签章　年　月　日	背书人签章　年　月　日
持票人向银行提示付款签章：	身份证件名称：　　发证机关： 号码

（粘贴单处）

业务 11-3　进账单

交通银行　进账单（回　单）　1

年　月　日

出票人	全　称		收款人	全　称		亿千百十万千百十元角分
	账　号			账　号		
	开户银行			开户银行		
金额	人民币（大写）					
票据种类		票据张数				
票据号码						
		复核　　记账			开户银行签章	

此联是开户银行交给持票人的回单

业务 11-4　转账支票

业务 12-1　发票

业务 12-2 报销单

报销申请单

填报日期：2021 年 12 月 14 日

姓名	柳菲菲		所属部门	行政部	
报销项目	摘要		金额		备注：
办公费			4530.00		行政部柳菲菲来报销购置办公用品费用。原预借款4000.00元，实际支出4530.00元，补付现金530.00元。
		现金付讫			
合　　计			￥4530.00		

金额大写：零 拾 零 万 肆 仟 伍 佰 叁 拾 零 元 零 角 零 分

报销人：柳菲菲　　部门审核：唐文芳　　财务审核：钱光照　　审批：王天一

业务 13-1 银行业务回单

交通银行业务回单

2021 年 12 月 17 日　　　　　凭证编号：251105

付款人	全称	上海富康按摩椅有限公司	收款人	全称	北京佳康宝健身器材有限公司										
	账号	331001009014348761		账号	110007611018000642118										
	开户行	工商银行上海分行玉环支行		开户行	交通银行北京东城区支行										
大写金额	人民币（大写）贰万元整					十亿	千	百	十万	万	千	百	十	元	角	分
									￥	2	0	0	0	0	0	0
用途															
备注	业务种类	电汇			交通银行 北京东城区支行 2021.12.17 收讫(02) 开户行盖章										
	原凭证种类														
	原凭证号码														
	原凭证金额				年　月　日										

业务 14-1 发票

上海增值税专用发票

3100097120
No 60975302
开票日期：2021年12月04日

购买方	名　称：北京佳康宝健身器材有限公司 纳税人识别号：110101102791985172 地　址、电　话：北京市东城区朝阳门北大街9号 010-23345676 开户行及账号：交通银行北京东城区支行 11000761101800642118

密码区：03*3187<4/+8490<+95-59+7<243 4987<0—>>-6>525<693719->7*7 87*3187<4/+8490<+95708681380 9<712/<1+9016>6906++<84>93/-

货物或应税劳务、服务名称	规格型号	单位	数量	单价	金额	税率	税额
*电子配件*机芯盖	KB101	个	12000	0.62	7440.00	13%	967.20
合　　计					￥7440.00		￥967.20

价税合计（大写） ⊗ 捌仟肆佰零柒元贰角整　　　（小写）￥8407.20

销售方	名　称：上海伟龙五金有限公司 纳税人识别号：310101902352515676 地　址、电　话：上海宝山区宜友路801号，021-23865765 开户行及账号：中国建设银行上海分行宝山区支行，33101654100050004

收款人：　　　复核：　　　开票人：赵明　　　销售方：（发票专用章）

业务 14-2 付款申请书

付款申请书

2021年12月17日

用途及情况	金额									收款单位（人）：上海伟龙五金有限公司
申请银行汇票支付贷款	亿	千	百	十	万	千	百	十	元	角	分	账　号：33101654100050004
					￥	8	4	0	7	2	0	开户行：中国建设银行上海分行宝山区支行
金额（大写）合计：	人民币 捌仟肆佰零柒元贰角整									结算方式：转账

总经理	王天一	财务部门	经理	钱光照	业务部门	经理	戚宝凤
			会计	郑敏		经办人	戚吉葳

业务14-3 结算业务申请书

业务14-4 银行汇票

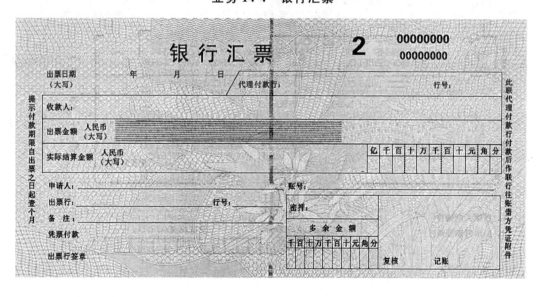

业务 15-1 银行汇票多余款收账通知

```
                银 行 汇 票 (多余款收账通知)    4    00000000
                                                     00000000

  出票日期      年      月      日    代理付款行：              行号：
  （大写）

  收款人：

  出票金额   人民币
  （大写）                                            亿千百十万千百十元角分

  实际结算金额  人民币
             （大写）

  申请人：_____          账号：_____
  出票行：_____  行号：_____
  备  注：_____          密押：
                                                      左列退回多余金额已收入
                                    多余金额           你账户内。
  出票行签章                          千百十万千百十元角分

                              年      月      日
```

提示付款期限自出票之日起壹个月

此联出票行作多余款后交申请人

业务 16-1 借款单

借 款 单

2021 年 12 月 18 日   第 080 号

借款部门	采购部	姓名	成吉燕	事由	出差预借差旅费		
借款金额（大写）	零万 伍仟 零佰 零拾 零元 零角 零分					￥5000.00	
部门负责人签署	成宝凤	借款人签章	成吉燕	注意事项	一、凡借用公款必须使用本单 二、出差返回后三天内结算		
单位领导批示	王天一	财务经理审核意见	钱光照		现金付讫		

业务 17-1 银行存款利息清单

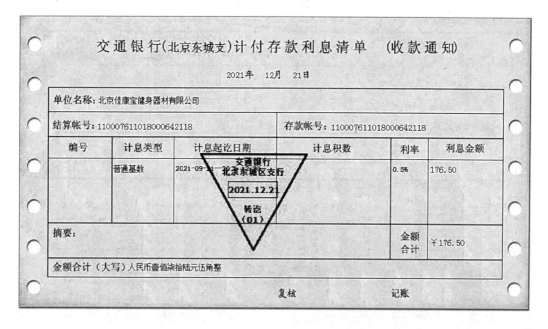

业务 18-1 差旅费报销单

差旅费报销单

2021 年 12 月 21 日

单据及附件共 10 张

所属部门				采购部	姓名	成吉巍	出差事由	采购商品
出发		到达		起止地点	交通费	住宿费	伙食费	其他
月	日	月	日					
12	18	12	18	北京—广州	1550.00			
12	18	12	19	广州—广州	100.00	300.00	100.00	150.00
12	19	12	19	广州—上海	1050.00			
12	19	12	20	上海—上海	100.00	350.00	100.00	150.00
12	20	12	20	上海—北京	660.00		100.00	

合计 大写金额：人民币肆仟柒佰壹拾元整   ￥4710.00   预支旅费 5000.00   退回金额 290.00   补付金额

总经理：王天一   财务经理：钱光照   会计：郑敏   出纳：范青青   部门经理：成宝凤   报销人：成吉巍

业务 18-2 收款收据

收 款 收 据　　　　　　　NO.00490059
　　　年　月　日

今 收 到 ＿＿＿＿＿＿＿＿＿＿＿＿＿＿＿＿＿＿＿＿＿＿＿

交 来： ＿＿＿＿＿＿＿＿＿＿＿＿＿＿＿＿＿＿＿＿＿＿＿＿

金额（大写）　拾　万　仟　佰　拾　元　角　分

¥＿＿＿＿＿　□现金　□支票　□信用卡　□其他　　收款单位（盖章）

核准　　会计　　记帐　　出纳　　经手人

第三联 交财务

业务 19-1 发票

业务 19-2 付款申请书

付款申请书

2021年12月25日

用途及情况	金额									收款单位(人)：北京华丽金属制品有限公司
申请银行承兑汇票支付货款	亿	千	百	十	万	千	百	十	元 角 分	账号：11000470004000417028
			¥	4	7	4	3	7	4 0 0	开户行：中国农业银行北京分行东城区支行
金额（大写）合计	人民币　肆拾柒万肆仟叁佰柒拾肆元整									结算方式：转账
总经理　王天一	财务部门				经理　钱光照				业务部门	经理　成宝凤
					会计　郑敏					经办人　成吉凤

业务 19-3 银行承兑汇票

银行承兑汇票				2	68791083 78791085
出票日期（大写）	年	月	日		

出票人全称		收款人	全称										
出票人账号			账号										
付款行名称			开户银行										
出票金额	人民币（大写）			亿	千	百	十	万	千	百	十	元	角	分
汇票到期日（大写）		付款行	行号										
承兑协议编号			地址										
本汇票请你行承兑。到期无条件付款。 出票人签章	本汇票已经承兑。到期日由本行付款。 承兑行签章 承兑日期　年　月　日 备注：	密押 复核　　记账

业务 20-1 银行承兑汇票正面

银行承兑汇票				2	68791083 77701285
出票日期（大写）	贰零贰壹年	玖月	零叁拾日		

出票人全称	北京天健健身器材有限公司	收款人	全称	北京佳康宝健身器材有限公司									
出票人账号	11000581101800612358		账号	11000761101800642118									
付款行名称	交通银行北京东城区支行		开户银行	交通银行北京东城区支行									
出票金额	人民币（大写）贰拾伍万元整			亿	千	百	十	万	千	百	十	元	角	分
						¥	2	5	0	0	0	0	0	0
汇票到期日（大写）	贰零贰壹年壹拾贰月零叁拾日	付款行	行号	30100100									
承兑协议编号	20213079		地址	北京市东城区朝阳门北大街9号									
本汇票通知行承兑。到期无条件付款。 出票人签章	本汇票已经承兑。到期日由本行付款。 承兑行签章 承兑日期 2021年09月30日 备注：	密押 复核　　记账

业务 20-2 银行承兑汇票背面

被背书人	被背书人	被背书人
背书人签章 年 月 日	背书人签章 年 月 日	背书人签章 年 月 日

（贴粘单处）

业务 20-3 托收凭证

托收凭证（受理回单） 1

委托日期 年 月 日

业务类型	委托收款（□邮划、□电划）		托收承付（□邮划、□电划）		
付款人	全称		收款人	全称	
	账号			账号	
	地址	省 市县 开户行		地址	省 市县 开户行
金额	人民币（大写）		亿 千 百 十 万 千 百 十 元 角 分		
款项内容		托收凭据名称		附寄单证张数	
商品发运情况			合同名称号码		
备注： 复核 记账		年 月 日		收款人开户银行签章 年 月 日	

(2005) 10×17.5公分 15 角面印刷 0LG2-6B1I1886

此联作收款人开户银行给收款人的受理回单

业务 21-1　银行承兑汇票

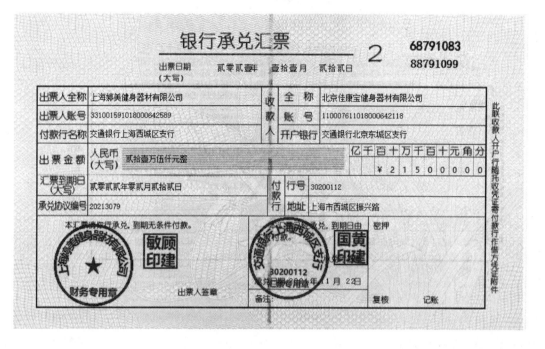

业务 21-2　贴现凭证

业务 22-1 银行付款通知书

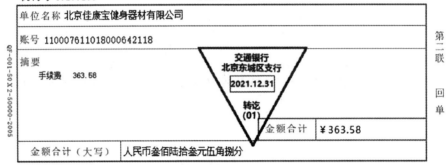

业务 23-1 现金盘点表

库存现金盘点表

2021 年 12 月 31 日

账存金额	实存金额	盘盈	盘亏	备注

盘点人员：　　　　　　　　出纳人员：

业务 24-1　银行存款日记账

银行存款日记账

年		凭证		对方科目	摘要	借方											贷方											借或贷	余额											√
月	日	种类	号数			亿	千	百	十	万	千	百	十	元	角	分	亿	千	百	十	万	千	百	十	元	角	分		亿	千	百	十	万	千	百	十	元	角	分	

业务25-1 库存现金日记账

库存现金日记账

年		凭证		对方科目	摘要	借方											贷方											借或贷	余额											√
月	日	种类	号数			亿	千	百	十	万	千	百	十	元	角	分	亿	千	百	十	万	千	百	十	元	角	分		亿	千	百	十	万	千	百	十	元	角	分	

参 考 文 献

[1] 高翠莲. 出纳业务操作[M]. 4版. 北京:高等教育出版社,2020.
[2] 李华. 出纳实务[M]. 5版. 北京:高等教育出版社,2021.
[3] 赵宇,张瑶. 新编企业出纳实务[M]. 3版. 南京:南京大学出版社,2018.
[4] 厦门网中网软件有限公司,中华会计网校. 精编出纳岗位实务(第二版)[M]. 北京:高等教育出版社,2021.
[5] 厦门网中网软件有限公司. 会计虚拟实习平台软件 V2.2.
[6] 厦门网中网软件有限公司. 出纳实务实训教学平台(版本 6.3).
[7] 厦门网中网软件有限公司. EPC 理实互动实训教学平台 V3.